江苏省教育厅 2020 年度高校哲学社会科学研究专题项目《政府会计制度下的高校教育成本研究——以江苏工程职业技术学院为例》（2020SJB1281）

高校财务管理与发展新探

李 强 著

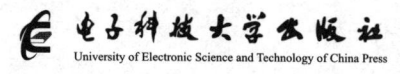

电子科技大学出版社
University of Electronic Science and Technology of China Press

·成都·

图书在版编目（CIP）数据

高校财务管理与发展新探 / 李强著. -- 成都：电子科技大学出版社, 2021.9
ISBN 978-7-5647-9249-7

Ⅰ.①高… Ⅱ.①李… Ⅲ.①高等学校-财务管理-研究 Ⅳ.①G647.5

中国版本图书馆CIP数据核字(2021)第201960号

高校财务管理与发展新探

李　强　著

策划编辑	杜　倩　李述娜
责任编辑	罗国良

出版发行	电子科技大学出版社
	成都市一环路东一段159号电子信息产业大厦九楼　邮编　610051
主　　页	www.uestcp.com.cn
服务电话	028-83203399
邮购电话	028-83201495
印　　刷	石家庄汇展印刷有限公司
成品尺寸	170mm×240mm
印　　张	15.5
字　　数	304千字
版　　次	2021年9月第一版
印　　次	2021年9月第一次印刷
书　　号	ISBN 978-7-5647-9249-7
定　　价	79.00元

版权所有，侵权必究

序
preface

娄尔行先生曾在1982年指出："搞会计学的人经常提到会计，总是把眼睛看着企业会计，而对事业会计、大学会计，是很少研究的，所以这方面的文章和专著也很少，国外也是这种情况，都重视研究企业会计。"近40年过去，会计学者重视企业会计研究，忽视事业会计、大学会计研究的状况稍有改变，一些学者已涉足高校财务、会计领域的研究，还出版了一些专著，这是可喜的事。

会计与财务的研究之所以重企业轻事业单位是因为不了解事业单位会计与财务的复杂性。事业单位会计与财务的复杂性表现为：①无形性：企业产品有实物形态，而事业单位提供的"服务"形态不具有实物形态，即马克思所说的"不采取实物的形式，不作为物而离开服务者独立存在的运动形式"；②易逝性：即马克思所说的他的服务通常一经提供随即消失，很少留下某种痕迹或某种以后能用来取得同量服务的价值。③不可分割性：即马克思所说的"产品同生产行为不能分离，如一切表演艺术家、演员、教师、医生、牧师等的情况"。④难以计量：由于事业单位（教育单位、科研单位、文化单位、医疗单位等）提供的服务不具有实物形态，又与生产行为不能分离，一经提供随即消失，因此，计量更为困难。我曾在1993年就提出过"事业单位财务会计比工业企业财务会计更为复杂"的观点。

江苏工程职业技术学院李强同志迎难而上，其新作《高校财务管理与发展新探》对高校的会计与财务作了可喜的探索，实属不易。李强所称的"高校财务"是指"高校财务领域"，包括预算管理、资产管理、成本管理、内部控制等。该书运用国内高校财务领域的理论，借鉴国内外高校财务领域的研究成果，联系目前高校财务领域的实践，分析了目前高校财务领域存在的问题，对高校财务领域加强财务管理和促进财务领域的新发展提了不少有益的建议。

该书具有以下特点：

第一，创新性。该书提出了"管理性经营理念"和"固定资产管理绩效评价指标体系"等，具有一定创新性。

第二，实践性。李强同志一直在高校财务和审计岗位工作，具有高级会计师、高级经济师、审计师职称，又承担过财务处和审计处的管理工作。其著作是他长期工作的经验积累和理论思考，具有较强的应用价值。

该书立足于高校财务领域的未来发展，坚持问题导向，注重绩效和运行效率，且文风朴实，通俗易懂。李强同志在繁重行政工作之余积极探索研究高校财务领域的改革与发展，并提升到理论层面，这种精神应予以倡导。李强的著作《高校财务管理与发展新探》拟出版，请我为其作序。

是为序。

乔春华

（乔春华系南京审计大学教授，享受国务院特殊津贴专家。曾任南京审计大学副校长，江苏省教育会计学会会长）

前言
preface

高等教育是我国教育体系的重要环节,肩负着为社会输送高素质复合型人才的重任。除此以外,高等院校中聚集着国家顶尖的科研人才,在完成教学任务的同时,也承担着为国家的科学技术探索新的边界的职责。这些造福社会的活动都需要资金的支持。高校财务管理工作是高校推进教育事业发展的有机组成部分。随着高等教育发展迅猛,高等教育经费持续增长,高校财务部门管理的资金量越来越庞大。各级层面对高校财务管理工作提出了新的要求,由关注预算执行进度提升到预算绩效层面,由关注资金使用数量提升到资金使用质量层面,因此,高校财务管理工作任重而道远。

就我国高校的财务管理现状而言,仍有不少尚可增强之处。例如,对于财务管理工作来说,大部分高校财务部门把工作重心放在了预算编制和预算执行的工作中,工作内容主要是参照预算安排进行财务支配,对事前的预算控制、事后的财务绩效评价考核等方面尚有较多欠缺。同时高校财务管理工作更多关注预算经费执行进度,对预算资金使用的经济性、效率性和效果性关注不够,或者可以说没有关注。2018年9月,中共中央和国务院印发《关于全面实施预算绩效管理的意见》,对财政预算绩效管理作出部署,要求完善管理体系,健全管理制度、硬化管理约束。在3到5年内,根据管理体系全方位、全过程、全覆盖的要求,财政预算绩效评价必须实现全覆盖。开展财政预算绩效管理成为高校财务管理工作的必然要求。由此可见,国家层面对财政资金管理要求已由关注预算经费使用进度向预算经费绩效管理转变。目前高校预算绩效管理业务开展、绩效管理制度和评价指标建设情况不容乐观,难以满足预算绩效全方位、全过程、全覆盖管理的需要。高校财务管理工作如何从经济性、效率性和效果性三个方面,做好对高等教育经费支出的评价和分析,并以此提出优化资源配置和提升管理效率建设建议,从而促进学校完善治理、实现目标。

新时代,高校财务管理工作肩负新的使命。十八届三中全会上,习近平总书记提出推进国家治理体系和治理能力现代化是全面深化改革的总目标。《国家中长期教育改革和发展规划纲要（2010—2020年）》中指出要"完善中国特色现代大学制度，完善治理结构"。大学治理要与国家治理的发展方向保持一致，以推进大学治理体系和治理能力现代化建设为目标。大学治理，主体是大学的行政机构，以校长为核心的行政力量在治理中发挥主导作用。高校财务管理部门作为高校的二级职能部门，在高校推进治理体系、治理能力现代化进程中，该扮演什么样的角色，发挥什么样的作用。本人认为，新形势下高校财务管理工作要在高校治理现代化进程中发挥应有作用，首先要自我改革和发展（即高校财务管理工作首先要实现财务治理现代化）。高校财务治理现代化如何实现，高校财务管理工作应从哪些方面着手开展？

基于以上需求，本书研究内容紧紧围绕实现高校财务治理现代化，助力高校治理现代化建设的目标展开。本书以高校财务管理中的成本控制和绩效考核为重点研究内容，以财务管理为宏观主题，深入探究高校财务管理的前沿理论。

本书的研究内容主要包括高校财务管理现状分析和前沿理论探索两部分。其中，现状分析（尤其是对于成本控制和绩效考核的分析）是重点研究内容。第一部分包括本书的前七章，这一部分采用模块化的结构模式，将高校的财务管理工作分为预算管理、资产管理、成本管理、绩效管理、内部控制、风险预警等多个主要模块，分别对其模块内的工作内容和原则方式进行深入研究，探究其发展空间和进步方式。第二部分对应本书的第八、九章，以前文的研究成果为基础，对于高校财务管理理论的发展前景和发展方式做出了探索性的研究。

十八大以来，高等教育发展迅猛，高等教育经费持续增长，高校有资金量庞大、下属单位和企业较多的特点，故财务管理工作任务越来越重。另一方面，政治巡视、国家审计、外部检查、内部审计对财务管理工作形成倒逼之势，促使高校财务管理进行改革和发展。本书力求结合当下的实时情况，做出针对现状的研究。同时，本书也力求做到研究内容广泛而翔实，故而查阅了大量的资料，希望能将理论研究做到全面。

希望本书的研究，能够为我国高校财务管理理论的总体进步提供理论支持和思维探索，为实现我国高校财务治理现代化，助力高校治理现代化建设乃至我国的教育事业发展做出贡献。

作者

2020年6月

目录 contents

第一章　高校财务管理概述 ………………………………………… 001
第一节　高校财务管理的目标 …………………………………… 001
第二节　高校财务管理的内容 …………………………………… 004
第三节　高校财务管理的理论依据 ……………………………… 004

第二章　高校预算管理研究 ………………………………………… 010
第一节　高校预算管理概述 ……………………………………… 010
第二节　高校会计与学校预算管理 ……………………………… 012
第三节　高校预算管理存在的问题及原因 ……………………… 018
第四节　高校预算管理的改进与加强策略 ……………………… 029

第三章　高校资产管理研究 ………………………………………… 042
第一节　高校资产管理的概念 …………………………………… 042
第二节　高校资产管理存在的问题与策略 ……………………… 045
第三节　高校资产管理绩效评价指标体系的构建 ……………… 052

第四章　高校成本管理研究 ………………………………………… 076
第一节　高校成本管理概述 ……………………………………… 076
第二节　高校成本核算 …………………………………………… 079
第三节　高校成本控制 …………………………………………… 084
第四节　高校成本管理中作业成本法的应用 …………………… 093

第五章　高校财务绩效管理研究 …… 109
第一节　高校财务绩效管理概述 …… 109
第二节　高校财务绩效评价体系的构建 …… 112
第三节　高校财务绩效与管理制度创新 …… 134

第六章　高校内部控制研究 …… 138
第一节　高校内部控制概述 …… 138
第二节　高校财务内部控制现状及成因 …… 142
第三节　国内外高校财务内部控制经验 …… 150
第四节　高校财务内部控制的优化对策 …… 160

第七章　高校财务风险及预警研究 …… 166
第一节　高校财务风险概述 …… 166
第二节　高校财务风险预警指标体系的构建 …… 169

第八章　企业财务管理融入高校财务管理的相关问题研究 …… 188
第一节　企业财务管理概述 …… 188
第二节　企业财务管理融入高校财务管理的必要性与可行性 …… 193
第三节　企业财务管理融入高校财务管理的挑战 …… 203
第四节　基于企业财务管理的高校财务管理创新 …… 205

第九章　高校财务管理的新发展 …… 210
第一节　高校财务管理创新的必要性 …… 210
第二节　高校财务的供给侧改革 …… 217
第三节　高校财务的信息化管理 …… 225

后　记 …… 232

参考文献 …… 233

第一章　高校财务管理概述

高校财务管理工作的顺利开展是高校良性发展的前提。高等院校不是营利性企业，而是为国家和社会服务的学术机构，良好的财务管理工作有利于学生受教育质量的提升和科研事业的顺利开展。本章将以本书的核心论题——高校财务管理为主要研究对象，对其内容、目标及理论依据做出初步的探究。

第一节　高校财务管理的目标

高等院校进行财务管理应有明确的目标和规划，其目标以高校发展为根本遵循，紧紧围绕高校发展总目标开展工作。高校财务管理目标需要根据高校的总发展目标进行调整或重新规划，目标应根据高校的公益性、教育性、服务于国家的特定内涵，从以下几个方面进行阐述。

一、基本目标——确保高校各项经济业务良性运行

高校财务管理部门作为高校的二级职能部门，实现高校各项经济业务良性运行、风险可控是其基本职能。建立严格规范的财务管控系统并有效落实是高校各项经济业务良性运行的基本保障。建立完善的管理制度和实施有效的控制手段是做好高校财务管理工作的基本前提。只有建立了运行有效的财务管控系统，加之持之以恒地大力推进、有效落实，才能助推高校教育事业蓬勃发展。反之，将会制约高校良性运转，因此，建立行之有效的财务管控系统对高校来说至关重要。

二、发展目标——助力高校治理现代化建设

新时代，高校财务工作肩负新的使命。十八届三中全会上，习近平总书记提出推进国家治理体系和治理能力现代化是全面深化改革的总目标。《国家中长期教育改革和发展规划纲要（2010—2020年）》中指出要"完善中国特色现代大学制度，完善治理结构"。大学治理要与国家治理的发展方向保持一致，

以推进大学治理体系和治理能力现代化建设为目标。大学治理，主体是大学的行政机构，以校长为核心的行政力量在治理中发挥主导作用。高校财务管理部门作为高校的二级职能部门，在高校推进治理体系、治理能力现代化进程中，该扮演什么样的角色，发挥什么样的作用。笔者认为，新形势下高校财务管理工作要在高校治理现代化进程中发挥应有作用，首先要自我改革和发展（即高校财务管理工作首先要实现财务治理现代化）。高校财务治理现代化如何实现，高校财务管理部门应从哪些方面着手开展工作，本文进行了详细的论述和探讨。

三、高校财务管理目标实现的影响因素

时代在进步，社会在发展，新时代高校财务管理工作已经发生了翻天覆地的变化，高校财务管理工作正向资金运营安全化、管理模式多元化等方向迈进。因此，高校财务部门开展实际工作过程中，要不断强化高校财务管理质量与手段，从关注资金使用进度向关注资金效益转变。通过深化机制、体制改革，强化财务管理专业人员队伍建设，完善财务分析、评价、考核等途径推动高校财务管理目标实现，从而推进高校教育事业良性运行。作为高校经济业务和管理活动开展的基础与支撑，高校财务管理工作必须要制定周密的财务工作计划，并随着社会经济建设的需要、高校教学、管理工作实际情况进行调整。

（一）适应社会效益变化

现阶段，中国高等教育运行机制正由关注传统社会效益向服务于经济社会建设转型，传统的教育、教学机制和财务管理理念正逐渐被颠覆，更为有效的财务管理模式应运而生，从实际应用的视角实现单纯的教学服务向教学效率的多角度提升转型，为后续的管理领域的拓展奠定基础。

（二）适应融资渠道变化

过去，政府财政资金投入是维持高校正常运转的主要资金来源。现阶段，原有的单一筹资体制已不能适应新形势的发展，筹资渠道的多样性正成为高校发展的必然选择。高校在选择筹资渠道和进行多渠道筹资过程中，必须充分考虑主客观情况，从学校实际出发，做到既积极又稳妥，避免债台高筑，引发债务危机。在筹资方案的取舍方面，要客观衡量不同渠道筹资的风险，避免盲目筹资，要充分比较不同渠道筹资成本，确定最佳资金结构，力争实现资金成本最小化，要建立有效的筹资组织，要在"开源"的同时抓好"节流"，最大限度提高资金使用效益。高校财务部门应及时转变管理理念，充分结合学校实际情况，对筹资方式、筹资组合充分论证，制定科学有效的筹资方案。偿债计划

的制定要考虑学校的实际偿债能力和偿债成本，确保获取所需资金的同时，做到风险可控。高校财务管理部门在做好日常财务管理工作的同时，加强各部门协调联动，最大限度盘活学校各项资源，提升学校融资筹资的吸引力，为学校能够获取更多更优质的资源奠定基础。

（三）适应融资环境变化

高校原有的融资方式比较单一，以政府担保的信用贷款为主，也有一部分学校在学生宿舍、教学楼、实验室等非经营性基础设施建设项目采用BT模式。随着《预算法》《国务院关于加强地方政府性债务管理的意见》（国发〔2014〕43号）、《2015年地方政府专项债券预算管理办法》（财预〔2015〕32号）、《关于试点发展项目收益与融资自求平衡的地方政府专项债券品种的通知》（财预〔2017〕89号）、《关于做好2018年地方政府债券发行工作的意见》（财预〔2018〕61号）等一系列文件的出台，不断强化地方政府债务管理。"修明渠，堵暗道"是当前政府债务管理的政策导向。各高校原先直接通过银行贷款获取基础建设融资的方式已成为过去。发行地方政府专项债券将成为目前乃至将来很长一段时间内高校获取基础建设资金的最合规、最有效的融资方式。因此，高校财务部门应加强政府债券政策的学习、领会，弄懂、弄通债券发行的内涵和政策背景，熟练掌握债券发行的条件和步骤。根据学校实际需要，充分考虑偿债能力，申请发行做好翔实的偿债计划并确保落实到位。对近年来高校发展过程中遇到的资金瓶颈以及政策变化，高校财务部门应及时转变工作思路，积极运用政策红利，在筹措所需资金的同时，强化资源整合，内培外引，真正实现良性运行。

（四）强调教育成本的转变

为有效提高资金效益，高校财务管理部门在开展常规工作的同时，要不断引入成本理念，特别是2019年政府会计制度实施和《事业单位成本核算基本指引》（财会〔2019〕25号）颁布，为高校教育成本核算、分析、评价提供了制度和政策支撑。高校财务部门应加强政府会计制度、事业单位成本核算基本指引的学习，不断强化成本理念，明确成本内涵，将有效成本控制、成本效益提升作为主要的管理目标，不断探索提升整体办学效率的方法，充分发挥人、财、物整合的杠杆作用，着力推进高校教学水平、教学质量的提升。

（五）重视绩效分配的转变

当前，高校财务管理分配理念已从原来吃大锅饭向预算绩效管理转变。这种理念的转变是中国高校财务管理发展的重要成果，也是助力整个国民经济社会效益稳步提升，贡献巨大力量的有力见证。因此，高校财务管理部门要进一步强化对高校绩效分配考核、考评体系的深入研究，为高校营造和谐生态氛围做出贡献。

第二节　高校财务管理的内容

高校财务管理的本质就是高校控制经济活动实现财务目标的过程，即高校财务控制。其内容涵盖资金筹措、资金分配和资金使用，涉及测算、分析、评价、决策、实施、控制及监督等多个环节。财务控制与财务管理密不可分，财务控制围绕财务管理目标对所有的财务管理行为进行管控。

一、资金的筹集

高等院校有多个筹集资金的渠道，其中最主要的就是政府财政拨款、学费收入，另外还可以通过申请科研资金、接受社会资助等。所筹资金的预测和实施是筹资管理的重要环节，即高校的财务管理需预先做好筹资方案，对筹资项目和筹资总额有正确的预估，然后再落实筹资活动，获取所需资金。

二、资金的分配

资金分配是学校对结合发展规划、资金需求所安排的资金预算的资金投入。这项管理活动涉及财务管理中资金支出总数的预测及资金投向的决策等。

三、资金的使用

这项管理活动以资金分配为前提，主要体现在对支出资金的管控。按照项目资金预算落实资金投入，并在使用的过程中严格监控资金动向，把控资金流向。资金的使用涉及财务管理中的控制和分析，控制各种情况的预算支出，对资金的使用情况做出分析评估并纳入考核。

第三节　高校财务管理的理论依据

一、权变理论

（一）权变理论的内涵

20世纪60年代末70年代初，以经验主义学派为基础，新的管理理论即权变理论发展起来，权变理论是西方组织管理学中以具体情况及具体对策的应变思想为基础形成的一种管理理论[1]。

20世纪70年代，美国经济滞胀，政治、社会秩序陷入混乱，石油危机严重制约西方社会发展。该时期的企业处在极其不稳定的经济环境中，以往普遍适用的各种管理理论在这时力不能支，人们逐渐发现仅凭一套"最佳"的管理方案就能够解决眼下的经济发展问题已不可能，必须根据实际情况因势利导，运用各种适合的管理方式处理各项问题，形成所处环境决定管理方式的理论，即权变理论，这种理论受到广泛重视。

权变理论的核心是指世界上没有一成不变的管理模式[2]，认为无论是内在条件还是外在因素，不同组织都不相同，因此，在进行管理时没有任何原则或管理方法能够应对所有情况，企业在进行实际的管理决策时，应综合考虑自身的内部和外部的发展情况随机应变，而不是寻求一劳永逸的管理方法。管理不仅是一门理论，还是一种具有强大的实操性的技术，更是一门艺术。权变管理能够体现出管理的艺术，高明的管理艺术具有善于应变的特点，能够在瞬息万变的外界环境中根据自身状况，及时调整应变决策，抓住各种发展时机进行发展。

权变理论是一种行为理论，认为没有哪种办法在组织企业、制定决策等方面是最好的管理策略。这种行为理论的组织形式和领导团队的决策更多的受企业内、外因素影响。

（二）权变理论与高校财务管理

联合国教科文组织在1998年世界教育报告中指出："当今世界是一个全面变革的世界，以知识为基础的社会正在形成。"高校是一个系统工程，在这个系统中，管理对象在不断变化，管理理论和技术也在不断发展。这不仅指高校管理所遵循的教育学、教育管理学等理论在发展，而且与高校管理理论有关的其他学科，如系统论、控制论、信息论、电子计算机理论等，也在不断地充实高校管理理论。[3]

权变理论的核心理念是实施动态管理，权变理论中认为并不存在某种管理

---

[1] 申玖. 用权变思想支撑起大国心态——浅析近年来我国涉外事务中的两个危机管理案例 [J]. 中国经贸，2010（20）：40-41.

[2] 冀玮. 权变理论对企业管理的启示 [J]. 商情，2011（7）：152.

[3] 刁在祥，王少君，张军波. 系统论、信息论、控制论与教学管理 [J]. 管理信息系统，1998（S1）：110-112.

方式能在其不变的情况下满足任何发展阶段的需要，强调从持续发展的角度灵活进行管理工作。对于高等院校的财务管理来说，在权变理论中最基本、也是最精华的三个观点分别是：①管理无最佳模式，指的是对于学校的财务管理而言，通用于所有发展阶段且效果最好的管理办法并不存在；②情境管理，在同一情境中并非所有的管理方法都能够产生相同的效果，其发挥的影响和作用与情境的实际情况及结构设计息息相关，还与方式本身和情境的联系有关；③具体问题需要具体分析，在选择管理方式、制定相关决策时都必须先仔细分析所处情境中发生的重大事件。因此，高校的财务管理应将权变理论作为重要依据，根据自身的实际发展情况，结合发展目标，灵活选择、应用和调整管理办法，保持学校的管理处于稳定、健康的状态，以便能够在外部环境发生变化时能够及时做出相应调整，使学校进一步完成创新，顺利发展和改革。

随着高等教育体制的不断改革，经济市场越来越复杂化，高校面对着高风险、高收益的经济市场，在原来公益性、非营利的属性基础上增加了产业性属性，虽然主要资金来源还是国家投入，但逐渐形成了多元化筹资模式，现已发展成了多元化的筹资主体。处于市场经济背景下的高校虽开辟了多领域、多渠道的筹资渠道，但作为公益性的教育单位，高等院校是不可以完全依靠举债获得发展资金的，也不可以过分扩张导致财务危机，应在经费短缺和规模、发展的双向矛盾中构建科学的财务管理模式，有效利用有限的资源保障学校的正常运转和教育事业稳定发展。

二、委托代理理论

（一）委托代理理论的起源

20世纪60年代末至70年代初，众多经济学家就企业内部信息不对称和对代理人的激励问题发展出来了委托代理理论，该理论是契约理论发展以来产生的最重要的一项，用于企业分析，被广泛应用于各个社会科学领域。这项理论的中心任务就是，在信息不对称和利益冲突的双重不利形势下，研究委托人该如何做出最优契约计划来激励代理人[①]。

现代经济学之父亚当·斯密的《国富论》与委托代理理论有很大的思想渊源，他在这本书中阐述了与企业管理相关的观点，他认为在股份制公司中由于使用的资源、资金都不属于自己，因此，经理人不可能像合伙人一样能做到自觉管

---

① 邓正华.委托代理理论在国企中的衍生与变异[J].企业改革与管理，2006（5）：30-31.

理企业，会导致管理松懈、资源浪费等现象的发生。这种观点就涉及了代理问题，将投资者和经理人不一致的利益问题揭露出来。到了20世纪初，这种问题因大量大规模开放型公司的出现变得非常突出。伯利和米恩斯合著《现代公司与私有财产》一书，书中认为管理者的权利越大，越有可能对其他资本拥有者的利益产生更大的风险。如果管理主体的控制权与所有权一直处于分离状态，极有可能会导致管理者对管理主体权益的侵蚀。因此，管理主体对管理人即代理人的有效监管、控制措施成了众多经济学家研究的话题。

（二）委托代理理论的基本观点

委托代理问题的出现究其根本原因就是信息不对称。在经济发展和分工专业化的共同作用下，委托代理关系随之产生。委托代理关系是一种契约关系，当委托人和代理人获取的信息完全对等且共同分担经营风险时，二者就形成了最优契约关系，这种情况下代理问题不会出现。但在现实社会中，二者的信息具有非对称性，且目标函数彼此不同，无法满足最优契约的条件，导致代理问题的出现，在这种情形下，代理人的全部行为由委托人负责。

信息对称时，委托人能有效获知代理人的各种行为，代理人也能够预知委托人对自身行为的奖惩措施，因此会严格自我约束，代理问题出现的概率大大降低。而当信息不对称时则相反，委托人无法及时获知代理人的行动，也无法剖析导致代理人发生行为的内部、外部各个层面的原因而做出相应对策，只能通过建立合同、契约激励代理人实现自己的发展目标。

约瑟夫·斯蒂格利茨[①]认为，企业内部的委托代理关系一般是股东与经理层的关系，即委托人和代理人的关系，也可以说是企业所有者和经营者的关系。但实际上，每一个管理层级都存在这种委托代理关系，企业可以看作委托代理关系多重集合存在的集合体。委托人通过采取预算限制、审计监督、激励制度、设定权限额度等必要的监督和保证措施有效降低代理成本。

（三）委托代理理论与高校财务管理

我国高校管理中委托代理关系有两种，第一种是上级主管部门与高校的代理关系，第二种是高校内部上下级之间的代理关系。对于第一种委托代理关系而言，上级主管部门是委托人，高校扮演者代理人的角色，当信息不对称时，高校的利益将随着其发展独立出来一部分，导致二者利益不一致。在第二种关系中，学校为委托者，其上级和下级皆为代理者。

---

① 约瑟夫·斯蒂格利茨，美国经济学家，美国哥伦比亚大学校级教授，哥伦比亚大学政策对话倡议组织主席，2001年诺贝尔经济学奖获得者。

我国高校财务管理体制围绕两个核心进行改革：第一点是赋予高校管理者最大的自主权，使其能够做好高校财务管理工作；第二点是以保证国家利益为前提，监督并约束高校财务管理者的一切行为。在实行高校财务管理工作中，应坚持权利、责任、利益三点统一，建立完善且有效的激励机制和约束策略，以使代理人发挥最大的积极性和能动性，按照委托人的要求开展管理行动，预防代理人利用信息优势滥用职权牟取私利。

高校主要的激励机制为报酬，包括工资绩效及岗位津贴等。固定工资是其中最为稳定的收入项目，是所有职工的基本保障，在一定程度上满足了高校职工规避风险的要求，但其对高校职工的激励作用十分有限。绩效与代理人的能力、业绩、品德及工作态度息息相关，有较大的促动作用，但也存在一定缺陷，容易导致职工的短视行为。固定工资、岗位津贴，加上科学考核绩效，能够最大限度激发职工工作热情。

现代公司制企业的高级管理阶层通常由董事会、股东大会、监事会及经理人员构成，各个层级部门权利分离，互相制衡，最后由企业法人综合治理。该管理模式充分体现企业所有者、其他利益相关者和高层管理人员三者之间的牵制关系。在这种管理模式中，企业所有者与其他利益相关者通过相关约束性的规章制度对高层经理人员形成了有力的约束。高校的管理机制与之相似，需要在高校内部建立完善的监督机制和约束机制，依照相关法律法规建立行之有效的管理制度，实现政府和高校、高校和二级部门、职能部门与职工的权利分离，真正建立各个层级之间的有效制衡、有效监督。

三、集权和分权理论

（一）集权和分权理论的含义

西蒙认为，组织中集权和分权应参与渗透到决策的过程中，组织集权做出的决策才是有效的，同时，分权对于组织内的决策过程也十分必要。他还认为，并不是只有直线指挥人员具备制定决策的权利，应在决策过程中综合考虑参谋人员和直线人员提出的决策建议，预估决策结果选择最终的决策方案。

（二）集权和分权理论与高校财务管理

我国高校财务管理机制采用集权制，财务的决策权掌握在校级领导层。高校在进行财务管理时，若按各个学院的发展预算实行资金的划分，学院无法灵活使用资金，办学的积极性将大量消减，不利于学校的整体办学和发展；若学校放大各个学院的权利，则有可能导致学院各自为政。因此，学校只有在这两个问题之间找到平衡的办法，才能够解决这一管理问题。在学校资金全部纳入财务大账统一管理的前提下,可以下放给学院以下几项相关管理权:①在财务收支计划与学校预算一致的情况下,学院将获得学校分配的预算经费和其他资源;②当学院的各项经费管理办法与学校层面没有冲突时,学院有权进一步细化二级管理的实施细则;③当学院的经费实行学校统一管理时,学院获得管理本级经费的权利。高校无论采取何种财务管理机制,都应与自身规模、性质及其他各项资源相匹配,充分考虑自身财力状况,建立适合自身持续发展需求的财务管理体制。

四、管理幅度理论

(一)管理幅度理论的含义

管理幅度即直接向管理者汇报工作的下级人数,也被称作控制宽度,这个概念最先由古典管理学派提出。20世纪30年代,英国的林达尔·厄威克从各个代表性观点中,归纳总结出了八项组织管理工作的原则,管理幅度理论占据其一。他指出,领导人员管理的幅度有限,直接下属最好不超过 5~6 人。现代组织理论吸收了之前的各种研究成果,明确了管理幅度的指导思想,即管理幅度有限。有效管理幅度受几个基本变量影响,包括管理者、被管理者的工作内容、工作能力、工作性质、工作环境、工作条件等。

(二)管理幅度理论与高校财务管理

高校的财务管理同样可以应用管理幅度理论。改革之前,高校的管理体制一直存在规模小、职工少、职能不全及管理简单的特点,因此可以被集中管理,统一领导,高校的财务管理与此相符,财务的一切管理权力高度集中于学校的校级管理部门,对以下两个方面有积极的影响:一方面,资源集中管理,以便学校好办事,办大事;另一方面,提高了高校对下属单位整体的宏观调控能力,有助于高校各项事业发展。高校的规模随着扩招而不断扩张,学校的建设更加丰富,高校的管理也将日趋复杂,这时,从客观上来讲,原本的管理模式会导致管理效率很低。因此,高校为加强管理,就必须对管理幅度进行调整,丰富管理层次,将管理重心向下转移到下属学院中,使其拥有财务权及人事权。高校和下属学院之间实施两级财务管理模式的目的,就是制定出最佳的财权分配方案,同时满足高校调控学院和学院自主进行财务管理的需要,促进各个学院办学的积极性,提高学校资金、资源的利用效率,实现"宏观调控,微观搞活"的管理效果。只有重新构建高校内部的组织结构,根据各个学院的情况重新划分其功能,将高度集中的财务管理权力下放各个学院。

第二章 高校预算管理研究

从本质的角度来说,高校不是传统意义上的企业,盈利并不是高校的最终目的。但若想提升资金利用的合理性,做好前期的预算管理工作及分配和规划工作必不可少。目前,大多数高校能够认真对待预算编制工作并认真执行,而这只是预算管理工作中的一部分。目前高校在预算控制和预算评价工作方面还有很多欠缺,需要不断完善。这二者也是本书研究的重点。本章将以预算管理这一模块为研究主题,探究其相关理论。

第一节 高校预算管理概述

一、高校预算管理的定义

张东军认为:"高校财务预算管理是指高校按照其事业发展计划和任务编制的年度收支计划,是高校进行各项财务活动的前提和基础,是指导和考核高校各项财务活动的标准性文件,是高校控制日常支出和组织收入的重要依据。高校的预算包括预算编制、审批、执行、监督等环节。"

史杨武认为:"高校预算管理的实质即最大化地发挥自有资源的价值,在遵从相关法律的基础上,使高校在社会主义市场经济中具有竞争力,又能保证自身科研教学水平的提高,保障教育这一公共产品的供给效率。"[1]

寇秀英的研究表明:"预算管理是指在管理中对高校的各项经济活动进行预期并控制的管理行为及其制度安排,在管理学中也称为全面预算管理。它是内部控制的重要方法,实行全面预算管理,有利于组织管理效率及效益的提高。"[2]

---

[1] 史杨武. 新预算法下高校预算管理应对措施探析 [J]. 现代商贸工业, 2015 (27):144-145..

[2] 寇秀英. 我国高等学校预算管理体系的研究 [D]. 天津:天津大学, 2009.

韩燕的研究表明："高等学校预算管理就是高校依据学校预算，通过财务活动对学校的教学、科研、行政、后勤等各方面的业务活动进行的管理和监督。高等学校的预算管理包括预算编制、预算执行、预算调整与监督以及预算实施的绩效考核等方面。其根本目的是合理配置高校资源以便达到明确目标、协调各部门关系、控制日常管理和教研活动、进行绩效考核的目的。"[①]

综上所述，高校为实现预算目标，在接下来的一段时间内管理财务的收支计划所产生的一系列经济活动就是高校的预算管理。预算管理包括预算的编制、审批、执行、调整、分析、监督、考评等管理活动。

二、高校预算管理的原则

高校进行预算管理工作时，应做到以量入为出、兼顾公平、效益优先为收入预算的管理原则，以统筹全局、勤俭节约、保证重点为支出预算的管理原则。此外，高校预算管理应确保实现收支平衡。

（一）预算管理遵循"量入为出，收支平衡，效益优先，兼顾公平"的基本原则

以收定支，收支平衡是收支预算的基本管理原则，在进行资源的预算分配时，以在公平合理的情况下追求最佳效益为分配的依据和标准，同时要考虑学校的统筹发展。

（二）收入预算遵循"积极稳妥"原则

高校必须以"积极稳妥"作为收入预算编制原则，精准把握教育发展机会，积极开拓筹资渠道，增加各项资金的收入。按照国家有关规定将学校全部收入纳入预算，不高估、不遗漏、不重复，根据实际情况及各种影响因素做出详细的收入预算编制，确保收入项目内容翔实、数据测算可靠。

（三）支出预算遵循"统筹兼顾，保证重点，勤俭节约"的原则

高校预算支出总量安排必须根据收入情况进行把控，在高校的综合财力范围内做出合理的支出计划，量力而行，一般不做"赤字"预算。财务人员应科学核定预算项目的所有数据，在预算编制中体现出各个教育学科的差异情况及学校的办学方向，以迎合学校的发展目标。贯彻令行节约、一切从实际出发，坚持"一要吃饭，二要发展"的总体思路，保证重点，统筹兼顾，科学、合理安排资金，最大限度提高资金使用效益。

---

① 韩燕. 我国高校预算管理研究 [D]. 重庆：西南大学，2008.

第二节 高校会计与学校预算管理

高校的各项资金预算能够体现出统计年度内学校的财务收支规模，还能够从学校的整体经济业务活动中把控业务范围及发展方向。高校财务管理的主要内容就是管理收支的预算编制和执行预算的过程，这项内容主导着高校的财务管理工作，为高校进行财务活动提供了基础，关系着学校教育事业的发展，对高校整体良性运转至关重要。

一、高校预算管理与会计核算

从价值的视角来看，高校的会计核算及预算管理工作都是其经济活动的实际体现，会计核算是预算管理工作中预算执行（资金使用）的具体体现，预算管理对高校财务活动的监督和约束使会计核算时能够更加清晰地掌握资金流向，二者之间相互促进，共同规范财务活动，像学校领导及相关部门提供准确可靠的经济数据信息，二者之间还有一定的联系，主要表现在以下几点：预算管理涉及高校收支、分配和结余的财务情况，构成了会计核算活动的基础；预算代表了高校的发展计划，核算反映了执行计划产生的结果，二者共同体现了学校的发展水平和规模；会计核算的主要对象就是高校根据教育事业发展的总规划做出的详细经济预算计划，因此，会计核算可以说是细化的高校预算管理工作。此外，高校的预算反映了学校的资金分配情况，是高校日常经济活动开展的资金保障。通常情况下，高等院校的收支预算情况能够与会计核算的经济收支内容一一对应，而会计核算通过年终各类决算报表对年度预算执行情况进行全面呈现，以便对预算活动的执行情况有整体的把控。预算管理能够对财务活动进行事前约束和控制，会计核算能够对财务活动全过程进行详细的反映和分析，便于高校掌控资金流向，避免资金使用不合理或被浪费，了解资金的使用情况和项目的建设情况，进而更好地优化财务管理工作。

高校预算经费一旦通过审批，将有效约束高校的各项经济活动，高校增加的每一笔支出预算都必须有足够的资金支持。会计核算能够详细反映出预算的完成情况，对预算项目的完成过程有一定的监督作用，是高校预算资金收支平衡的有效保证，对于高校预算收入的实现、预算支出的管控非常重要，有利于高校建立健全一体化约束机制，提高约束预算的能力，加强学校财务预算管理的力度。财务分析和监督是高校进行预算管理和会计核算非常关键的环节，根据实际情况为高校的财务支出设定了标准,确保资金使用合理、有效。高校能够通过会计核算统计的结果分析出各项预算的执行情况,进一步了解和掌握学校各个经济项目的风险、特点、运行规律以及执行过程及效果等,为高校做出最佳的财务决策提供更可靠的依据。总之,对高等院校而言,其预算管理和会计核算相互配合,共同管理高校的财务活动。二者虽具有密切的联系,但在管理对象及职能等方面有很大的不同,二者不同的性质决定了其特点、要求、规律规范等各不相同。

二、高校预算执行和预算调整

预算管理活动从预算编制开始,通过预算执行实现预算计划,根据执行情况进行调整,最终通过会计核算将统计总结的执行结果以书面形式呈现和反馈给相关管理部门完成一个循环的预算管理过程。预算执行和预算调整是高校预算管理工作中非常重要的环节。

(一)高等学校预算的执行

高等院校的预算项目一经批准就可以进入执行阶段。高等院校应制定科学合理的预算计划并按计划有序执行,才能够有效控制财务收支管理活动,进而做到收支平衡。在预算执行过程中高校需要做好以下工作。

1. 科学分解年度预算,保证经济责任的落实

高校应实行统一领导,分级管理的预算管理制度,各职能部门、二级学院紧密围绕高校发展规划及年度工作重点开展工作,明确管理对象、目标、责任和具体要求,并签署责任书以激励各部门积极负责地完成各个预算项目的执行工作。财务部门应加强监管力度,协调控制各级单位和部门的经费使用进度,以保障高校在预算计划实施期间内的发展和对资金的需求。

2. 积极组织收入,保证收入计划的完成

高校需要根据收入预算完成情况安排支出预算,然而并非所有收入项目都能够完全按照收入计划完成,因此,高校必须按照计划严格执行收入预算项目,及时、足额收取预期资金并入账。高校应以签署责任书、合同等书面契约方式约束产业收入,确保实现收入目标;高校需要做好成本管理,包括人员经费、水电费、资产占用费等的核定;高校应严格控制收入管理,按相关政策和规定核实各项收费项目,及时上缴各项财政款项,监控、防范各级单位及管理部门私账、外账、拖欠、坐支及"小金库"等问题发生。

3. 合理控制支出,提高资金使用效益

高等院校一旦确定了经费预算,其财务管理部门就必须严格按照相关财务

管理制度监督资金的分配和使用情况，及时拨付资金。在审批财务开支时，尤其是对一些临时追加的支出项目或者大额的经费支出，必须坚持集体决策，严格审批，避免出现资金管控的漏洞，出现预算使用不当甚至严重失衡。高校财务管理的各个单位和部门应严格管理财务的收支情况，加强资金使用的监管力度，在进行资金预算决策时充分发挥职能潜力，尽可能增长资金的收入，从各方面节省资金的支出，提升资金使用率产生更多效益。此外，高校财务管理部门还应做好对各下属单位及部门资金支出和使用的监管工作，检查所有资金项目的执行是否符合规范、各项业务是否界限明确、是否有收支结构不合理现象。

4. 强化预算控制和预算分析，确保各项工作稳步推进

高校应进一步强化预算项目管控力度，全面控制预算项目有序执行，提高数据分析能力，定期检查财务的收支情况，做好每一项收支的分析，控制各项收支预算项目的执行与高校整体教育事业的发展计划相协调，并及时向相关部门反馈出现的问题，以便及时调整财务管理决策。当某项收支活动涉及大额业务或资金流动出现巨大变动时，高校应加大调控力度，及时做出调整，并加强对资金活动的监管力度，使资金保持收支平衡，以保证高校在预算年度的教育发展不受影响。

（二）高校预算调整

一般情况下，高校年度预算一经批复，额度及用途等基本确定，一般不做调整，以保证每一笔预算都产生相应的效用。但执行预算项目时，有可能出现某些特殊情况，为了保证预算正常执行，不影响学校的发展计划，就必须要按照相关流程报备审批再做调整。

在高校执行预算项目的过程中，如果因原定预算不准确出现较大误差，需要高校做出较大的资金调整，或者高校教育总体发展计划出现了重大变动而导致收支项目金额改变时，高校可以进行合理预算调整。在具体调整前，高校应先制定科学预算调整方案并向上级归口部门报送审核申请，并做好备案。这种情况下，高校做出的预算调整一般会在原预算总额度内进行调整，此增彼减。如果高校的预算总额度有变，为保持收支平衡，就必须在调整了收入预算后，对支出预算也做出相应的调整。通常情况下，财政专户核拨和财政补助的资金作为高校的一项收入一般是不予调整的，如经核实，高校确实需要调整这项资金收入，应按照审批流程逐级向财政部门或主管部门申请审批。

在高校预算项目的执行期间，如果国家教育事业发展规划或者相关的政策制度有了很大的调整，影响了高校的财务收支活动，学校确定需要做出调整时，就可以向财政部门或其他管理部门申报调整预算；如果国家要求提升职工薪资

待遇水平并出台新政策，或根据发展要求增减或合并组织、机构等时，高校应根据实际情况，编制预算年度调整预算计划的方案，再按照相关流程向财政部门等管理部门申请审批，待获得批准后，即可着手调整。

(三) 预算执行结果报告

每一个会计年度末，高等院校都要根据主管部门的相关要求编制年度决算，汇总这一年度中预算的实际执行情况，并从以下几方面着手编制报告：①高校事业计划的进度、完成程度、执行效果的详细情况；②各个预算项目是否已经完成，是否达到收支平衡，实际收支与年初预算的差异，对差异形成原因的分析；③对实际预算活动造成重大影响的因素进行分析，分析各种因素造成的影响程度；④对预算管理过程中发现和反馈的问题进行全面分析，提出科学的改进方案，查漏补缺，不断提升预算管理水平。对预算执行信息汇总并编制报告是每一个预算年度中高校预算管理的最后一项内容，汇总分析预算执行结果的这份报告是对高校这一预算年度所有的财务活动做出的总结性报告，内容必须完整、条理必须清晰、数据必须精准，只有这样的报告才有研究的价值，才能够在编制下一年度的预算计划时提供有效的数据支持。

三、预算管理科目设置

高校预算管理工作从流程看，从编制，到审批，再到执行环节，加以调整，最后通过总结报告呈现，这样就完成了一整套的预算管理流程。为了使预算的实际执行效果达到最佳，就必须要加强监督、约束、管理、控制预算执行的力度，建立完善可靠的预算控制体系，做好会计核算工作，避免高校预算管理与会计核算分离。

(一) 预算管理科目设置的基本原理

国家教育部门对于高校的会计制度做出了详细的规定，规定要求其直属高校应设置"预算收入""预算分配"和"预算结余"这三个会计科目，用于反映及调整高校的年度预算，评估预算执行的状态，能够加强控制预算的力度；建议制定并应用"约定支付准备"及"约定支付"这两项科目，能够将高校履行支付合同的状况反映出来，避免资金的不合理挪用，有效控制了预算的支出情况。

以高校的年度预算为单位，"预算收入"能够核算其中涉及的各项已经确定的和在调整的收入预算数，是一项控制收入预算的科目；"预算分配"能够反映出其中涉及的各类确定的和在调整的支出预算数，是一项控制支出预算的科目；"预算结余"能够计算出其中的收支预算的结余情况，是一项控制收支预算差额的会计科目。

高校在年度预算下达时，将各项收入预算金额计入"预算收入"科目的借方，将各项支出预算金额计入"预算分配"科目的贷方。期末，预算收支金额相抵有结余的，将结余金额计入"预算结余"科目的贷方，反之计入"预算结余"科目的借方。高校在年度预算调整时，收入预算金额增加，则计入"预算收入"科目的借方，同时计入"预算分配"或"预算结余"科目的贷方；反之，则计入"预算分配"或"预算结余"科目的借方，同时计入"预算收入"科目的贷方；支出预算金额增加，则计入"预算收入"或"预算结余"科目的借方，同时计入"预算分配"科目的贷方；反之，则计入"预算分配"科目的借方，同时计入"预算收入"或"预算结余"科目的贷方；在校内二级单位或各支出项目之间调整预算，将调整金额同时计入"预算分配"科目的借方和贷方。预算年度终了，将调整后的年度支出预算金额计入"预算分配"科目的借方，将调整后的年度收入预算金额计入"预算收入"科目的贷方，两者差额则计入"预算结余"科目的借方或贷方。年终结账后，上述三个科目期末余额均为0。

"约定支付"指高校按照已签订的合同届时向某合作单位付款的核算。"约定支付准备"指的是高校根据合同内容准备的项目资金，这两个科目相互对应。高校在进行内部财务管理时，应将虽已签订合同但处于未支付状态的合同金额计入"约定支付"科目的借方，同时计入"约定支付准备"科目的贷方；实际支付款项时，则借记"约定支付准备"科目，贷记"约定支付"科目，同时借记"预付或应收账款"等科目，贷记"银行存款"科目；如合同撤销，则借记"约定支付准备"科目，贷记"约定支付"科目。年终结账前，"约定支付"科目借方余额表示学校对外承诺将在一定条件下需要支付的款项总额，"约定支付准备"科目贷方余额表示学校为履行合同所准备的资金总额。年终结账，将科目余额计入"约定支付准备"科目的借方，同时计入"约定支付"科目的贷方，下年度做相反会计分录转回，两个科目年末余额均为0。

高校制定的这五项管理科目能够有效强化其预算管理的力度，不同于制度中其他会计科目的是，这五项管理科目都不参与核算高校的资产、收入、负债、支出以及净资产等会计要素，只根据合同或预算的金额记录在账簿中。这五项管理科目相互独立，一般情况下不会与其他科目发生互动。

（二）设置预算管理科目的作用

在会计体系中制定并应用了预算管理的相关科目，有利于高校内部及时获取更全面、更准确的信息，以及时做出财务管理决策调整预算管理措施，还在一定程度上完善了高校会计体系，大大减少预算管理与会计核算脱节问题的出现，加强了对收支预算的监管力度。

第二章 高校预算管理研究

1. 预算执行情况得以全面反映，各项经济业务有效开展得以保证

高校对预算管理科目进行科学设置并规范使用，能够全面观测从预算编制到预算执行再到核算反馈结果的全过程，根据预算收入、预算分配及预算结余控制预算执行的进度和收支情况，将其与实际收入、实际支出项目及实际结余对比，有利于高校掌握资金收支各个环节具体情况，进而了解预算项目的完成进度和程度，掌握各个下属单位的预算资金使用情况和结余（负债）情况了，并分析出各个单位在预算管理和预算执行中出现的问题，及时采取相应管理措施进行调整，以促进高校年度事业计划的顺利完成，维护高校教育事业的整体发展。

2. 年度预算调整情况得以全面反映，预算收支平衡得以保证

在预算执行过程中，预算项目和资金额度通常需要根据实际情况做出相应的调整才能确保预算项目顺利完成。然而，高校在进行追加或调增预算资金决策时，真正结合学校实际做详细考量并进行科学论证的不多，由此做出的预算调整通常要么是和学校实际需求相背离，要么学校资金无法有效保障，给收支平衡管理工作带来了极大的隐患。预算管理科目的设立和实际应用，不仅能够全面反映出预算执行的情况，还能够向高校提供全面的收支信息，以便出现特殊情况时学校做出最佳的调整决策，保证学校收支平衡。对于已做出调整的项目，学校首先要保证其资金来源，同时做好资金使用跟踪及监管，真正做到资金有保障、风险可控。

3. 已签约项目资金来源得以保证，专款专用预算管理理念得以强化

当高校与外单位达成购买设备、劳务的意向并签订合同后，通常约定在某段时间后支付货款。从预算管理的层面来看，一旦签订合同就代表产生了合同约定数额的支出预算，理论上讲，无论实际上货款是否已经完成支付，只要合约不被撤销，该项资金都无法再另作他用。提前准备好支出资金更能够有效地避免支出预算的失控。合同管理是高校财务管理的一项重要的内容，由于有些合同履行或生效的时限长达几年，在履行过程中会有某些意外情况发生，造成遗留问题，预算管理科目能够帮助学校有效处理合同问题，帮助学校做好合同管理，在追溯问题本质原因等方面有重要的作用。

高校在会计体系中引入预算管理科目，有助于校内各个单位、部门明确自身的职责和义务，完成业绩考核和工作评价，为高校编制更加精准、全面的预算报告（决算报告）提供保障。预算管理是财务管理的核心，从目前高校预算管理工作开展的实际情况来看，缺乏有效的预算管控手段，直接影响了高校财务管理效果。预算管理科目的引入和规范使用能够从多个方面提升高校预算管理能力，因此，高校应根据实际情况合理应用。

第三节　高校预算管理存在的问题及原因

一、高校预算管理存在的问题

随着高校教育事业的发展，内部管理制度日渐完善，更多的高校意识到了预算管理对高校发展的重要性，并进一步改进和发展了预算编制和预算控制等方面。目前，各大高等院校对预算管理的认知仍不够全面，在实际的实践中仍存在很多盲区，预算管理体系不健全仍是高校在预算管理方面存在的主要问题。甚至仍有一部分高校管理人员凭借经验采用粗略的估算手段进行预算编制，导致预算执行不规范，频繁调整预算项目经费额度，缺少全面、科学的预算执行情况总结报告。

（一）预算编制中的问题

1. 预算编制的前瞻性和科学性有待提高

高校以往一直将历年日常收支情况作为编制预算的主要依据，缺少科学的分析，无法根据高校实际的收支能力做出具有前瞻性的预算编制，难以对高校未来的发展产生实质性的作用。长此以往，本就预算虚高的某些部门闲置可支配的资金更加富余，而有些能够收获高效益的项目却因没有足够的资金支持，难以获得预期收益甚至在执行过程中搁浅。不科学的预算编制造成了资金分配不合理，严重影响了预算项目的执行和资金的利用效率，进而对高校教育事业的整体发展造成了不良的影响。

预算编制人员应了解学校教育事业整体发展规划，了解学校下一预算年度的发展计划，根据学校的发展方向进行预算编制工作。预算编制人员还应与其他各个部门建立长久、密切的联系，听取各个部门成员提出的优秀、可行的建议，提升预算编制与高校各方面发展的黏合度，全面为预算编制赋能增值，做出最佳的资源配置方案，实现资源的高度共享、高效利用。避免因缺少实际信息的支持导致预算方案与高校的实际需求相背离，造成预算控制失效。

预算编制人员为预算项目拟定具体的预算收支方案时，由于缺少科学的论据，会导致决策出现导向性的失误。高校实际校内教职人员、科研人员的各项经费预算的校内津贴部分的考核形式较为烦琐、考核制度不够合理、对考核过程及结果的监管力度不足，不能有效预防学术腐败，科研态度不严肃，科研报告敷衍了事，甚至出现学术不端的问题，科研教学质量堪忧。目前，很多高校采用了新的拨款机制即综合定额的办法,用以确定各项公用经费的开支预算[①],但由于其组成成分无法确定,计算动因不够科学,导致论证不足以制定出最科学、最合适的综合定额。而在项目支出管理方面,对预算申报的管理机制并不完善,虚报预算非常严重。

高校对预算编制的监督缺位也是造成预算编制缺乏科学依据的原因之一。预算编制是高校财务管理的一项重要工作,高校各个职能部门和二级学院都应积极参与预算编制的协调性论证,对预算编制工作进行全面监督。而实际上,财务部门承担了预算编制的主要工作,由于缺乏有效的监督,因此在预算中产生了一些与学校实际需求相背离的项目安排等。此外,由于高校考核经费支出的标准并不科学,预算管理部门较多关注经费进度,这种判定方式的不科学和不合理对支出预算的公平性造成了严重的影响。

2. 预算编制缺乏足够的风险意识

从目前高校预算管理工作开展的现状来看,主要工作内容还是对各预算项目经费执行进度统计和反馈上,预算执行过程中不同时段资金流动的规律缺乏系统分析,预算编制人员风险意识较低,对筹资需求的调研不全面、不系统,筹资能力、资金到位情况、偿付能力等方案不系统、不科学,对高校的实际情况判断不准确,造成资金筹措的进度安排和额度与高校的发展规划不匹配,直接制约了一些重大项目的推进进程,从而导致一些重大项目没能按期实现。高校债务预算编制的准确程度一直是高校预算管理工作中的一个主要风险点。众多高校为推进教育事业上的高速发展,迅速扩张了学校的规模,银行贷款成为获取资金的主要渠道的同时,巨大的偿债压力逐渐形成,有些高校不要说偿还本金就连利息都不能保证按期偿付,这种情况的出现与债务预算编制的不科学有直接关系。尤其是采用多校区模式办学的高等院校则需要承担更大的财务风险,如学校经费的投入更加分散难以掌控、办学成本增高等,这种办学模式抗风险的能力也较弱。

3. 预算编制内容不够全面

目前,高等院校对全年的总收支实行了综合预算管理。就高校的建设和发展理论而言,其预算编制应综合反映出各项资金流动运转的整体面貌。但实际上高校不断开拓筹资的渠道,资金收入不断增长,而某些院系脱离了高校预算体系的监管,使资金的运转失去了高校预算管理的控制,造成了贪污、腐败,

---

① 翟蕊,张小萍. 建立中央高校教育经费拨款新机制[J]. 中国财政,2011(11): 63-65.

影响了高校的管理和形成了不良的教学风气。据纪检部门对高等院校违规经济行为的调查和统计显示，在高校预算管理之外的资金款项主要有：①部分专业办学收入的截留；②通过一些培训项目向学生收取的住宿费或其他服务费并滞留于二级单位；③按学校规定应上缴的资料及培训等方面的费用；④各部门应上缴的对外提供服务收入；⑤出租出借、处置国有资金的收入等。《高等学校财务制度》为了如实反映学校资金收支的总规模，提出了高校预算新理念，并规定了"大口径"范围[①]。然而，实际上各大高校往往只根据教育事业发展产生的各项费用编制收支预算，其中并没有考虑到科研方面、运营方面、基建方面等各项收支，在预算编制时没有落实"大收大支"这一原则，"大预算"这一格局也没有形成。

高校预算编制人员对收入的估算不准确，主要体现在财政投入、学费、科研经费收入及其他收入方面。每年财政拨款指标的下达相对于学校预算的发布要滞后一些，特别是项目结转资金。同时高校在预算执行的过程中还有申请追加财政拨款情况，更加剧了预算编制人员估算收入的难度，影响整体收入预算的编制；高校通常在本年末对下年度学费收入进行测算，由于新生的实际入学人数、老生的实际在读人数（因为有好多学生会在二年级申请参军）都存在不确定性，所以学费收入测算难以准确，一般是参照新生录取人数按照历年的报到率折算、老生在校人数历年的学费收入情况做增量预算，做出的收入预算和实际情况会出现较大差距；而各项科研经费由于其来源、拨款方式、报账时间、科研周期等都存在差异性、不确定性，科研收入预算做到准确难度也很大。高校不管是收入预算还是支出预算，都有一些不确定因素的存在，所以两者预算都很难准确。相对而言，支出估算容易一些，但在支出预算执行时仍会存在不可控情况，进而影响支出预算科学预测，因此，高校需安排一部分机动经费保障各种突发事件的资金需求。然而机动经费的预算也是个难点，若保留的机动经费过多，会影响其他一些项目经费的安排甚至有些项目因经费不足而推迟，而机动经费过少时，则会降低高校应对突发情况的应急保障能力。

4. 预算编制方法科学性有待提高

目前，高校预算编制方法主要有固定预算、弹性预算、增量预算、零基预算、定期预算与滚动预算。实际操作中，高校大多采用增量预算方法进行预算编制。这种方法操作便捷、简单，也有理论支撑。但是实际操作被人为简化，这样编

---

① 褚琳. 新《高等学校财务制度》对高校财务管理的影响[J]. 西安工程大学学报, 2014(3): 372-375.

制的预算与实际情况肯定会脱节。这种预算编制方式以前一年的收支预算为基础同时结合当年实际需求，如果对前一年收支预算中非常规项目考虑得不够充分，对当年新增的项目预算考虑不全面，容易使资金在校内的分配比例逐渐固化，引发各部门盲目扩张预算项目规模，导致资金利用率逐年降低，资金浪费现象愈演愈烈，进而导致高校某些优质项目、重点项目无法获得足够的资金支持而搁置。

目前，有些高校在进行编制预算时，采用了一种零基预算的方法，这种方法常用于企业单位的预算编制中，是高校加强预算管理的一种积极大胆的尝试。但这种零基预算方法在我国高校的推行中仍存在以下几种问题：

（1）零基预算这种方式适用于管理结构精简、职责分明、决策机构明确并能确保决策有效。实际上目前我国大多数高校还不具备使用零基预算法的条件，在无法满足应用零基预算法的条件下使用零基预算法，将造成决策单位不明确，导致高校所做出的一揽子决策中存在巨大偏差，影响资金的支配，降低资金利用率。

（2）目前这种方法只能反映出高校日常的经费收支预算，无法反映出预算内某些支出的预算，如事业发展性质和建设性质的支出预算项目，更无法反映出各部门的自有资金和预算外资金。

（3）使用这种方法对基本支出预算进行编制时，由于各下属单位、部门提供的信息数据不够准确、完整，甚至混淆一些不真实的数据，导致做出的决策有明显的主观随意性，另外有些项目具有较强的灵活性，其指标范围不易确定，加剧了高校制定的一揽子决策方案的不确定性。

（4）零基预算法对预算编制的技术有很高的要求，且编制的过程十分烦琐，需进行系统的预算分析并构建数学模型，预算信息的收集和处理工作量非常庞大，使零基预算的可操作性大幅降低，难以推广。

5. 预算编制人员综合素养待提高

预算编制是预算管理的重要工作，对高校的财务管理和整体发展规划都有非常大的影响力。预算编制需要高校全员参与、全部门参与协调论证。然而，目前高校预算工作的现状是：由财务部门独立承担，不透明、不公开，下属各单位、各部门仍不了解预算编制在各部门甚至高校整体的发展中的重要性，存在预算编制仅由校领导层及财务管理部门负责的错误认知，对预算编制的参与热度不足，导致对预算编制的监督力度不足，对于预算执行中不科学、不合理的地方无法及时调整，对资金的分配、使用乃至高校教育事业的发展造成了影响。

同时，预算人员的综合素养也直接影响预算编制的规范。当预算编制人员良莠不齐时，可能会出现对预算编制口径理解片面甚至误读，从而影响预算编制的质量和规范性，容易造成资金安排的随意性，不利于资金效益的提升。比如，有些高校把立项的横向课题按照到账金额大小，区别管理，对10万以下的所有立项横向课题全部放在一个经费项目中核算，无法清晰反映每一个立项项目的收支结余情况，对科研项目预算管理还停留在粗放型状态，和精细化的要求相差甚远，同时该做法也违反了预算编制的明晰性要求。

6. 预算编制时间不合理

预算编制的时间安排影响着预算编制的质量，编制的时间越充分，质量越高。目前，各大高校一般在每年的12月份才下达下一年度预算编制的工作通知，要求1月份完成，只有不足两个月的时间。然而预测编制需要收集并整理、分析大量的数据信息，这段时间不足以预算人员找到充足的论证，更不够对重点项目做出细致的分析。匆忙地收集、整理、统计及分析大量的数据信息，再高的工作效率也仍然无法弥足预算编制时间的不足，因此，造成了预算编制的质量低、不准确、没有足够的科学依据，在未来预算执行的过程中产生追加经费是必然存在的问题。时间的不合理，对预算管理的严肃性、科学性产生了严重的影响。

（二）预算执行过程中存在的问题

高校编制的预算，一经批准，即具有权威性和严肃性，应严格落实。目前来看，高校在预算执行过程中或多或少存在一些问题。

1. 预算执行机制不健全

目前，高等院校监督、管理、控制预算执行的机制仍不完善，导致实际支出与预算编制口径不符的现象时有发生。高校对项目支出的管控不到位，项目之间经费的实际使用情况存在混用、串用现象，报销的经费类别、用途等都不明确。部分高校内部的预算拨款管理仍使用传统的成本中心模式，向管理部门分配预算支出的指标，再由管理部门向院系或具体预算项目逐级分配预算支出的指标，而在实际执行中，由于预算管理的监管力度不足、编制不够详细、中间环节缺失监督管控等问题，很容易产生截留经费现象，造成预算下级单位、部门资金短缺，影响高校整体的发展。

2. 预算执行缺乏约束力

高校预算一旦通过了审批，校内任何单位、部门或个人都无权再做更改。但在实际预算执行时，预算的权威性和严肃性都得不到应有的重视，预算执行、预算调整比较随意。同时，高校在预算收入方面存在入账不及时和长期挂账的问题，直接导致财务报告数据失真；高校支出预算方面也存在很多问题亟待解决，如高校各部门对预算指标分配关注的太少导致其到位率低；各部门浪费资金的现象严重，缺乏节约意识；对人员管控力度不足，因人为因素导致预算频繁追加；预算数常达不到实际的年度支出总额，导致预算项目无法顺利执行。由此，高校的收支严重失衡，预算管理发生偏离，削减了高校约束预算执行的能力。

3. 预算下达不及时

高校的校内预算一般会在当年4月份前后下达，下达时预算年度已经过去了四分之一，也就是说，在这四分之一的时间中高校没有有效的预算管理，为了维持运行只能参考上一年度的指标分配情况做赤字预算，这种赤字运算对高校当年的预算执行埋下了巨大隐患，不仅影响了预算的权威性及执行的严肃性，还对高校管理造成了不利的影响。

（三）预算控制中的问题

预算控制是高校预算管理中的一项重要内容，只有建立完善的预算控制体系，强化对整体预算流程的监管力度，才能使科学的预算方案达到预期的效果。目前仍有很多高校对预算控制没有充分的认识，预算控制体系不完善，控制力度不够导致预算管理部门无法快速对预算执行中出现的各种问题做出反应，其权威性逐渐降低。预算控制体系通常包括事前、事中、事后三个阶段的内容。

1. 事前控制的问题

大多数高等院校对教育事业没有详细具体的长期发展规划，校内资源的配置存在很多不合理的地方，甚至部分高校没有对当前年度和下一预算年度的财务状况、运营能力、资金的流动性等做出详细的分析和判断，这些现象都表明高校存在着预算执行前管理不当的问题。此外，事前控制不当还包括预算下达延迟的问题。高校的预算包括了整个预算年度内的事业规划、收支项目以及高校当前年度的发展目标等，预算下达前，高校没有有效依据来进行预算管理工作，只能参考上一年度的预算编制及执行情况进行当前年度的预算编制，导致事前控制变成了事后的预算，失去控制作用，而这种情况必然会导致高校预算脱离实际，预算不准确、不科学，致使高校对未来的预算项目的事前控制力度降低，影响高校预算管理工作的有效开展。

2. 事中控制的问题

我国高校预算管理偏重事后控制，事中控制重视不够。其实，预算一经批复，高校就应做好事中监督控制的准备。由于高校对预算执行期间的管理受限，且缺乏事中管控的责任感，导致预算管理部门无法实时详细的掌控预算的执行情况，无法在预算即将超标或需要追加经费支持时做出科学合理的分析。此外，对于预算申报口径与预算支出口径不一致导致难以控制支出预算的问题，高校仍没有找到有效的解决办法。事中控制力度不够导致不合理的支出现象频繁出现，导致了资金的浪费，甚至滋生了腐败，产生了公款私用的现象。为了确保预算事中控制有效，高校应该高度重视对预算执行过程和审批制度的监督、控制力度，在审批权限方面，明确各单位、部门及个人的审批权限及需要承担的责任，规范各个部门负责人的审批范围，充分考虑彼此之间的权利牵制问题，规范审批流程，避免发生重复审批，保证预算能够高效、如期完成。此外，事中控制还需依据成本效益原则和重要性原则，简化一般项目的执行程序，严格管控重点项目经费使用，保证重点项目顺利完成，提高资金的利用率，保障学校的发展。

3. 事后控制的问题

目前，高等院校仍未全面认识到事后控制对预算执行的重要性，大多高校对财务审核、把关关注比较多，对财务数据（预算支出）的分析重要性认识不够。一般认为只要对预算支出的合规性把好关，不出现超预算列支、无预算列支等情况就认为预算执行状态良好，但这种认知是片面的，只有做好事后分析工作，才能更好地掌控预算的执行情况，进而做出更加科学可靠的预算编制。事中控制不足直接影响了预算执行数据的可靠性，导致事后控制无法获得可靠的信息支持，无法做出准确可靠的分析结果，难以对下一年度的预算产生指导性意义，无法激励校内全体成员共同参与高校的发展。

（四）预算评价中的问题

1. 预算评价归口部门不明确

高校设置的各个部门都属于预算执行部门，只有全部教职人员共同参与预算的考核评价，才能够全面发挥预算管理的激励和约束的作用。然而实际上，我国高校预算评价职能界定不清晰，归口部门不明确，预算评价的体系尚不完善，预算评价无法全面实现，再加上每位教职工对预算的评价高校也缺乏全面掌握，从而难以制定出能够有效激励和约束教职员工的绩效考核制度。

2. 预算评价内容不具体

高等院校预算的评价体系涵盖对预算执行效果的评价和对预算组织工作的评价这两个层面，其中包含对预算编制的准确性、执行情况上报的及时性、控制分析的有效性等方面的权衡。关于评价指标的设定，高校可以引入平衡记分卡的考核形式，将财务指标、非财务指标考虑在内，评价预算流程、员工的成长进步空间以及高校的发展潜力等方面。评价指标应具备简洁明确、易于操作的特点，且能够长期稳定地帮助高校完成内部自查工作，分析并总结预算执行经验，长期约束员工的行为、激励员工参与预算的编制。

3. 预算评价方法不科学

目前，高校的预算评价存在片面、过于简单等问题，得到的评估结果不够科学，进而无法制定严谨合理的奖惩措施。高校预算评价的方法除了固定的年终考核之外，即于预算年度末综合分析评估各部门预算项目的完成情况，还可以开展阶段性定期考核和随机性强的突击考核，防止机会主义，做好实际预算执行情况与预期目标之间差异分析，确保责任落到实处。目前有些高校在预算编制和预算执行中还存在一些不合理和不可控的因素，所以实际预算评价结果与设定的评价目标值偏差较大。况且高校预算评价体系本不够完善，评估的结果具有较强的主观随意性，致使实际的评价结果无法全面、有效反映当前预算年度预算执行实际情况，更不用奢望对下年度的预算编制起到指导作用。

4. 预算评价制度不健全

科学可行的预算评价标准有助于高校制定严肃公平的奖惩制度。奖惩制度公正透明能够激励全体员工努力完成考核目标，督促员工约束自身的行为，促进高校早日实现战略目标。然而，目前各大高等院校的预算评价缺少科学有效的激励机制，奖惩制度不完善、奖惩方式单一，奖惩制度落实不到位，把奖惩制度挂在墙上了事的现象不在少数。这样一来，想做事的无动力，本就混日子的无敬畏，这样预算评价肯定有失公允，必然丧失其权威性。还有高校由于对预算评价过程缺少有效的监督，致使各部门为满足自身资金需求，虚报资金预算，导致大量资金闲置、造成资金的浪费。

二、高校预算管理不力的原因分析

（一）对预算管理的认知不充分

许多高校对预算管理的作用没有充分的认知，这一点也会导致预算管理工作难以顺利开展。预算涉及高校所有方面的发展计划，预算管理需要全部职员共同参与和执行。目前我国不少高校认为预算和财务预算就是同一回事，把预算等同于财务报表和资金分配指标，视财务预算为财务活动的预算编制，包括很多高校领导都认为预算是学校财务部门负责的工作。进行预算申报时态度随意，对预算的执行不严格，由此产生频繁地漏报、错报现象。甚至有部门根据财务部门提出的项目，汇报工作充满主观性，虚报、多报经费，造成预算严重失衡，导致预算编制与预算执行严重脱节。

大多高等院校只关注实际使用经费总额是否超出了支出预算，缺乏对预算管理的系统认知，不够重视经费是否按照预算计划投入各个项目中，导致每到预算年度后期，各部门为预防下一年度经费减少盲目开支，任性消耗预算额度，造成了难以管理、资金使用混乱的局面。甚至有部分管理人员认为强化预算管理力度会抑制教职工开展教科研活动的热情。

高校在预算管理过程中较多关注资金的分配，只看到了全面的预算管理对整体教育事业发展的影响，实际上忽略了对资金使用过程的管控，以及对业务活动的监督管控。高校的预算管理系统并不完善，预算编制、业务活动等很多环节缺少有力的管控，缺少统一、完善的管理制度，预算管理中存在的各种问题，导致财务工作主观性强，进行困难。理论上来讲，预算管理不仅管理高校预算年度的各项预算项目的财务指标，还应将管理、教学、发展、科研等所有环节考虑在内，设计出详细的事业发展目标和计划，统筹管理财务、资源、业务，最大限度地发挥其在发展预测、财务筹划、组织协调方面的综合职能。

(二) *外部环境的复杂性*

随着我国市场经济的快速发展，我国高等教育事业的发展日趋国际化，各大高校所面临的外部环境日趋复杂，对我国高校预算管理工作的开展带来了一些影响：

近年来，高等院校之间的竞争愈加激烈，各大高校不断扩大招生规模，很大程度上影响了高校的预算管理，如收入管理中学费收入这一项不断增加，学校规模扩建、教职员工队伍的扩充、教研能力的提升等都会造成高校实际支出总金额的剧增。高校激烈的竞争导致很多学校中一些缺乏专业特色或教学质量低的专业项目或者高校无法招收足够的生源，无法完成每年的招生计划，无法做出准确的学费收入预算，而其他各项预算计划也随着学生数量的变化充满不确定性，导致预算困难。

目前许多高校为满足扩招的各项需要，也为了达到教育部的评估、考核要求快速扩张规模，背负着巨大的银行贷款压力，甚至有些高校单次贷款额度就达到或超过学校3～5年预算经费总额度，仅靠学校自身财力不要说本金，连利息都无法保证能如期归还。为避免出现巨额的赤字财政，高校要么将全部贷款挂在应付款项目中，不列入预算中，要么将全部贷款列入预算，但只将当年的收益用于偿还贷款的本息数列入预算收支中，未偿还的部分仍挂于应付款项目中，粉饰预算的收支平衡，对预算的真实性造成了严重的影响。

(三) *预算管理中的信息不对称*

信息不对称在高校的预算管理中主要体现在：

（1）高校和政府主管部门之间，主要表现为二者对高校预算项目的具体情况了解程度不同，高校预算项目能否批准立项、额度多少很大程度上取决于项目申报者的综合能力以及决策者的态度,因此导致了严重的虚报预算的问题。

(2)高校高层领导和预算编制人员之间,高校为满足生存、发展的需要,为不断提升社会价值实行预算管理,高校领导人希望预算编制人员能基于高校的实际发展情况,结合高校的发展规划和战略要求完成预算的编制,但在实际预算编制过程中,高校领导与编制人员之间存在巨大的信息差,编制人员需要综合考虑各方面的因素,要考虑收支预算的平衡及预算的执行等各种问题,因此,做出的预算编制往往脱离了高校的发展目标。

(3)预算的编制与执行之间,预算的编制方和执行方基本处于相对立的方向,预算编制人员为了学校的各项活动能够有序开展,通常会将支出预算的指标定得稍低,而对于作为预算执行方的高校各个下属单位及部门来说,他们都希望获得较宽松的预算,较高的支出预算指标能够缓解他们支配经费的压力,保证项目的顺利执行,双方信息的不对等将导致预算编制人员不了解哪些项目才是真正需要资金支持且收益潜力巨大或对高校发展比较重要的优质项目,进而无法合理分配资金,影响预算资金的整体效益和高校重点项目的推进。

(四)缺乏有效的权力制衡机制

预算管理中容易产生各种问题的一个关键性的原因就是从预算的编制到执行再到评价的全部环节中没有完善权力制衡机制发挥监督、控制的效用。传统预算编制需要经历三个管理级层的审批,才能具有真正的效用,而在现行的预算管理体制中,职工代表大会不再具有更改预算的权利,只有否决预算权,但不影响预算的编制,因此,预算的编制方面仍缺少有效的监督管理机制。预算编制部门通常会保留一部分机动资金,用于应对突发事件,实际上,这部分资金在用途方面并没有严格的限制,大多数情况下被用于弥补预算项目经费超标造成的经费损失中,这种行为虽然表面上保障了项目的执行,但对预算评价的考核造成了消极的影响,使执行预算的部门产生了"项目失败仍有经费填充"的错误认知,大大消减了预算执行完成效果好的部门及职工的积极性,如果这一过程中有完善权威的制衡机制,那么不仅能够保障所有项目都能顺利有序地进行,预算资金灵活补充进真正需要的项目中,还能够以有效的奖惩措施避免资金浪费甚至贪污的行为,一方面提升资金的利用率,另一方面奖励工作出色的人员,对虚报经费预算、不遵守规章制度的部门及人员实施相应的惩罚,充分调动各级部门、全部职员执行预算的积极性,使高校更好地掌握资金的收支管理,完成教育事业发展计划。

(五)高等学校预算管理改革滞后于部门预算改革

高校预算管理可以借鉴政府部门预算管理经验:①定员定额进行基本支出

预算的编制；②滚动管理延续项目；③做好预算绩效的评价工作。自2000年以来，财政部门预算实现了从"基数预算"到"零基预算"的转变，从"年度预算"到"滚动预算"的转变，从"投入式预算"到"产出式或绩效式预算"的转变，这几个转变使财政预算水平得到质的提高，部门预算不断细化、规范。虽然各大高校在此期间也做出了许多尝试，但收效甚微，目前预算管理的方法和成果仍落后于政府部门。目前，高校预算的审批不严格，预算的分配不合理，高校预算管理制度不完善，缺少各个环节的管控机制，缺少权威的管理手段，尤其在进行预算编制时，主观认定成为主要预算依据，造成预算计划与实际执行情况严重脱离，进而影响全体高校职工参与校园建设的积极性，严重影响了高校的发展。

目前看来，政府财政部门对比各大高校做出的预算改革十分超前，但二者的运营本质上有很大的区别，不能以前者为标准衡量高等院校的预算管理。高校性质的特殊性和业务的复杂性是其预算编制困难的最根本原因，尤其在国库集中支付这一政策实施后，高校想要调整大额资金就更加困难，突击使用经费更加频繁，资金利用率更低。对"零基预算"这一编制方法进行分析，虽然其在预算编制方面具有很多优势，但这一方法对预算管理业务水平有较高的要求，当高校的预算管理水平达不到零基预算的基本要求时，即使采用零基预算进行预算编制，那也只能是有其形而无其实质，过度追求预算编制的方法而不考虑学校的实际只会舍本逐末。而绩效评价这一方式更适合用于工厂或生产企业，高校教学研究、培养人才、社会服务等活动的性质均不同于工厂，因此无法以工厂及企业"生产产品"的形式量化高校的社会效益或经济效益。

(六) 高校总体管理水平有待提高

在预算管理中，高校总体管理水平偏低是造成高校预算管理编制、预算控制、预算评价等环节运行效果不佳的原因之一，其具体表现在以下几方面：

（1）忽视了"全员管理"。管理不只是领导者的职责所在，需要全体成员共同参与，通过自我约束和相互监督来实现。全员管理不仅是对全校成员实行的监督和管控活动，还需要建立一个包容的管理体制，让高校全体成员都能够参与进来，让每一位教职员工都能够参与管理，自主地为校园的建设做出贡献。高校的所有领域都应该实现全员管理，尤其是预算管理中。如果高校没有做到全员管理，由财务部门全权负责预算管理工作，那么预算编制人员很难详细了解高校的发展情况和战略决策，难以根据实际各院系的具体情况、预算项目的性质等做出科学合理、切实可行的预算编制。同样在预算执行中，缺少全员管理环节则会导致各部门执行预算的能动性不强，经费使用规划的编报不详尽，无法做到在执行过程中控制项目的每一笔支出。全员管理的作用在预算评价中最显著，目前许多高校在制定预算评价的考核标准时，预算管理人员调研不充分，所作的考核标准往往与实际情况不符，造成教职员工对高校的发展建设积极性低、能动性差，导致下一年度预算编制脱离实际，经费被浪费。

（2）高校管理过分追求高效率和高回报。高校采用任期制聘用中高层管理人员，这些管理人员都想在任职期间尤其在预算有限的情况下做出更多业绩证明自己，而大量组织发展项目，期待短期建设项目快速产生反馈和回报，很少能从长远发展的角度进行审视，导致在高校发展决策方面出现短视现象。

第四节　高校预算管理的改进与加强策略

高校预算管理工作的改革和发展，有利于高校财务管理向制度化、现代化方向发展，有利于落实高校内部管理规范化、秩序化。"高校应在坚决贯彻《中华人民共和国预算法》的同时，结合本校的办学实际，从预算编制、预算审批、预算执行及预算评价四个方面，完善和细化预算管理制度，提高预算编制质量，硬化预算约束，促进学校可持续发展。"

一、高校预算管理改进与加强的基础工作

（一）从认识层面重视预算管理工作，强调预算管理的全员参与

高校所有层面、领域的发展都离不开预算管理工作，由此可见预算管理对高校的重要性。高校应向下属单位部门全面普及预算管理对高校整体发展的重要意义，使高校管理层更深切、更全面地认识预算管理的作用，调动各个部门积极参与、主动配合预算管理工作，建立、完善预算管理工作流程。预算管理工作是一项系统工程，需要全校成员共同参与，财务人员无法独立完成。高校应发挥最高领导层的引领作用，各级部门职员尤其是管理人员应明确自身职能和责任，充分发挥自身能动性，积极参与配合预算管理工作，不断完善和调整预算考评机制，严格按照预算方案落实到位。

（二）加强预算管理制度规范化建设，完善高校预算管理体系

提高预算编制的精准度、建立健全的预算管理机制、限定收支范围、强化预算执行流程的监管力度、建立贴合实际的预算评价考核标准对高等院校来说十分重要，高校的预算管理工作越细致，获取的相关有效信息就越多，就越能够应对处理复杂的业务活动和管理活动。参考借鉴政府部门的预算管理措施，

即定员定额管理支出预算，实行零基预算、按照顺序滚动管理延续性项目、推广实施预算绩效评价这三项管理手段。预算编制人员应与各部门保持沟通、反复确认支出预算的额度，按照项目的重要程度逐一评估审核每一项支出的明细和依据，对每一个项目的收支情况做出细致的分析和核算，监督预算执行过程，若发现异常情况，及时处理并找出原因，避免类似的问题再次发生，根据项目完成进度及时做好验收、评价工作。

（三）建立预算委员会，完善预算管理组织

高校应设置完善的预算管理组织，以便于强化预算管理。健全的预算管理组织或机构应包括预算委员会、常设预算管理工作组（直属于预算委员会，负责日常预算事务的处理，由学校总会计师或财务处长负责）及预算责任网络，其中预算委员会是最重要的部分。

预算委员会是高校预算管理的组织或机构，由校长直接领导，能对预算管理做出最高决策，主要负责审核校内各个下属单位和部门提出的预算申报。如今，预算委员会主要由校内各个院系、下属单位及部门的负责人组成，分管各级的领导即为主体。目前，很多高校在实际的预算管理中采用了分层次管理的办法，为了使预算的编制能够更加准确，满足高校整体教育事业发展的要求，高校可以通过建立预算委员会加强预算的管理工作，使资源配置更合理。预算委员会是以教授为主体的组织，在校内选出声望高的教授以及教育管理、人力资源管理、财务管理、审计、资产管理等方面富有威望的专家、教授成为预算委员会的成员，保证组织的权威性决策的科学性，遵从"教授治校"这一教育理念。

将主体是校内各级领导的预算委员会与主体是教授的预算委员会相对比，一方面，后者有充足的知识理论支持，更能做好收支平衡规范，能更好地掌握并灵活运用较先进的预算方法如零基预算和绩效预算等，提升预算经费的利用率，推进预算管理科学化，另一方面，将管理与教学工作相结合，促使教授教学更加积极，为高校教育改革提出更好的建议，促进高校教育事业的发展。然而，教授虽无法取代校领导在预算委员会中的决策地位，但为高校的预算管理提出科学、合理的改革意见，有效提高预算决策的科学性，预算委员会向高校校长办公会提交议案，由校领导集体决策。为了制衡预算管理中各级领导的决策权力，高校可以成立大学理事会，进而全面监督高校各级领导的预算决策科学性。大学理事会主要职能是监督高校的运行状态、规划高校的整体发展方向、审批各项经费预算及各个项目的投资，属于决策机构。校长可以担任大学理事会理事，但和理事会其他理事享有同等权利，这样，高校领导者的预算管理权力被分散，有利于高校更好地进行预算决策整体管控，有效监管事会的各个管理成员的权力行使。

二、预算编制的改进与加强

（一）树立预算编制的全局观念

高校在编制预算方案时应围绕高校整体事业计划进行，树立全局观念，根据高校各个阶段的战略决策，结合高校实际发展情况，细化预算编制方案，合理安排各项预算的分配，科学规划各项预算项目的实现路径和方式，科学估测预算编制方案对高校整体发展的影响。此外，预算编制人员在进行预算编制时应调动全体职员积极主动地参与配合预算编制工作，做出最全面、最贴合实际、最准确的预算编制。

（二）做好预算编制的基础工作

在预算委员会的带领下，高校应快速组织成立专门的预算编制工作小组，专门负责预算编制工作，严格核查各部门预算上报情况，做好预算的定额、分配和调整调度工作。高校各个部门应安排专人负责预算编制的数据上报、反馈协调等工作。预算编制工作由财务部门统一扎口，负责统一预算口径，规划每个部门负责编制预算的专员的职责，由预算编制小组向各部门规划预算目标，基于高校的发展实情结合战略规划，审核、汇总各部门制定提交的预算方案，以综合平衡为原则提出合理的修改建议，保障高校发展的总预算方案准确可靠。

在进行年度预算编制前，高校必须仔细学习和研究上级主管部门下发的相关文件，全面、细致地了解教育政策的变化和新一轮预算年度的收支标准；牢牢抓紧高校新一预算年度中预算管理工作的要点，明确各个常规项目和重点项目，保证预算的编制贴合国家政策，具备较强的科学性；做好高校预算年度招生规模、数量、教职工数量和毕业生数量等的统计和核实工作，并将数据与上一年度的数据进行对比，合理安排工作量，以保证预算工作的准确性。

总结上一年度的预算管理工作经验和不足，认真分析预算指标数与实际发生数的差异，深层次分析原因并提出改进措施。广泛收集和汇总各单位及部门的建议，并采纳合理的意见和建议，为下一年度科学预算编制及高效执行做好铺垫。

（三）协调高校预算与财政部门预算

目前高校预算改革相对政府财政部门而言，已处于非常落后的状态，财政部门应尽快出台相关预算调整办法和审批程序，尽可能满足高校预算管理的迫切需要。在相关政策出台前，高校在进行预算编制时应做到：①高校预算与部门预算编报的时间应有效衔接。高校预算通常在上一个预算年度末着手编制，在预算年度初期将编制方案下发到各个单位和部门，而部门预算编制的时间往往早于高校，为了配合部门预算，高校预算编制时间也需要适当地提前，保证两项预算编制的时间能够有效衔接，确保预算编制顺利进行；②重新修订会计科目。目前，高校预算与部门预算存在会计科目的内容、科目设置及核算口径不一致的问题，对预算执行造成不利的影响，预算管理人员难以控制预算的执行，只有进一步统一预算会计科目的设置，核算口径及支配范围，丰富科目的内涵，才能真正实现高校预算和部门预算的协调发展。

（四）多种预算编制方法结合使用

目前，高校预算编制的方法存在很多不合理之处，严重影响了预算管理的实施结果。预算编制方法的改革迫在眉睫，但这并不意味着舍弃已有的编制方法，采用全新的编制方法，而是在高校常用的预算编制方法中融入一些新的预算编制理念，如绩效预算、零基预算、滚动预算以及复式预算等方法，结合高校实际情况，灵活运用，使编制方案更加科学合理。

零基预算即以零为起点设置支出预算的预算编制方法。这种编制方法不同于传统的编制方法，能判断每项支出预算的必要性，还能够重新分析和研究每一项支出预算的具体额度。高校可以使用零基预算这种方法核定各个部门和项目的支出预算数额，如按标准重新核定每一位教职员工的工资，以较为准确地做出工资性支出预算；重新划分各项教育支出和其他各项科研经费的类别，根据具体的项目做出较为精准的预算编制。零基预算的方法能够帮助高校优化支出结构，节约经常性的支出，优化资源配置，使高校最具发展前景的战略性项目获得充足的资源。零基预算明显优越于传统的增量法。

高校可以灵活运用复式预算法编制建设性的支出预算。高校应对总预算进行项目分类，分成经常性支出和建设性支出，创建建设性支出预算的项目库，并依据重要程度对项目进行排序，结合高校的资金资源现状做出最合理的分配方案，并根据各个项目的实际执行情况及时灵活地做出调整。在执行建设性的支出预算项目时，需综合考虑高校经常性预算的支出情况和收入预算，再对建设性支出预算项目的经费额度做出调整。使用滚动方法管理中长期的预算项目，依次递补资金供给，结合高校的实际情况不断调整或改进、完善这些延续性的项目，灵活协调，避免因项目执行时间过长导致项目在执行过程中脱离实际，盲目进行。做好预算项目的编制工作有利于预算顺利执行达成预期目标，才能为下一年度的预算编制提供更好的参考和指导，提高预算编制的准确性和科学性。

绩效预测是一种针对校内部门的预算编制方法，指的是将各部门实际完成的工作任务、完成的业绩、产生的效益以及对高校的贡献作为部门预算经费额度的评定标准，以浮动的激励措施促进教职人员完成更多的业绩，进一步加强高校管理、监督部门经费预算的力度，完善考评制度。

（五）远近结合，编制中长期预算

对高校来说，中长期预算编制不仅能够辅以赤字预算，更准确地为高校的延续性项目做出方案，还对高校的可持续发展有重要意义。可持续发展是我国高等院校长久立足和运转的首要目标，编制中长期预算为高校实现目标提供了最基本的保障。因此，中长期的预算编制需要建立在高校长远发展计划上，为未来三到五年预期甚至未来十年预期的更高层次预算做准备。编制中长期的预算时，应结合高校的整体发展和运营，以可持续发展为原则，紧靠战略目标实行编制，另外，还需要注意各种预算因素在不同阶段的变化，根据变化突出相应的预算重点，兼顾当前阶段和未来的发展。

（六）适度赤字预算

"量入为出，收支平衡"一直是高校预算管理工作遵循的基本原则。但高校应紧跟时代的进步和教育的改革，突破传统的预算编制理念的限制，在条件允许的情况下可以适当引入赤字预算。目前，各大高校为追求更好的发展和更大的教学规模，支出预算逐年增长，资金供求方面的矛盾愈加激烈，赤字预算的适度运用能够有效保障重点项目的执行，保障高校事业计划的实现。但要注意的是，这种赤字预算不可以是永久性的预算活动，只能在特定的条件下根据特殊情况短期存在，必须能够在一定时间内通过资金统筹安排实现总量平衡。

赤字预算是特定的时间内用于编制预算的一种方法，能够辅助高校临时调整预算项目的编制，将资金资源迅速集中，为高校完成中长期的发展规划提供有效支撑，保证重点项目顺利执行。赤字预算打破了编制预算的常规模式，能快速抓住发展机遇，通过快速提升高校的科研水平或者办学条件来提高高校综合竞争能力。编制赤字预算能够帮助高校权衡财务经费的分配，避免通货膨胀可能对教育资金带来的负面影响。由此看来，适度编制赤字预算对于高校的发展非常有利。高校中长期预算编制应紧密结合学校实际情况，在原有的常规年度预算编制方法外适时引入赤字预算，为高校更多稳定的长期发展项目提供资金支撑，帮助高校在未来的长期经济活动中实现动态平衡。中长期的预算编制能够与赤字预算编制方法相适应，在年度预算出现赤字或者产生结余时，高校可以在未来二至三年时间里，实现灵活的自我调节，实现在贴合高校实际的情况下做出更加准确的预算编制，进一步提升资金的利用效率和收益。

（七）下属部编制责任预算

高校的下属单位及部门在行使支配预算经费的权力的同时，也要承担起预算编制的责任。编制责任预算，首先应该为预算的编制制定责任标准。各级部门应在申报支出预算的草案时，同时提交支出预算经费的申报报告，并在报告中将各项预算经费的金额标准、规划原因、责任目标、预期使用时间以及相关证明、责任书、承诺书等予以明确。财务部门将收到的报告资料归纳整合，编制资金流量计划表和预算收支报表，提交到预算委员会，由预算委员会进一步讨论。高校的各个部门作为责任中心，如果将设定预算期内责任目标的工作全部交给各个部门完成，将得不到有力的管控，导致预算管理松散，而由预算委员会单方面设定，则很容易导致目标脱离实际，因此，只有将二者结合，才能够设定出最理想的责任目标，做出最佳的责任预算编制，其流程是：制定方针—责任中心编制—责任中心上报—学校汇总—委员会讨论决定。

（八）合理确定预算收入，科学安排支出

预算编制包括支出预算编制和收入预算编制。各项收入预算必须根据稳定性原则进行，将高校合法、合规且在常规条件下可实现收入的项目，全部纳入收入预算编制中，纳入预算的项目必须有可靠的经济依据，既不可以高估、虚报收入，也不可以隐藏、少报收入，避免使用不可靠的收入信息混淆收入预算的编制，对支出预算的编制产生影响。此外，高校还应向下属部门落实收入预算的编制工作，追溯收入的来源并预测收入数目，按部门逐一汇总收入预算编制中，保障预算编制的准确性。高校的商业性质贷款也可以看作是一项收入预算，必须有基本建设支出预算项目与之对应，但从原则上来讲，商业银行贷款在预算的编制中一般不得用于高校基本建设性支出之外的项目支出。

高校的支出预算编制工作讲求实事求是，要求有一定的科学依据，追求客观事实。高校在编制支出预算时应结合实际，一方面，所编制的支出预算必须金额明确，并且能够将执行单位或部门的工作成果真实地呈现出来。另一方面，高校应重视支出预算的编制结构，按照项目的重要性和轻重缓急程度合理安排支出预算，提倡勤俭节约。根据不同的院系和部门中经费的用途和性质差异，根据不同分类、分档编制公用经费的支出预算，院系可以按照教职工人数、学生人数，根据日常维持费用等采用专项定额与综合定额相结合的方式编制公用经费的支出预算；行政部门依据不同的职责采用分类分项定额的方式编制支出预算，其中包括教改项目和学科建设等特殊的专项补助支出项目；后勤依据经费的用途、成本消耗、工作量等，分别采取相应的标准编制支出预算。

三、预算执行的改进与加强

即使预算编制得再全面、科学，若没有按计划有序地执行，只能是纸上谈兵，

毫无作用。因此，严格按预算执行能够保证预算管理落到实处。

（一）完善国库集中支付制度

国库集中支付能够为高校预算项目的顺利执行提供保障，进而保障其执行效果。完善这一支付制度的方式有以下几种：①修订该支付方式相关的各项法律法规，建立完善、合理的管理制度；②保留或为高校设置基本账户，作为非税收入过渡账户，用于集中汇缴高校的非税收入，完成记录、归集以及结算等业务；③允许学校零余额账户向学校基本账户和基建账户转付特定的资金，以解决项目资金归属、基本建设拨款、向后勤集团和分校区划拨资金等国库改革中遇到的各种问题。

（二）强化内部控制

为了保证预算能够顺利执行，高校应建立完善的内部控制机制，强化内部控制。高校的资金资源是有限的，因此要想保证预算项目按计划完成，就必须要加强对财务活动的监管力度，全程监督控制资金的收支情况，避免资金使用出现异常和贪污的现象，使各项经费产生更大的使用效益，达到预期执行效果。高校应从各个方面完善支出的内部控制体系，例如，按照标准限定招待费、差旅费等公用经费的支出；资产采购实行归口管理、统一采购办公设施、各种耗材并规范其领用，做好收支明细和仓库存取记录；各部门的水电费实行包干；教学科研仪器设备采购与使用实行全校统筹，建立全校统一的实验中心，实验中心运行要制定详细的管理办法，明确实验中心按照企业成本核算方法实行内部核算，实验室设备使用收费标准及收费用途及资金管理。

（三）强化校内采购管理

高校规模不断扩大，而内部管理权却逐渐分散，同时，采购商品的多样化等原因也加大了高校物资采购工作的难度。而且，政府采购审批严格、流程复杂，采购所用的时间一般较长。因此，高校应强化校内的采购管理工作，尽量按照年度使用计划统筹采购，在目标达成的前提下缩短政府审批时间，提高采购效率保障预算项目的执行。

（四）细化预算

详细、明晰的预算方案是预算项目得以高效执行的前提。从内容、目的、责任、经费等全方面细化预算项目，并细化到个人，不仅能保证各个部门及个人严格按照相关规章制度执行预算项目，在预算执行的各个环节中找出节约成本最有效的办法，还能明确每个人的责任，谁的问题谁负责，有利于对最终的预算执行结果做出最科学、准确的考核和评价。

(五) 人本管理

人本主义现已融入高校的方方面面，包括预算执行。高校利用各种内在的激励手段刺激教职工积极主动地执行预算项目，使预算执行成效显著。从根本上来看，预算执行以财务指标为中心，但其本质上是对人的管理，因此，想要预算执行达到预期效果，就必须摒弃"以物为本"的旧思想，充分调动教职工的能动性，摒弃"绝对服从"，坚持以人为本进行预算管理。以人为本的管理理念的核心就是要将财权、事权适当下放，监督权以及处置权由高校集中管理。人本管理能够使高校形成互帮互助、互相尊重的良好工作、学习氛围，有利于培养教职工的主人翁意识，增强其责任感，进而达到事半功倍的预算执行效果。

(六) 严格预算执行

高校经费有限，预算一经审批原则上不再变更，高校采用的静态预算导致高校的资金在实际分配时，供求矛盾非常突出，因此，预算管理部门应严格监管预算执行期间的资金使用情况，严格管控预算经费调整，各级单位和部门应按照预算口径，在经费预算的额度内完成预算项目的执行。如有项目确需预算调整，必须依据规定按照流程提出调整预算的申请，申请通过后，按新预算方案执行。高校应明确各部门领导及员工的各项权利和责任，设定审批权限，保证已批准的预算不被随意更改，确保预算严格执行。另外，高校应加强对支出预算的管理，各项支出必须有原始凭证，能够证明其合法性，杜绝无预算、超预算、无原始凭证的预算支出，各级部门应对每一项支出负责，将责任细化到个人，做到按规定执行预算，不超预算。严格预算执行，在执行过程中监督控制资金流向，保证预算管理的权威性和严肃性，当出现特殊情况必须调整预算时，应按规定程序报批后方可调整。

四、预算控制的改进与加强

(一) 加强事中控制

加强事中控制主要表现在两个方面：①加强对预算的约束，以预算为核心控制各个预算项目；②加强对执行过程中的管控，实时掌控预算的执行情况，避免实际支出超预算。预算编制未获得批准前，各部门只能将上一年度同一时期的支出作为安排这一时期支出预算依据。预算通过审批下达到各个部门后，除国家政策变化或者高校的招生规模发生变化等不可控因素外，预算不能擅自更改，因此，就需要做好预算的事中控制，高校可以采取按月份、季度或者年度拨付预算款项，有效掌控预算执行进度，平衡收支预算。此外，高校应提升预算编制人员的专业程度，在尽量贴近高校的实际发展情况下进行预算编制，提高预算编制的严谨性。

（二）改进预算控制方式

高校通常从横向和纵向两个方面实现对预算的控制，因此，可以从这两个方面改进高校控制预算的方式。首先，高校应完善预算控制机制，全面控制各项资金的收支情况，明确各级管理部门的职能和责任，使各个部门相互配合，协调工作，共享信息资源，实现预算控制的横向改进。其次，应组织财务、审计等部门集思广益建立健全预算控制体系，实行预算管理全覆盖，实现预算控制的纵向改革，高校需从资金的审批起严格监督、控制资金的流向和使用情况，掌握预算项目的执行情况，辅以预算绩效评价强化对预算的控制。最后，高校应保持预算公开、透明，定期向高校所有部门及师生公布资金的分配情况，分享校园的建设情况，接受全体教职员工和学生的建议，建立有效监督反馈机制，全方位改进预算控制的方式方法。

（三）改进预算控制手段

1. 设置多段监控点

财务部门应采用分期分额拨付资金的方式控制预算执行各个阶段的预算额度。有些高校利用计算机报账系统辅助管理高校日常经济活动，通过设置多段报账系统监控点监督经费收支情况，控制预算的支出速度和流量，保证收支平衡，避免经费的浪费和突击使用，提高资金的使用效率，此外，使用计算机报账系统有利于评估预算评价的真实性，帮助高校筛选真正有意义的评价结果。目前，大多数高校仍采用半年制实施监控，通常设置上半年可用支出预算额度为总预算的45%，其余部分用于下半年，这样的分配比例能够有效避免上半年资金浪费下半年资金不足的现象，基本可以保证收支平衡，有利于高校宏观监控。另外，也有高校按月度、季度对预算实施多点监控，随时了解预算的执行情况，及时调整执行进度。

2. 建立有效的分析机制

为了对支出预算做出科学合理的分析，财务部门将各部门支出情况绘制成两种不同统计口径的预算统计表，其一根据支出的功能分类绘制，另外一个统计表根据支出经济分类绘制，两种表格所呈现的总量应保持平衡。预算统计表能够帮助高校财务部门科学分析事中控制情况，能够帮助财务部门找出统计月份中实际支出与预算支出之间的差异，并联系相关预算负责人及时采取措施做出分析和调控，减少或消除对当月及以后月份预算执行的影响。主要可以从以下几方面分析导致预算差异的原因。

（1）账务处理是否正确。高等院校在进行会计核算时，需要对收支情况的金额、科目以及出入账时间进行判断，寻找获得批准的预算方案与该记录的明细是否一致。

（2）外部条件改变。有时，外部因素也会导致其预算定额的标准发生改变，例如，年度预算编制时，博士生生活费标准为200元/人/月，而在预算执行期间，国家政策调整提高博士生生活费标准至1000元/人/月，导致预算的执行与编制方案不符，另外，预算方案中部分拟入名单中的产品或者服务的价格，也可能会出现在实际购买时与编制的预算中相比有浮动，造成预算有结余或者超支，对于此现象，预算管理部门应基于实际情况做出细致的分析和正确的判断。

（3）内部环境变化。高校内部环境改变，也可能影响预算方案的执行效果。例如，某部门突然被要求执行不在原预算编制中的项目或活动，或原计划中的某项目实际执行时难度、时间长短、经费使用总额、重要性等都与预算水平有很大偏离，高校应持续监督预算项目执行进度，及时发现问题，并就预算差异的成因进行合理分析并提出解决措施。

（四）借助网络手段实时控制

当今社会信息技术的发展水平不断提升，各种财务软件、管理软件不断产生，高校也可以自行研发应用校内财务管理的网络平台，通过网络快速获取各部门预算支出的使用情况，各部门项目的执行情况透明化，有利于高校详细了解预算的执行情况，并对比预算方案和实际执行进程，及时干预调控。此外，高校还可以通过财务管理系统或平台进行横向、纵向指标对比，全面了解每一项预算的支出额度和每一个项目的进展情况，进而加强对预算的控制。

五、预算考核的改进与加强

高校进行预算评价有利于全面地了解和考核预算目标的具体执行效果，以便准确、客观地评价预算的编制、控制及上报等情况。预算评价关注的不仅是高校资源的使用情况，对资源的利用率和产生的效益问题同样关注。做好预算评价工作、完善预算考核机制，是高校优化资源配置，进而更好地发展教育事业的重要要求。

（一）建立健全预算评价体系

做好预算评价，强化预算考核，建立科学、完善、行之有效的预算评价体系，一方面，有利于高校更好地监督和控制资金的使用情况，从各个阶段全方位地了解预算执行情况，对于预算项目执行过程中产生的问题能够及时做出分析和调控，有利于高校强化预算控制，保证预算的执行效果，进而了解预算编制的科学程度，以便为下一个预算年度编制更加科学准确的预算奠定基础，以便更好地掌控未来一段时间内高校的总体运行状况；另一方面，完善的预算评价体系有助于预算管理贯彻到全校每个成员的工作、学习中，有利于各个部门及职员明确自身的责任，有助于实现预算管理对全校各部门和所有成员的全面约束，激发所有教职员工努力实现自我价值，为高校教育事业的发展做出贡献。

高校应先成立预算评价的组织或机构，再制定规范评价工作的机制，以获得真实的评价结果，进而构建出可靠、健全的预算评价体系。预算评价应涉及高效发展的方方面面，如社会效益、办学成果、项目投资、经济效益等方面。在制定预算评价指标时应兼顾长、短期效益，充分考虑定量、定性的原则综合评定。由于各个高校规模、类型等都不尽相同，因此，不能使用一套预算评价体系服务所有高校，各个高校可以结合采纳平衡记分卡和关键指标评价这两种形式，以绩效目标入手实行量化考核标准，制定符合自身发展情况的预算评价指标体系。其中关键评价指标通常包括：财务综合实力评价指标，常用于评价高校的教学规模、经费来源以及办学条件；发展潜力方面的指标，如自有资金的使用程度、现金净额增长率等；运行绩效方面的评价指标，包括年度收支比、经费自筹率以及产业资本增值率等，还包括人才培养专项指标和学科建设专项指标等；偿还能力方面的指标，如资产负债率、速动比率等。此外，还需要制定可靠、科学的考核指标、考评程序以及奖惩制度，才能够构建出完整的预算评价体系。

（二）**强化预算执行结果的分析**

高等院校预算评价工作中最重要的一项就是全面分析预算执行结果，包括分析预算项目的执行效果和导致预算方案与实际执行情况存在差异的原因，还包括对执行差异的调整措施以及对于预算结果进行分析总结编制报告这几部分内容。高校可以从以下几点加强预算的执行效果分析。

（1）高校必须对预算分析的内容做出科学、合理的界定，科学分析收入预算和支出预算两部分项目的执行效果。根据高校收入预算的来源来看，其包括高校的自创收入和外部收入，自创收入即科研产业合作收入、学费收入等事业性收入和高校的其他经营项目收入；外部收入包括社会组织捐赠、财政拨款等。高校的支出预算包括教学管理费用和教学业务费，教学管理费指间接与教学科研相关的支出，例如管理部门支出的办公费用、接待费用等，教学业务费即教学设备费、教师课酬、资料费等直接与教学科研相关的支出项目。

（2）高校应根据需要分析的预算项目内容找出最科学可靠的分析方法，站在客观的角度完成分析。高校在分析预算执行的结果时，有很多种方法可以选择运用，如差额分析、比较分析等。随着高校预算管理的发展，分析理论不断丰富，将会出现更多的分析方法得出更科学、准确的分析结果。

（3）高校应坚持两项分析原则分析预算执行的结果，即重点分析原则和全面分析原则，在整体把控高校所有经济活动的基础上完成分析。只有贴近高校发展实际，才能够得出准确的分析结果，对比收支预算与实际情况的差异并找出原因，归纳总结执行过程中存在和可能出现的各种问题，提出改进措施和有效意见，总结预算执行经验为下一年度编制更科学可靠的预算提供参考。此外，高校一定要注意重点项目重点分析，结合实际发展情况，在重要的经济活动中吸取经验总结教训，为当前年度接下来的预算工作或者下一年度预算编制提供有力的保障。

（三）重点对预算结果的差异进行分析。

无论是支出预算还是收入预算，高校都应该从多个层次分析预算差异产生的原因。重点核实各个支出预算项目中经费的使用明细，对产生结余的项目做好统计工作，加以各项任务的完成效果和进度等情况以报表和书面报告的形式分类分项地做好详细的说明；找出造成收入项目中资金较预算有增减差异的原因，通过系统的书面报告和详细的报表呈现出来。高校可以对预算的差异做定量、定性的分析。定量分析即深入分析实际执行进度、收支结构以及偏离预算额等；定性分析即分析出实际收支偏离预算额度的主客观因素。客观、准确的分析结论一方面可以作为预算评价，有利于预算编制工作有条不紊地进行，另一方面可以为预算管理工作的改进提供重要支撑，使其更加完善。高校也可以对差异进行横向分析和纵向分析，前者指的是高校可以选取合适指标与规模、类型相同或相似高校进行比较，或者在校内各个院系之间进行对比；后者指的是高校从以往各预算年度中选择相近或相同的指标进行对比；无论采用哪一种方式，都要求比较对象之间具有可比性，科学分析其差异。

（四）分部门实施预算评价

高校以整体预算评价体系为基础，设定了多个角度的评价指标，制定了多种评价标准，就高校财务活动是否科学、合法，具备真实性及效益型做出全面、客观的评价，将得出的考核结果与预算项目负责人的业绩挂钩，根据奖惩制度将奖惩落到实处。各部门在设计预算评价指标时可以参考以下三个方面：

一是投入。资金、场所、人力以及设备等各项投入指标，都能够在预算项目中用于衡量消耗的资源，即产生生均教学面积、生均教育经费以及生均教学设备等指标。在根据投入指标完成的部分预算评价中，成本预测至关重要，应建立更为完善、可行的会计核算体系。

二是产出。产出指标是预算期内完成的工作、提供服务或产品的数量，包括"收入完成数""毕业生一次性就业人数""自筹经费完成数""接待来宾人次""档案入档册数"等指标。产出指标的计算相对比较容易。

三是结果。结果指标用来衡量项目或服务的结果,包括各院系的"英语四、六级通过比例""国家资格考试通过数"等指标;各科研单位的"国家级课题占全部课题金额比例""国家级课题占全部课题数量比例""SCI、SSCI 文章发表数""有国际影响文章发表数"等指标;管理部门的"收入预算完成比率""支出预算完成比率""解决来访问题满意率""处理问题及时率""各项检查合格率"等指标;后勤部门的"绿化率""食堂就餐率"等指标。结果指标是预算评价指标体系中最重要的部分。

高校内各部门的特点不同,其指标也各有不同,因此,应根据各部门的职能、性质等采用不同的预算评价标准,这样既公平又合理,能够有效激励各部门努力发展自身的业务。例如,可以以节支增效作为重点考核各部门预算评价;对于专项工程,高校可以将预算评价的重点放在检验工程的质量达标程度方面和对比预算决算项目节支程度方面。另外,各个高校的情况也都有所不同,应依据自身的实际条件制定预算评价的考核标准。如果全校采用一致的预算评价体系,不仅无法实现考核的目的,也不能获得真实的反馈从而影响高校的发展。

（五）根据评价结果实施激励

高校的预算评价只有辅以有效的激励机制,才能产生真实有意义的评价,而激励制度的作用在预算评价中能够突出体现出来。高校通过完善的激励机制能够促使员工积极参与预算评价,获得预算执行的真实情况,根据评价结果给予部门及职员一定的奖励或惩处。在预算评价机制和激励机制构成的体系中,如果任一机制不健全都会影响评价结果的真实性、公正性,导致预算评价失去存在的意义,导致评价指标不再对部门及职员产生约束作用,预算管理全面失效,还会导致全体教职员工消极怠工,各部门的职能、责任的边界模糊,严重影响高校的发展。高校只有贯彻权责一致的管理原则,实行完善的预算管理制度,辅以合理有效的奖惩机制,按照规定落实分档奖惩制度,对于项目完成效果显著的部门或个人给予充分的奖励,对于未达成预期目标的部门及员工做出相应的惩处措施,激发业绩垫底单位或部门的积极性,分析未完成任务的原因并提出改进意见,帮助其进步,在保证高校管理制度的严肃性的同时促进全校共同发展,共同进步。

第三章　高校资产管理研究

高校资产管理涵盖对固定资产和无形资产的管理。高校资产是我国教育资源的重要组成部分，将其优化配置与运用是每个高校工作者的共同责任，既要避免重复采购，过度配置，也要避免闲置与浪费。而且，在资产采购与使用后，高校还要做好事后的资源管理绩效评价工作。基于此，本章将从资产管理的角度出发，分析现状下的管理问题，提出绩效评价指标体系这一考核模式。

第一节　高校资产管理的概念

一、高校资产概念

（一）资产的概念

资产（assets），是一种可以投入经营和生产中的生产要素，能够产生经济效益。会计学中定义资产通常以货币计量，是由企业拥有或控制的经济资源，既是企业用来运营周转的工具，也能为企业带来经济效益。综上，资产就是一种以货币形式计量的、具备服务潜力的经济资源，能够为所属产权主体产生经济效益。

（二）高校资产的概念

高校资产对于我国来说，是一种重要的教育资源，属于国有资产，为高校在教学及科研等方面提供物质基础，为高校生存、发展提供有力的支撑。高校资产与其他各种资产的共同属性及特点相同。根据1997年财政部、教育部颁布执行的《高等学校财务制度》第二十九条规定："高校资产是高校所占有、使用的、在法律上确认为国家所有的，能够以货币计量的各种经济资源总和。包括各种财产、债券和其他权利。"[1] 这就是我国对高校资产的定义。因此，高校资产也包括流动资产、无形资产、对外投资以及固定资产等，所以说，高

---

[1] 财政部条法司. 高等学校财务制度[J]. 事业财会，1997（5）：7-12.

校资产可以作为一种经济资源，这种资源能够直接为高校所用，或者与其他资源或产业相结合，间接为高校的教育事业等提供物质保障。另外，高校的资产同样以货币计量，由高校占有和支配，其他单位或企业无权使用。高校资产同样包括各种债权、财物资产以及其他权利，也可以分为有形和无形财产。

二、高校资产的形成

高校对所拥有的资产只有使用权和占有权，并没有实质上的控制权，高校资产所有权由国家持有，这是高校资产最不同于其他资产的地方。

计划经济时代，国家实行全收全支型管理模式，集中管理高校，统一安排高校的招生计划以及教育经费，国家拨款成为高校资产的主要来源，实行"报销式"拨款模式，即"花钱靠拨款，缺口向上要，结余全上交"的运行模式。而随着市场经济的快速发展，越来越多的高校响应国家号召自主办学，打破了原有的"报销式"拨款的办学模式，高校的资产组成逐渐丰富起来，国家拨款依然是主要的经济来源，还增加了学费、社会捐赠、产业经营收入、科研经费、投资性收益等，多元化、多渠道的筹资来源，决定了资产的多样性。高校资产通常包括六个方面资金来源：①国家财政拨款；②按国家规定使用资产组织的各项收入，包括预算外的收入以及其他各项收入；③社会组织、机构及个人的捐赠和资助；④高校投资产生的收益；⑤科研、知识产权、商誉等各种无形资产；⑥银行贷款。高校所涉及的领域也有了很大的变化，由原来的科研、教学逐渐拓展到金融、科技、服务业、商业等各个领域，逐渐发展成集成型的事业法人。

三、高校资产的分类

（一）高校资产按其经济性质可分为经营性资产和非经营性资产

根据经济性质来看，高校资产有经营性和非经营性之分，这两种资产并存是高校资产的重要特点，经营性资产就是校办企业或高校兴办、经营的公司、产业，非经营性资产指高校按照国家教育事业的规划发展和进行科研项目所占用的资产。高校在发展中，不断扩大发展规模，投资领域的范围愈加宽广，投资项目越来越丰富，预算外资金在总资金中占据的比重越来越大。

1. 高校经营性资产

保值是高校资产经营的前提，增值是高校资产经营的目的，经营性资产就是直接投放到生产经营当中的高校资产[①]。盈利是高校经营性资产存在的主要

---

① 郭英杰. 经营性国有资产监管机制研究 [D]. 济南：山东大学，2006.

目的，如投资项目、校办产业等，这种类型的资产通常经历了由少到多的发展过程，经济总量在这个过程中逐渐发展壮大，例如，有些高校最初只有一些小卖部、小型印刷厂以及招待所等，为高校的正常运转提供后期保障，而后逐渐扩大规模。而如今，各种市场前景较好、科技含量较高的产业逐渐出现，为高校提供了更多的选择，还有一些高校逐渐开设自己的公司或企业，其盈利为高校教育事业的发展提供经济支持。

2. 高校非经营性资产

高校为完成教育目标而占有、支配使用的资产，不会参与到生产经营活动中，这些资产就是非经营性资产。高校非经营性资产不需要直接参与到各项生产经营活动中，因此不具备增值性的特点。这种类型的资产主要包括各种科研教学的设备、地产、建筑、图书资料、文物等。

高校资产的经营性和非经营性的划分并不固定，需要高校根据自身发展的实际需要，按照资产管理的相关规定进行操作，完成非经营性资产到经营性资产的转化。

（二）高校资产按其流动性质可以分为固定资产、无形资产、流动资产

1. 固定资产

根据《政府会计准则第3号——固定资产》（财会〔2016〕12号），固定资产，是指政府会计主体为满足自身开展业务活动或其他活动需要而控制的，使用年限超过1年（不含1年）、单位价值在规定标准以上，并在使用过程中基本保持原有物质形态的资产，一般包括房屋及构筑物、专用设备、通用设备等。而且，单位价值虽未达到规定标准，但是使用年限超过1年（不含1年）的大批同类物资，如图书、家具、用具、装具等，应当确认为固定资产。通常情况下，购入、换入、接受捐赠、无偿调入不需安装的固定资产，在固定资产验收合格时确认；购入、换入、接受捐赠、无偿调入需要安装的固定资产，在固定资产安装完成交付使用时确认；自行建造、改建、扩建的固定资产，在建造完成交付使用时确认。固定资产同时满足下列条件的，应当予以确认。

（1）与该固定资产相关的服务潜力很可能实现或者经济利益很可能流入政府会计主体。

（2）该固定资产的成本或者价值能够可靠地计量。

2. 无形资产

高校无形资产指在高校拥有的资产中，有一部分资产虽然不以实物形态存在，但能够在高校进行各种经济活动时发挥一定的作用，能够为高校提供可能超于同行收益的效益，是一种稳定的经济资源。主要存在于高校科研、教学、

管理、技术服务以及社会经济中，大致归纳概括为以下三个方面：权利方面，包括著作权、版权、专利权、商标权以及土地使用权等；技术方面，包括科研信息、教学经验、管理经验等；内涵方面，高校在校园文化、教学质量、办学水平等方面共同产生的高校的整体形象、威望声誉以及知名度等。

3. 流动资产

流动资产指的是在一年内或一个长于一年的管理周期内消耗或者变现的资产，是高校资产结构中流动性较强的一部分，其包括现金、银行存款、短期投资、存货以及应收、预付款项等，能够保障高校的权益，明确其他相关债权人权益。流动资产根据其变现能力的强弱顺序加以划分，为债权人进行信贷决策提供相关清算信息。

第二节 高校资产管理存在的问题与策略

知识经济全球化的形势促使我国财政体制进行了全面深入的改革，国内各大高校也随之产生了巨大的变化，完成了超常规的跨越式发展，迎来了新的发展挑战。然而，目前我国大多数高校对于资产管理在高校可持续发展中的重要作用比较忽视，也没有合适、完善的资产管理制度，还存在管理手段落后、管理力度不足、资产闲置浪费严重、产生效益低下等一系列突出的问题，严重影响了我国高校的健康发展。知识的升级影响着科学技术的快速发展，使市场竞争愈发激烈。高校不仅是人才的孵化器，更成了社会发展的助力器，高校为社会经济的发展提供了第一生产力，高校的健康发展关乎国家经济命脉。因此，为保证我国发展稳定且快速，保障高校健康发展是必然工作，首先应积极全面地改革高校资产管理，使其能够适应当前知识经济发展的需求，推动教育事业和社会经济向前发展，再进一步完善各大高校的财务管理的体制和运行流程，大力提升高校对财务的管理水平，培养更多的高科技、高素质人才，培养社会发展的接班人，推动社会稳步向前发展，早日实现我国"教育强国，科技强国"的发展目标。

一、当前高校资产管理存在的问题及原因分析

目前，我国高校实行"统一领导，集中核算，分级管理"的财务管理体制，将财务管理的重心下移到各个部门、职员及各个项目上，将责权下放到各个部门的职员手中，财务部门利用绩效考评做好监管工作，但由于高校财务管理的

制度和资产管理体系仍不够健全，可行性较低，缺乏强劲的资产管控手段，导致高校对资产使用的监督和管理不严格，资产配置杂乱无序，闲置浪费甚至重复购置的问题非常严重，各级部门责权界定不清，无法对各个资产使用单位做到有效的监督，更无法对全校各部门及职工产生正面的激励，很难管控，且仍存在资源配置不合理、财务工作的服务质量偏低等的问题，不利于高校协调发展教学、科研等事业，更不利于高校的可持续发展。

随着国家在政策和指标上对各大高校招生活动的放宽，高校的规模日趋扩大，积累的资产日益增长，如何科学合理地配置资产使其发挥出最大的效用、产生最大的收益是所有高等院校资产管理中的一项重要难题。

（一）资金闲置多，成本高，缺乏健全的风险管理机制

目前，由于我国各大高校都背负着巨大的债务和利息需要及时偿还，往往储备了大量现金资源，造成了非常高成本的资金闲置和浪费，即使高校有再多的筹资渠道，但筹资数量少，远不够解决这方面的问题。高校面对着国家财政有限的投入、少量的资金来源和越来越大的招生规模之间存在的矛盾倍感窘迫，只能通过各种金融机构、社会组织以及租赁公司等获取一定数额的长短期债务资金，以满足各项基础建设和教学设施的需要，这种需要包括扩张学校规模、加大宿舍楼面积等各种措施，严重加剧了债务问题的矛盾，甚至有高校的负债率已经超过80%，难以担负利息及其他各项债务压力。迫于巨大的还款压力、即将到期的各项债务、借贷款项到账慢，使资金运转更加困难，为了减轻周转运营的压力，高校往往要保留很多货币资金以解决各种资金周转上的困难。有些高校月末账面存款数额达五千万之多，导致大量的资金处于低效运转状态，没有为高校带来合理收益，更无法帮助高校减轻巨大的利息压力[1]。而该现象出现的根本原因，首先，是因为扩大规模造成的学生吃、住、用问题，只能靠借贷资金解决；其次，是因为高校普遍认为：作为国家的事业性单位，高校应致力于科研教育工作，即使无力偿清债务，也有国家的扶持，不会真的破产。因此，众多高校根本不考虑自身的条件能否担负起巨额的利息，也不考虑到底有多少债务，只考虑资金借贷收入和偿还支出的周转链条能否保持运转状态；最后，各大高校普遍缺少风险管理制度，没有做到定期对经济活动风险定期做出评估，学校内部管理债务的相关制度不健全，无法针对每一个借贷项目展开详细有效的论证，风险防范意识差，风险管理水平低。

---

[1] 胡服，杨春丽. 资产管理乱象及治理对策探析——以A高校为例[J]. 经济师，2015（5）：115-118.

（二）往来款项多，期限长，缺乏应有的清理催缴机制

高校在处理往来款项的工作上设置了很多的科目，导致处理所需时间很长，年末余额基数大。虽然在年终决算时做了详细的清算，然而其中职工借款这一项，即便下发了催缴通知，但由于并没有有效的催缴管理机制，也没有健全的催缴制度，只有少数的职工向校财务部结清款项，其余大部分借款项无法及时收回，只能挂账处理；另外，高校的权责不明确也导致各项应收未收款项及部分垫付款项没有按照高校相关规定和流程批报核销，导致高校大量的资金被长期占用，无法为高校带来实际的效益。

（三）对外投资少，效益差，缺乏科学的决策管理机制

高校为提高市场竞争力，扩大自身知名度，提升自身影响力，借助教学科研成果，将科学技术转变成第一生产力，将目光投向市场，组建或合作建立起校办企业，把资金、高新科研技术投入生产中。但由于高校的资金有限，且投资范围及额度都较小，缺乏投资经验，对风险没有足够的防范意识，缺乏有效的防范手段，对投资方案的可行性缺少科学的评估，加上高校本身的审批制度并不严格，会计控制机制不健全，投资管理体制不完善，缺少责任追究制度，导致高校在投资时对投资项目没有科学的判断，对投资风险没有客观评估，对投资项目的追踪管理不到位，到最后投资变得随意、无效，甚至出现了无效投资。

（四）知识产权意识淡薄，缺乏有效的权益保护机制

各大高校为国家培养了许多高科技、高素质人才，为先进知识文化及科学技术的传播提供了场所。高等院校在科研、教育、人才等方面拥有众多资源，但由于缺乏无形资产管理制度，直到今天，仍有很多高校没有对拥有的知识产权等无形资产申请评估认定，导致很多高校虽可拥有各种无形资产，但这些资产却没有入账，造成了一定的财产损失。各种知识产权、专利权、版权、科研成果等大多数的无形资产，对于这些无形资产，高校虽重视它的研发，却并不重视其应用，看重论文的高产、高质量，却不重视论文研究领域在各个学术界应产生的影响，导致各项研究成果和其他各种无形资产并没有发挥出其对提升高校核心竞争力的作用。例如，高校的土地权是最容易确认权利和价值的一项资产，但高校往往只将取得土地使用权所支出的各项费用划入了当期支出，土地作为一种资产其本身的价值和已开发的各项附加价值并没有入账。

二、强化高校资产管理的应对策略

高校为管理、保养及维护资产，建立了资产管理体系，该体系决定了高校资产管理的效能和作用水平，还决定了高校资产的运行情况。因此，明确各单位、

部门及职员的职能和责任、强化资产管理手段、重点解决教学设备、办公设备等固定资产的重复购置、资产使用随意、记录混乱、浪费严重等问题，优化各种资源的配置，保证资产保值或实现资产的增值，是高校资产管理工作的要点。

（一）拓宽资金渠道，降低资金成本，建立健全风险管理机制

目前，我国高校普遍存在国家财政补贴少、事业性收入低且不稳定、债务占总资产的比重大等问题，要想改变这一现状，满足科研教学方面的发展需要，就必须彻底改变负债再多都有国家买单的思想，大力开拓筹资渠道，尽力增长筹资金额。

此外，高校还应做好以下几点：

（1）加强对资金的监管力度和审批制度，不相容的岗位互相分离，分别处理稽核与对账管理；定期核对收支账目明细，做好库存现金的盘点工作，严谨白条抵库，严谨坐支，管控资金在规定范围内使用，消除高校在资金管控方面的安全隐患；严格按照"收支两条线"的规定管理资金的流动，严格执行限额管理制度管理库存现金。

（2）积极争取国家政策支持，主动与财政部门教育主管部门和发展改革委员会等部门进行沟通，扩大高校办学自主权，大力争取财政专项资金，确保国家财政拨款稳步增长。

（3）强化高校清理催收事业性收费即学费、住宿费力度，做好清缴工作，建立信息化网络平台，将学生的个人缴费信息录入其中，并做好信息核实工作。加强各院系与教务处和学生处的联系，将学生的缴费情况与选课的成绩挂钩，以确保学生的学费及时、全面的缴纳，杜绝拖欠，严格遵守"收支两条线"的管理原则，及时足额地向财政专户上缴非税收入，积极申请财政拨款指标，以保证财政拨款指标及时下达，满足教育教学的发展和科研事业发展的需要。

（4）正确利用高校丰富的教育资源，利用高校对社会的影响力，面向社会人员扩大函授、脱产、短期培训等各项办学规模，积极开拓各项社会有偿服务，在为社会提供优质可靠的教育服务的同时，既解决了社会人员对知识和文凭的渴求，又能获取服务费用，为学校增加办学资金。此外，高校还可以积极拓展社会捐赠、产业合作、赞助等筹资渠道，建立或参与基金会、校友会等形式，获取社会各层的资金支持，精打细算为高校增加办学经费，发展教育、科研事业。

（5）加强票据管理，规范票据领用、开具、核销等各项流程，对票据办理手续的各项环节严格管理，保证票据真实、有效、安全。

（6）严格按照发改委批准下发的收费标准管理收费工作，按照规定流程开具符合标准的收费票据，不得随意变更收费标准和收费范围，严禁巧立名目

滥收费，严格按照"收支两条线"的规定管理收费资金，杜绝资金挪用、截留等现象的产生，必须保证资金及时、足额的收取和上缴，执行强效的奖惩措施避免收入管理不当情况的发生。

（7）与国家金融机构保持并加强战略合作关系，积极争取更多的信贷资金，合理处置闲置土地资源，优化各方面的资源配置，尽最大可能地筹集办学资金，最大限度地降低各项债务，科学分析管控投资风险，尽量缩减资金的消耗、闲置成本，减轻还贷的压力，优先、合理保障高校驾驭事业的发展。

（8）将各部门的财权、事权与责任相结合，根据各部门的发展计划、目标、绩效等科学、合理地分配各项资源，并做好风险评估管理工作，建立灵敏、有效的风险预警机制。完善高校内部债务管理制度，严格做好各项资金的审批管理，尤其做好大额资金流动的财务风险防范工作，并针对各种财务风险做出预防和解决措施，尽可能保障每项资金的安全。严格实行岗位职责分工制度，不相容的岗位职务分离，风险管理人员应系统、详尽地分析各种可能存在的风险，针对风险点提出解决方案并严格执行，根据实际经济活动定期提交相关风险评估的详情书面报告。

（二）定期清理往来款项，降低借款余额健全往来款项清理催缴机制

目前，由于设置了多个科目分别处理往来款项，导致了年末余额大以及往来期限长的问题，针对这些问题，高校可以通过建立有效的催缴机制和完善严格的核销机制，并采取一定的管控措施解决，对这些往来款项加大催缴催收的力度，尽量简化往来款项的科目，将管理重心转移到项目资金的流向上，实施精准化的预算编制管理，精准把控资金的投入，更加充分使用资金以发挥其最大的效用，使往来款项结余少或无结余。职工借款必须限期归还，逾期罚款；职工垫付的款项也必须限期报销，逾期扣款。分类管控高校各个下属单位及全体教职员工的零星开支，统一使用高校办理的银行贷记卡及公务卡，对于其中的垫付款，经办人员必须严格遵守报销款项的相关规定，严格执行报销流程，在规定期限到期前一周内完成报销工作。对于设备采购、办公用品采购等大规模的支出项目，各部门必须在验货合格后依据票据核销流程严格处理报销款项或支付货款。对于期限长、原因不明且难以支付或回收的各种往来款项，必须将责任详细落实到个人，按规定严格执行审批核销或者转销工作，做好每一项往来款项的追踪管控工作，降低往来款项余额。

（三）加强税务管理，减少纳税风险，建立健全纳税筹划机制

要解决高校当前税务管理乱、个人税负高的问题，就必须要加强税务管理，建立健全纳税筹划机制。

首先，高校应参照政府税务部门处理代开发票的模式，改革各部门开具税务发票时由高校统一垫付所涉税费的现象，税费由各部门自行缴纳，各部门应先将税费交到高校财务处，财务收取登记完成后再开具发票，避免高校垫付税费后收不回或忘记收回。

其次，高校应聘请校内或校外的税务专家，帮助高校全面地解读所涉及的税种的征税范围，分析各种税收政策和高校的收入种类，结合减免税收的政策优惠，理清各项税收项目，做出最佳的账务处理方案，严格依法缴税。高校应设置专门的会计科目，详细了解国家的各项税收政策，根据不征税收入、减免税收入、征税收入、涉税收入等严格单独分列核算，避免对政策错误解读，出现交错税、少缴税、未按照减免政策多缴税的现象。

最后，为了降低税负，高校应仔细分析所有涉税收入的涉税种类、相关环节及税率等，对国家相关税收政策做出充分的了解和分析，尤其是减税、免税政策及其优惠条件，努力为自身创造更多符合优惠政策的条件，再结合纳税期限以及高校实际情况制定出最佳的纳税方案，在符合法律规定且不影响高校财务活动的前提下，用足税收优惠政策，减轻财务压力。

(四) 健全对外投资管理制度和责任追究制度，选准选精投资项目，提高投资效益

为提高自身市场竞争力，适应复杂的经济环境，高校需要改善对外投资中存在的范围小、投资少、风险意识弱、防范意识低等问题，建立健全可行的对外投资管理制度，并安排好投资管理部门和岗位，明确岗位的职能和责任，确保对高校投资项目有充分的研究和了解，并作出可行性评估报告和风险评估报告，做好投资的决策、执行、审批等工作。需要注意的是，投资管理由高校领导班子统一领导，其中不相容的岗位应职权分离。在高校领导层的分析和研究下，加以专家的知识、经验、技术与论证等，对每一个对外投资项目进行全面的可行性分析，结合高校的投资目标和投资工作发展规划，科学选定最合适的项目并拟定投资计划。领导层应科学筛选投资项目，严格把控投资金额，杜绝盲目投资，严格控制投资活动按计划有序执行。

高校在对外投资时，应严格按照国家相关规定，由高校审核投资项目的相关资料和分析报告，授权审批，并按照风险控制制度和投资管理制度就投资的详细事项与违约责任等，与乙方签订具有法律效力的合同及契约、协议，结合合同合理安排高校资金的投放和支配，保持资产的结构合理，处理好流动性资产与营业性资产之间的关系，在保证有适当的流动性资产的同时追求更大的效益。此外，高校还应建立完善的会计控制制度和严谨的投资资产保管制度，严

格追踪管理对外投资项目,全面评估并跟踪关注投资的风险,明确各个岗位的责任,完善责任追究机制,对于对外投资中产生的严重决策失误、违规办理投资业务以及不按规定履行投资决策等问题,追究相关部门以及负责人员的责任;完善账户管理体系,依照相关规定做好投资的账簿记录,将投资项目的价值变动以及收益情况详细、准确、全面、及时记录下来,严格监督控制对外投放的资金,以便及时回收处置。高校应加强对对外投资项目的管控力度,杜绝随意投资、无效投资,对于多种备选投资项目,全方面做好分析和评价,谨慎投资,预防及规避投资风险,提高投资效益。

(五)强化知识产权意识,重视无形资产管理,确保学校合法权益

高校应强化对无形资产的保护意识,重视无形资产的价值并建立健全管理体制,对于各项知识产权、专利权、著作权等无形资产,高校应按照国家相关规定,严格申请办理相应的证明、证书等。目前,各大高校普遍拥有面积广大的土地,但在高校的固定资产管理系统中并未体现出土地的使用权及其市场价值,只有部分高校将土地资源视为无形资产,以实际的征地补偿费用记录在了无形资产的管理系统中,但仍未体现土地的使用权及市场价值。此外,高校拥有丰厚的知识资源、科研成果、科研人才、师资力量等,然而,仍未有一所高校尤其是文科类的高等院校申请学校知名权、著作权以及非专利技术等无形资产。财政部教育部2013年颁发了《高等学校财务制度》,规定了各高校通过外购、自行开发及其他方式取得的土地使用权、著作权等应当合理计价,及时入账[1],这对于高校来说,有助于高校全面梳理其无形资产,为高校系统地管理无形资产提供了契机,为其制定无形资产管理制度提供了良好开端,使无形资产发挥出其最大的效用,以提升高校的核心竞争力,提高高校的知名度。

---

[1] 财政部条法司. 高等学校财务制度[J]. 中国会计年鉴, 2013(1): 537-541.

第三节　高校资产管理绩效评价指标体系的构建

一、高校固定资产管理绩效评价指标体系研究

（一）评价指标的选取原则

高校在构建固定资产管理绩效评价指标体系时，首先，应选出具有较强科学性的评价指标。此外，还应站在评价固定资产的管理绩效的角度，结合固定资产的特点，按照评价指标体系的构建流程，构建该体系。构建该体系时，还需要遵守以下原则：

1. 系统性原则

高校应结合资产现状、使用绩效、协同配置以及外部影响等多维度、多层面综合考虑，结合定性与定量两种形式，制定系统性固定资产管理绩效的评价指标，全面提升高等院校对固定资产的管理水平。

2. 客观性原则

高校应在固定资产管理体制的基础上，辅以协调配置机制，结合科学合理的评价流程，根据实际的情况制定相关评价指标的体系，进而客观地反映出被评价对象的各项指标。

3. 科学性与全面性原则

高校在选取固定资产管理绩效的评价指标时，应全面、科学地考虑管理对象和管理内容的内涵以及本质，广泛借鉴、参考相关专家学者的建议和研究成果，尽可能消除主观意识对该评价指标产生的影响，排除其他不稳定因素，保证所选取的评价指标具有一定的科学性。

（二）评价指标体系的初步构建

将相关文献和专家学者的研究成果与高校对固定资产的实际管理情况相结合发现，对资产管理绩效的评价指标进行深度分析和研究，深入了解其理论基础剖析内涵，科学地提升该评价指标带来的运行效能，进而保障科学、合理地构建该评价指标体系。本节将从资产管理的保障能力、资产安全、管理水平、外部影响评分以及运行效益五个方面，尝试初步构建高校固定资产管理绩效的评价指标体系。

1. 资产保障能力

衡量资产保障能力（U1）的三项指标分别是资产的运营规模、优化结构及

使用质量，如表 3-1 所示。

表 3-1 资产保障能力指标体系

资产保障能力 U1	资产运营规模 U11	总资产规模 U111
		净资产规模 U112
		人均资产规模 U113
	资产优化结构 U12	资产负债率 U121
		固定资产比率 U122
		无形资产比率 U123
	资产使用质量 U13	可用资产率 U131
		固定资产更新率 U132
		仪器设备利用率 U133

资产的运营规模不仅能够直观反映出效益覆盖的范围和资产保值情况，还能够大幅度减少国有资产浪费、流失的情况；高校优化资产的结构，使资产得到更加科学、合理的配置，有助于强化其对高校事业发展的支持作用；资产的使用质量能够从更新率和利用率两个方面详细地将高校固定资产的使用情况反映出来，从而提高高校协同配置固定资产的能力，促进教育事业的发展。

2. 资产管理水平

可以从高校管理资产的制度、团队以及水平三方面衡量高校的资产管理水平（U2），如表 3-2 所示。

表 3-2 资产管理水平指标体系

资产管理水平 U2	管理团队 U21	资产管理机构设置情况 U211
		管理团队观念和水平 U212
	管理制度 U22	约束制度评价 U221
		激励机制评价 U222
		运行机制评价 U223
	管理水平 U23	信息系统建设情况 U231
		资产信息录入情况 U232

固定资产的管理水平取决于以下三个方面：首先，取决于其管理团队，管理固定资产的组织和团队作为其实施的主体，在组织架构、管理能力、管理观念等方面都影响和制约着资产管理的效果和其产生的绩效；其次，取决于管理制度，管理制度是其重要的载体，完善可行的管理制度能够实现人、财、物在管理过程的合理配置，促进资源、信息共享，促进外在的保障力和内在驱动力完美配合，产生有效的激励作用和约束效果，有利于资产的管理；最后，取决于管理信息系统的建设程度，建立完善科学的管理信息系统有利于引导信息的流向，控制信息资源的共享，公开化、透明化国有固定资产的信息能够促使资产管理信息系统具备精准、直观的特点，有助于高校提升管理固定资产的水平。

3. 资产安全能力

资金的预算来源、投入使用以及其使用效果这三项指标能够衡量高校资产安全能力（U3），如表 3-3 所示。资产安全能力（U3）能够将高校固定资产的安全水平客观反映出来。

表 3-3　资产安全能力指标体系

资产安全能力 U3	资金的预算来源 U31	预算编制 U311
		预算审批 U312
		预算执行 U313
		预算调整 U314
	资金的投入使用 U32	专项资金内控制度是否完善 U321
		资产是否被挤占挪用 U322
		是否账外私设"小金库" U323
		专项工程建设资金管理情况 U324
	资金的使用效果 U33	项目或资金使用的预期结果或效益是否达到 U331
		是否综合考虑其他可能降低成本的方案 U332

对于固定资产管理来说，资产安全能力是一项非常重要的指标，高校的固定资产是否依据科学的方式规范地运行能够在资金的预算来源中体现出来，高校应做好预算管理，严格管控资产，避免资金闲置甚至流失，优化资源配置方案，保障高校教育事业的发展。在资产安全能力方面，资金的投入与使用都应严格监督控制，严禁出现挪用、截留、公款私用等管理上的问题。资产安全能力可以通过资金的使用效果表现出来，因此，对资金的监督和管控是资产安全的重要保障。

4. 资产运行效益

科研成就和人才培养是衡量资产运行效益（U4）的两个指标，能够将高校固定资产形成的运行效益客观地表现出来，具体表现见表3-4所示。固定资产形成的运行绩效最终将体现在教学科研方面和人才培养方面。科研成就能够展示科技成果的转化程度，展示出应用型大学的建设成果，是社会进步的前提，是社会生产力形成的基础。从总体来看，高校培养的人才质量不仅能说明高校资产的运行效益好坏，还能够就此分析出教育成果的转化程度，培养高质量人才是高等教育的根本目标。

表3-4 资产运行效益指标体系

资产运行效益 U4	科研成就 U41	教师人均科研经费 U411
		科研经费年增长情况 U412
		专利及技术转让予孵化情况 U413
	人才培养 U42	平均学生培养成本 U421
		毕业生就业率 U422

5. 外部影响评分

外部认同度以及学术交流程度是衡量外部影响评分（U5）的重要指标，还能够将高校固定资产对外部的影响客观地呈现出来，这两项指标虽然属于无形资产，但对高校管理固定资产非常重要，对提升高校竞争力也有重要的作用。

表 3-5　外部影响评分指标体系

外部影响评分 U5	外部认同度 U51	社会满意度 U511
		同行认可度 U512
		学术声誉 U513
		外界吸引力 U514
	学术交流度 U52	开放程度 U521
		学术交流 U522

（三）高校固定资产管理绩效的指标筛选和修正

高校为管理固定资产的绩效构建其评价指标体系时，可以参考德尔菲法筛选评价的指标，其操作步骤为：选择专家、选择指标、设计调查问卷、发放调查问卷、咨询专家，最后统计并分析结果，在操作过程中，系统地筛选出最科学、最合适的评价指标，使该评价指标体系的构建具有一定的科学性。

1. 选择专家

为保证高等院校固定资产管理有科学合理的绩效指标，实施德尔菲法时，率先应由资产管理领域或财务管理专业的专家学者，科学选取绩效指标，再聘请国资处、财务处或者高校相关管理人员、学者等，对高校的固定资产管理绩效评价指标体系进行修正。

2. 调查问卷设计

以高校目前正在运用的管理固定资产的制度为基础，结合理想的绩效管理体系，主要从资产的管理水平、运行效益、保障能力、安全能力以及外部影响五个层面设计调查问卷。

3. 指标筛选和修正

在调查问卷的设计过程中，需要对评价资产运行效益的指标进行多个层面的筛选，最终确定人才培养和科研成就两个二级的评价指标，再根据专家的意见确定这两个二级指标的权重。

4. 问卷发放

将问卷交给专家，说明问卷的用途和填写的注意事项。根据专家反映的问题进行调整，再将问卷交到专家手中，重复上一步骤，直至获得专家的肯定。

5. 专家咨询

围绕着指标的调整和权重评估方面，咨询专家分析调查问卷后提出的问题，整理得到的咨询结果，向专家反馈。结合所有专家的建设性建议，反复修正高校管理固定资产的评价指标。

6. 结果统计分析

收集多方专家的建议，整理最终得出的调查问卷，使用 SPSS 软件统计并分析各项数据，根据分析结果选择出最终的绩效评价指标。

（四）高校固定资产管理绩效评价方法的选择

1. 评价方法介绍

在评估资产管理绩效时，处于相关领域中的学者更多地注重使用多指标对复杂事物进行综合性的量化衡量和比较，而各大高校则借助先进的技术手段和工具，采用综合评价的方法，建立起固定资产管理绩效的指标体系，达成量化与测量绩效评估的目的。可以采用以下几种评价方法评价资产管理的绩效：

（1）适用于整体比较的灰色关联度法。灰色关联度法能够从整体层面上比较复杂的事物，分析出事物的影响因子在演化过程中的相对情况，以了解研究对象的变化方向和变化速度等。比较分析演变过程中一致性强、相关性高的部分，能够快速、详细地了解研究对象和影响因子之间的关联程度并深度发掘研究对象间的紧密性。

（2）基于累积方差贡献率的因子分析法。在研究变量时，从变量群中提取公因子，就能够获得同组内活跃度较高的变量因子，累计各组内因子的贡献度，并对比不同的对照组，即可得出累积方差的贡献率，其中贡献率最高的公因子能够将变量的差异程度详细地描绘出来。累积方差的贡献率和提取出公因子的个数能够反映出不同变量之间的关系，通过分析因子，就能够得出评价指标的权重。

（3）降维处理实现主成分分析。测量变量时，需要抛弃原始变量，运用方差降维处置新提出的变量，新变量与原始变量无关，根据得出的价值函数分析评价指标。

（4）用于系统评估的 AHP 法。层次分析法能够按等级确定评估目标的权重并为其赋值，逐级运算对评估对象打分，通过分数来衡量评价指标。

（5）模糊综合评价法。在德尔菲法的基础上，使用这种评价方法能够为指标建立权重集，通过分析指标的隶属程度得到评价矩阵和积累分值，再对其逐级运算就可以得出最终的评价结果。

2. 评价方法的确定

评价高校固定资产管理绩效的工作通常由领导群体做决策，是一项较为烦琐的、跨层次的工作。因此在为该工作构建相关评价体系时，应尽量秉承客观公正的态度，使用科学方法构建评价模型，进而将高校固定资产管理中存在的绩效差异直观反映出来。结合上述多种评价方法和高校固定资产管理的实际情况，在不同的研究情境中选择不同的、适合的评价方法，就能够发现高校在管理固定资产过程中存在的主观意识影响大、信息不对称等问题，属于典型的模糊多属性决策问题，符合模糊数学的范畴。

高校在进行研究评价固定资产的管理绩效时，由于研究对象的属性和特点较为特殊，无法通过具体的量化指标客观分析研究对象，因此只能在德尔菲法的基础上通过模糊综合评价这种方法完成相关的模糊数学运算，得出具有科学依据的结论，进而完成高校固定资产管理绩效的评价指标体系研究，衡量固定资产运营的效益与效果。

（五）高校固定资产管理绩效评价模型

模糊综合评价法建立在模糊数学的算法原理基础上。在研究高校管理固定资产的绩效评价时，可以使用模糊综合评价法定量化评估该绩效，在辅以逐级运算等方法，分析出最终的绩效评价结果。

1. 评价对象的因子集建立

对于研究对象而言，评价指标体系的建立，首先应确立所评价对象的影响因子的数学集合，即因子集。可以用 U 来表示，即：

$U = \{u_1, u_2, \cdots, u_n\}$.

集合运算的逻辑，将 u_i（$i = 1, 2, \cdots, n$）定义序列为第 i 个影响因子，而 n 为评价集的因子个数。

在确立的评价指标体系中，将评价对象的管理绩效设定为 U，则有数学集合 $U = \{$资产保障能力，资产管理水平，资产安全能力，资产运行效益，外部影响评分$\}$。可见，评价集合 U 中的每个因子 u_i，都是蕴含多个因子的集合体。所以，在高校固定资产的评价过程中，应优先对 u 进行系统评估，则 u 代表着下级指标因子的数学集合，即：

$u_i = \{u_{i1}, u_{i2}, \cdots, u_{in}\}$.

可知，u_{ij}（$j = 1, 2, \cdots, n$）代表一级指标 u_i 的第 j 个影响因子，n 为二级指标的数目。

由高校固定资产管理绩效评价的因子集可知，资产管理绩效评价指标体系的二级因子集合 u 为确定的单因子。

2. 高校固定资产管理绩效评价指标的权重集确定

为区分各因子影响程度的强弱及重要性，便于进行逐级运算，应将各因子

u_i 赋予一个相应的权数 a_i，形成程度不一的可量化指标。将各个权数组成 U 相对应于 u_i 的一个模糊数学集 $A = \{a_1, a_2, \cdots, a_n\}$，即可称 A 为权重集。

再评估高校管理固定资产的绩效时，为评价指标赋值权重非常关键，必须以科学的手段合理地赋予其权重。本研究采用德尔菲法，通过专家的专业评价和综合打分，确定其评价指标的权重，见表3-6。

表3-6 高校固定资产管理绩效评价指标

一级指标	权重	二级指标	权重
资产保障能力 U1	0.27	资产运营规模 U11	0.35
		资产优化结构 U12	0.27
		资产使用质量 U13	0.38
资产管理水平 U2	0.21	管理团队 U21	0.31
		管理制度 U22	0.40
		管理水平 U23	0.29
资产安全能力 U3	0.16	资金的预算来源 U31	0.43
		资金的投入使用 U32	0.28
		资金的使用效果 U33	0.29
资产运行效益 U4	0.24	科研成就 U41	0.47
		人才培养 U42	0.53
外部影响评分 U5	0.12	外部认同度 U51	0.48
		学术交流度 U52	0.52

3. 建立高校固定资产管理绩效的评价集

建立评价集，将高校固定资产管理绩效评估过程中，主观偏好或直接观测变量的评价结果予以明确，用 V 表示。

$V = \{v_1, v_2, \cdots, v_n\}$.

其中，v_i 代表第 i 个二级观测指标的主观偏好结果，n 为可观测指标量化的偏好程度。

根据李克特5级量表，将评价结果划分为5个优劣等级，高校固定资产管理绩效的评价集 V = {很好，好，一般，差，很差}，对应的量化评分值为 C = (100，80，60，40，20)。

4. 确定高校固定资产管理绩效评价指标的隶属度

根据评价矩阵分析指标的隶属度，可以更加直观地分析出介于两个不同等级的临界值之前的评价集因子的隶属等级。

隶属度的确立，一般由相关领域的专家根据行业平均水平、社会情况、高校固定资产管理的实际状况等因素综合考量。依据专家的判断，即可获得高校固定资产管理绩效的隶属度矩阵 R：

$R = r_{ijm \times n}$。

其中，R 代表高校固定资产管理绩效二级评价指标的隶属度矩阵，r_{ij} 表示第 i 个因子隶属于第 j 个等级的隶属度，m 表示已知的二级评价指标的因子数，n 表示评价结果的主观偏好等级数。

5. 生成高校固定资产管理绩效的评价结果

首先，对高校固定资产管理绩效进行单层次模糊综合评价。在高校固定资产管理绩效的诸多影响因素中，各因素之间存在层次上的区分。因而，应先对一级指标，即资产保障能力、资产管理水平资产安全能力、资产运行效益、外部影响评分等五个因素进行运算，先确立算法，再根据测量实际的需要，进行单层次的模糊综合评价，形成本次运算的结果集合 B，即：

$B = A \circ R$。

进行高校固定资产管理绩效的双层次模糊综合评价。在对一级指标资产保障能力、资产管理水平、资产安全能力、资产运行效益、外部影响评分等进行评分的基础上，分析出一级指标的五个评价向量：B_1、B_2、B_3、B_4、B_5。最后，评价矩阵的乘积运算，可得到高校固定资产管理绩效的最终评价向量：

$B^* = A^* \circ R^*$。

依据最大隶属度原则，明确高校固定资产管理绩效的最终评价值。

二、高校无形资产管理绩效评价指标体系研究

(一) 评价指标的特点

为高校选取无形资产管理绩效的评价指标时，应多关注代表性较强的主要指标。指标通常比较复杂，有多个或多级具有权重和一定评价尺度的指标组成，每个指标都具备一定的逻辑结构，指标之间互相关联，是系统化的指标群，因此，

只有构建出层次分明的指标体系才能将高校无形资产的特点和属性反映出来，表现出高校无形资产的管理水平。选取指标时需要考虑以下几点：

1. 代表性

应选取代表性强、内涵丰富、且对一定区域范围内的高校办学特点的变化比较敏感的指标。选取指标时，还应注意其科学性、准确性、合理性，保证其计算范围清楚、含义明确。

2. 相对完备性

只有完备的指标才能够站在客观、公正的角度，将评价对象的特征和属性全面、完整地反映出来，任何重要因素的缺失都会对绩效评价的效果造成影响。对于高校无形资产的管理绩效有很多具有代表性的评价内容，研究时可以从全方位多个角度多个层次选取多项评论要点，综合深入分析各项评价指标，找出其中的差异和共性，追求指标的全面性，在有效指标丰富甚至过多时保证评价成本和工作效率。

3. 简明科学性

选择评价指标和设计评价体系时，必须以科学性为重要原则，以获取各个高校无形资产管理绩效最客观、真实的状况、特点以及指标之间实际关系。需要注意的是，指标应做到既直观、真实，又简明，不过分简单、不烦琐复杂，将最真实的绩效情况反映出来。在构建指标体系的过程中，可以借鉴吸收国内外先进的经验分析评价目标，形成评价指标体系的基本框架，再加以科学的分析和计算，从重要程度、指标权重以及相关程度分析各项指标，再辅以提炼、简化环节处理指标，最终构建出简明、科学的评价指标体系。

4. 相对独立性

对于评价指标的选取应注意其相对独立性，各项指标之间不应存在互为因果或互相包含的关系。评价指标应是围绕着评价目标在多个方位、多个层次相互关联、彼此依存，逐层构建出完整的评价指标体系。当指标之间存在不可避免的关联时，应尽量进行精简处理，去粗取精，保留能够反映本质的关键信息，以确保评价结果的可靠性。

5. 可测可比性

绩效管理属于一种导向管理办法。只有其评价内容能够做到客观、实际、可量化、且具有可操作性等，就能够将高校管理无形资产的绩效反映出来。此外，评价指标需要做到既能够反映出评价对象不同于其他同类高校的特点，又要反映出评价对象与其他高校的共性特征，具有一定的可比性，如数据、结果、内涵、判断尺度等都是可比的。

6. 数据易取性

数据尽量要容易获取，便于计算和引用，要能被大多数高校所理解，这样才能容易引进应用。

（二）无形资产管理绩效评价指标体系构建途径

1. 构建原则

卡梅伦和凯夫分别提出了具有代表性的高校绩效评价指标体系。20世纪80年代后期，英国的大学拨款委员会联合校长和副院长协会成立了联合工作小组，该小组认为，多数情况下，绩效指标是一种定性的陈述，能够反映出某种资源的使用情况或者某种特殊的资源管理目标在其领域中达成的某种情况，并强调绩效指标属于行为信号的一种，能够对绩效评价行动进行指导，由于绩效指标不能直接为研究者提供有用的信息，因此认为它不属于测量方式的一种。在为高校管理无形资产的绩效设计评价指标体系时，应遵从以下四项原则：

（1）共性与个性相结合原则。指各大高校应根据高等教育的要求和运行规律设计评价无形资产绩效的指标。无论哪种类型、何种属性的高校，教学、科研以及社会服务都应该是最基本、最主要的功能，其评价指标体系的构建应考虑这些主体功能。另外，高校应结合自身的办学特色，从办学的理念、规模、类型、人才培养以及服务内容和对象等方面做出精准的定位，设置长远的发展目标，最大限度上发展大学的多样性。

（2）定性与定量结合原则。结合定性与定量两种形式，形成的定量评价具有较高的精确性，有利于高校计算评价结果和进行横向比较，能够有效降低评价结果的主观随意性。高等教育绩效评价指标体系专家凯夫认为，数字较文字的呈现效果更为直观、明晰，更有利于比较、分析和整理，尽管高校很多方面的活动都难以测定，还应尽量使用"绝对值""序数性"以及"基数性"的方法进行权威的测量，充分用于绩效评价中。然而，评价高校无形资产管理绩效本身就是一项烦琐的系统工程，很难量化其表现的内容和各种影响因素，因此，可以加以定性的手段将其归纳、概括、提炼并综合分析和辅助评判。而在指标体系的构建过程中，可以将定量方法作为主要的测量方法，并坚持加以定性方法相互补充、配合，利用各自优势，对高校的无形资产管理进行全面、具体、客观的评价。

（3）总量与人均相结合原则。在绩效评价中，高校必须坚持将人均与绝对总量相结合这一原则。目前，大多数高校的评价指标体系只能体现无形资产的绝对总量，人均指标远未达标，这种指标不均的情况下得出的评价结果无法做到公平公正、客观。因此，高校应选取一些人均指标，以获得公正、客观的评价结果。

（4）质量与规模相结合原则。高校的办学规模和办学质量、人才培养质量等虽然都是衡量高校管理绩效的重要指标。但高校的绩效与其数量和规模不一定构成正比的关系，即使一所高校具备很大的办学规模，师生数量庞大，也无法说明该高校的教学科研质量高、效益好。例如，美国的普林斯顿大学虽然学院的数量不多，没有商、法、医学院等，但该校迄今已有35名诺贝尔奖获得者及众多其他奖项获得者和各领域精英。因此，在进行绩效评价时，应坚持将质量和规模相结合，综合筛选、提炼选取要素，不能因为某些高校的规模小就否认其办学质量，确保评价结果客观、公平，尤其对于本研究中高校无形资产的管理水平高低来说。

2. 构建思路

高校在多项指标共同构建的评价指标体系中，能够得到全面、可靠的无形资产管理绩效评价指标。指标体系是一个有机整体，能够表现出高校对无形资产的管理水平和效果。在设计评价指标的体系时，高校应站在决策者和信息使用者双方的角度，依照相关构建原则，通过分析指标内涵、分解预期目标等环节，完成该体系的构建。为了使绩效评价指标体系科学、实用且具有可比性特点和较强的动态性特征，应在设计中融入可比性因素，构建时不仅需要结合高校无形资产管理本身的特点，还要深入考虑其共性；不仅要了解各大高校之间管理的本质区别，更要融入各个高校管理绩效的对比性和可行性。

3. 目标分解

无形资产虽然没有实体形态，但合理使用无形资产，能够给持有者和使用者带来某方面的权利、技术以及其衍生的经济效益等。高校的声望越高，越能吸引更多的人才、聚集更丰富的知识、获取更密集的信息，在教学、科研、技术成果等领域的优势就越显著。高校的无形资产通常存在于这几方面：一、日常教学、科研中产生的各项技术专利、知识专利与各种非专利技术都属于无形资产，这些资产具有较大的价值；二、高校师生的科研创造、著作、发明以及接轨国际的科研成果等；三、高校的名望声誉、经营性资产、文化环境等，无形资产和有形资产共同为高校未来的发展提供了物质上的强大支持。因此，在为高校设计无形资产管理绩效的评价指标体系时，应率先明确绩效的指标，不仅需要能考核管理的成果、效益以及效率三方面，还需要能够将高校实际的无形资产情况反映出来，能够使用所有层面的绩效评价。本研究中结合了部分功利工科高等院校对高校资产管理绩效设计了其评价指标。

综合前文，对于无形资产的评价指标可分为：政府授权类、市场类资产、人力资源资产及知识产权类资产四类，这四类评价指标能够全方位、多角度反映出高校管理无形资产的绩效水平。进一步细分各类指标，达到能够量化考核的目的，得出最终的指标，共计24个。

4. 指标内涵分析

（1）第二层指标：

市场类资产（A1）——指因被公众或市场所认可而得到的无形资产，如高校的名声、排名、获得的校外捐赠、入学的学生素质层次高低、毕业生的就业率等，都属于市场类资产。该指标体现出了社会对高校的认可程度，这一类资产越多，说明社会对该高校的接受度越高，越有利于高校的发展。

知识产权类资产（A2）——高校师生运用自身的知识、智慧、技术、技能等通过努力钻研产生的专利、著作、论文期刊、科研成果及奖项等高校自主研发以及外购的无形资产，这类资产就属于知识产权类资产，受法律保护。这项指标能够体现出高校师生在高校中积累的知识财富，在高校无形资产总量占据很大的比例，是高校无形资产中的重要组成部分。这项指标的分数越高，说明该高校的教学科研水平越高、办学质量越好、无形资产的管理体制也比较完善。

政府授权类资产（A3）——指由政府特别授予或颁发的权益或奖励，代表着政府的肯定和重视，也说明了高校管理工作受到政府的认可，管理成效优异。

人力资源类资产（A4）——指高校雄厚的师资力量和优秀的学生团体，他们是高校发展的根本，源源不断地为高校的发展注入新鲜的血液，高素质、高质量的师生团体能够提升高校的知名度。对于高校来说，人力资源类资产是各种无形资产形成的源泉，源源不断地吸纳和培养人才，有利于提升高校管理绩效水平。

第三层指标：

全国大学排名（A11）——选取中国管理科学研究院武书连等主持的《中国大学评价》（简称"武书连榜"）、武汉大学中国科学评价研究中心推出的《中国高校竞争力评价》（简称"武大榜"）、中国艾瑞深中国校友会网发布的《中国大学排行榜》（简称"校友会榜"）三者的平均数据。该指标是三种大学排名的平均值，这在全国都比较权威。认可程度越高，排名越靠前，说明大学的管理工作做得越好，管理机制越健全，更能说明无形资产管理水平越高。

全国高职排名（A11）——选取由杭州电子科技大学中国科教评价研究院

（CASEE）、武汉大学中国科学评价研究中心（RCCSE）、中国教育质量评价中心和《中国科教评价网》联合研发并正式发布的中国高职高专院校竞争力排行榜数据。该数据在全国都比较权威。认可程度越高，排名越靠前，说明高职院校的管理工作做得越好，管理机制越健全，更能说明无形资产管理水平越高。

毕业生就业率（A12）——指评价学年内毕业生的就业人数占毕业总人数的比例，这一指标能够反映出该校教学水平的高低、学生的层次以及社会对高校的认可度。毕业于该校的学生的职业以及未来发展越好，就越说明该校的学生质量及价值越高，社会的认可度越高，为高校带来的隐形资产越丰富，进而这一指标分数也就越高。

考生认可（A13）——指当年高考录取提档线。录取线越高，说明考生的水平越高，将来才更有机会创造更多的无形资产，才更能被市场认可。

接受校外捐赠（A14）——指高校受到来自社会组织、机构及个人的捐赠，该指标分值越高，证明该高校在社会的正面影响越大，整体价值越高，另外，还能证实其培养的人才能力越高，道德素质越好。

校园文化建设（A15）——是高等学校获一、二、三等奖的项数。该指标比较有针对性，每个省可以根据自己的标准选择能代表该省高校校园文化建设的获奖项数。该指标越大，说明该校越符合该省的校园文化建设该指标与国家的文化建设相适应，能在一定程度上反映该校的市场类无形资产管理绩效。

发明专利数占专利授权数比（A21）——指评价学年高校有效的发明专利占当年全部有效专利的比例。发明专利指的是某项能够解决某种特有问题的创新性方案。这一指标比例越高，越能说明高校技术的领先，其研究出新技术、新产品的可能性就越大。此外，发明专利也是一项有代表性的知识产权类无形资产。

科技书籍（A22）——指当年科技书籍种数。该指标和高校过去的发展历史关系紧密，也在一定程度上代表了高校的知识积淀和高校未来的发展。

SCI、SCIE发表数（A23）——指当年该校师生在SCI、SCIE期刊上的发表论文数。因为SCI、SCIE期刊在国际上比较具有权威性，该指标越大，说明该校的师生及教职工具有的知识水平越高。

EI发表数（A24）——指当年该校师生在EI期刊上的发表论文数。

ISTP发表数（A25）——指当年该校师生在ISTP期刊上的发表论文数。

优秀教材增长率（A26）——指当年优秀教材增长数与上年优秀教材总数之比，其中，优秀教材指教育部推荐研究生、本科生教学用书、精品课程教材、规划教材、优秀教材等。

精品课程增长率（A27）——指当年精品课程增长数与上年精品课程总数之比。

科技合同金额到款率（/%）（A28）——指科技合同到款金额与科技合同总额之比。无论是纵向、横向还是校内科技项目，只有合同金额正常按时按量拨付到账，才能保证科技研究正常进行下去，才能保证科技研究顺利完成。到款率越高，科技研究成功率越高，科技转化后达到的效益才最好。

教学仪器价值增长率（A31）——指当年教学仪器价值增长额与上年教学仪器总价值之比。政府的拨款越多，该校才能购置越多先进的教学仪器，创造的价值才越多。

当年自主招生数（A32）——指本科推免生人数与研究生推免人数之和

当年学位授予数（A33）——指当年授予学士学位人数与当年授予研究生学位数之和。

当年实际招生数（A41）——指当年实际招收本科生人数与当年实际招收研究生人数之和。

专任教师与教职工比（A42）——指当年平均专任教师数与当年平均教职工总数之比。高校中教职工结构配置是否合理主要看该指标。

博士学位教师占专任教师比（A43）——指博士学位教师数与高校教师总数之比。该值越大，教师水平越高，该校教学水平的保障性越高。

教授职称教师占专任教师比（A44）——指教授职称教师与高校教师总数之比该值越大，表明高校的教授越多，教学水平越高。

院士占专任教师比（A45）——指院士与高校教师总数之比。该指标有效反映了专任教师中代表某个学科方面最高成就、获得终身成就奖的院士占高校教师比重。该指标为正指标，指标数值越大，代表学校在某科学领域成就越高。

师生比（A46）——指当年学生总数与当年高校教师总数之比。指标数值越大，高校管理水平越高，办学效益越好。

学生人均培养成本（A47）——指当年事业费支出总数与当年学生总数之比其中，事业费支出＝教学支出＋行政管理支出＋后勤支出＋科研支出＋其他支出等，年初学生总数与年末学生总数的算术平均数是当年学生总数。该数值在一定范围内能反映高校的办学水平和实力。

下面，针对上面的描述建立了针对地方工科类高校无形资产管理绩效评价水平的指标体系，详见表3-7。

表 3-7 高校无形资产管理绩效评价指标体系

第一层基本指标	第二层基本指标	第三层指标
高校无形资产管理绩效 A	市场类资产 A1	全国大学排名 A11 全国高职排名 A11
		毕业生就业率 A12
		考生认可 A13
		接收校外捐赠 A14
		校园文化建设 A15
	知识产权类资产 A2	发明专利数占专利授权数比 A21
		科技书籍 A22
		SCI、SCIE 发表数 A23
		EI 发表数 A24
		ISTP 发表数 A25
		优秀教材增长率 A26
		精品课程增长率 A27
		科技合同金额到款率 A28
	政府授权类资产 A3	教学仪器价值增长率 A31
		当年自主招生 A32
		当年学位授予 A33
	人力资源类资产 A4	当年实际招生数 A41
		专任教师与教职工比 A42
		博士学位教师占专任教师比 A43
		教授职称教师占专任教师比 A44
		院士占专任教师比 A45
		师生比 A46
		学生人均培养成本 A47

(三)绩效评价方法

无形资产的性质和特点决定了在对其进行绩效评价时,将涉及广泛的内容,评价的程序较为复杂且评价工作有较强的技术性,绩效评价工作漫长而艰巨。能够直接量化高校无形资产管理绩效且获得客观、有效的数据的评价指标较少,大多数评价指标需要在一定性质的语言描述下加以相关的方法手段才能够完成量化。比率量化法、倒扣数量化法、一词量化法等共五种方法是目前最常见的量化绩效评价指标的方法,因这些方法操作简便且实用性较高,所以被广泛使用。量化指标时,需要向多个评价者收集多个问卷调查的结果,再由专家打分,才能得到最终的结果,使用这种取值方式得到的分数客观公正。因此,在无形资产方面,定量指标的评价标准与定性指标相对比更加客观,这一规律同样适用于无形资产管理绩效的评价标准中。

以下将使用层次分析法为各项指标赋予相应的权重,忽略其中权重相对非常小的指标,通过调查问卷将剩余权重较大的指标按照四个类别做好分类,再运用雷达分析法评价高校的无形资产管理绩效,进而全面地反映出高校的整体管理水平。

1. 层次分析法

高校无形资产管理绩效评价分析层次分析法的计算步骤如下。

(1)建立层次结构模型。深入分析实际问题,根据最高层、中间层、最底层自上而下建立关于高校无形资产管理绩效评价指标体系。

(2)构造判断(成对比较)矩阵。构建的评价指标体系的判断矩阵如表3-8所示。

表3-8 评价指标体系的判断矩阵

指标	C_1	C_2	C_3	C_4	...	C_n
C_1	a_{11}	a_{12}	a_{13}	a_{14}	...	a_{1n}
C_2	a_{21}	a_{22}	a_{23}	a_{24}	...	a_{2n}
...	...	...	...	...	...	...
C_m	a_{m1}	a_{m2}	a_{m3}	a_{m4}	...	a_{mn}

其中,a_{ij}表示横向指标a_i对各项列指标a_j的相对重要程度的比值,通常用1、2、3、4、5、6、7、8、9或其倒数进行表示。注意每一层次中各元素所

支配的元素没有限定，但是一般情况下不超过9个，因为支配的元素过多给下面的判断带来困难。具体来说，这些数值表示的含义如表3-9所示。

表3-9 标度判断矩阵

标度	含义
1	横向指标和纵向指标同等重要
3	横向指标比纵向指标略微重要
5	横向指标比纵向指标较重要
7	横向指标相对纵向指标非常重要
9	横向指标相对纵向指标绝对重要
2，4，6，8	位于前后两项中间的标度值
倒数	纵向指标与横向指标比较时 $a_{ji}=1/a_{ij}$

（3）计算权向量并做一致性检验。将每一层指标两两对比，通过模糊数学方法对有效性初步进行一致性检验，保证对各项指标的相对重要性评价科学合理。

判断矩阵中各行元素相乘，即：

$$\prod_{j=1}^{n} a_{ij} (i=1,2,3,\cdots,n).$$

算 $\overline{\omega_i}$，公式为：

$$\overline{\omega_i} = \sqrt[n]{\prod_{j=1}^{n} a_{ij}}.$$

将 $\overline{\omega_i}$ 归一化，得到1，计算公式为：

$$\omega_i = \frac{\overline{\omega_i}}{\sum_{j=1}^{n} \overline{\omega_i}}.$$

= [w_1, w_2, w_3, $\cdots$, w_n]T 为所求的特征向量。

计算最大特征值：

$$\lambda_{max} = \sum_{i=1}^{m} \frac{(AW)_i}{nw_i}.$$

性检验的步骤如下：

①计算公式为：

$$CI = \frac{\lambda_{max} - n}{n - 1}.$$

式中，n 为判断矩阵的阶数。

②计算平均随机一致性评价指标，用 RI 表示。

可以查表 3-10。

表 3-10　层次分析法平均随机一致性指标

指标数	1	2	3	4	5	6	7	8	9
RI	0.00	0.00	0.58	0.90	1.12	1.24	1.32	1.41	1.46

③计算一致性比率，用 CR 表示，计算公式为：

CR = CI/RI

其中，当 CR < 0.1 时，满足一致性检验；反之则不具有一致性，需进行调整至满足一致性检验。

④计算组合权重并做组合一致性检验

对最底层的组合权向量根据公式进行最终的一致性检验。

运用层次分析法简单明了，在评价指标体系中应用广泛，特别是在赋予指标权重过程中出现频繁。本书也正是基于此选取层次分析法。

2. 雷达分析法

层次分析法只能在高校的无形资产管理绩效中反映出每个评价指标的权重，进而将高校无形资产管理绩效的整体水平反映出来，这种方法无法反映出不同的高校及院系之间存在的差异以及影响，无法在政府部门制定相关政策以及高校改进管理制度方面提供可靠的依据。因此，可以采用雷达分析法评价高校管理无形资产的绩效，以便结合自身实际情况、相关政策以及考评偏重等方面调整指标的权重。

本节在利用雷达分析法的过程中，对负向关系的指标，即比值越大，效果越差。因此，对负相关的指标要全部转变为正向指标，即利用（1-X）转变为正相关。

克服每项指标的数值与参照值一一比较的片面性，站在整体的层面综合评价，不会顾此失彼。将实际值、标准值和先进水平值输入 Excel 表格，根据实际值在雷达图中所处的位置，为分析人员提供信息，据此提出需要改进的意见和建议。

雷达分析法的具体步骤：

第一步，搜集数据；

第二步，在 Excel 中输入实际数据；

第三步，在 Excel 中输入参考数据，即标准值和先进水平值；

第四步，计算指标对比值。需要注意当指标为负相关时，要与正相关指标进行区分，最好全部换为同向相关指标。

第五步，画出雷达图。

根据绘出的雷达图可以判断高校无形资产管理绩效所处的位置和水平，根据雷达图做出相关改进。雷达图得到的区域可以分为下面五种类型：

（1）全面发展型。全面发展型指通过雷达分析法得出的各项指标的实际值都呈现正增长状态，这也是所有人希望中的理想类型。这种类型说明该高校在教学、科研、管理、发展以及人才培养等方面均处于较高的水平，说明高校的资金充裕、管理合理、各项制度健全，有过硬的综合实力和充分的准备，能够从容抵抗市场危机。国家相关部门应在政策上做出积极的指导和扶持，适度倾斜各项资源，提升高校的资金使用效率，为高校培养更多优秀人才打下良好的基础，以便高校更专注地致力于办学方面，更好地服务于社会。

（2）发展潜力型。发展潜力型只有效率性的指标呈现负增长状态，其余各项指标的实际值皆处于正向增长状态，这种情况常见于运营时间较长的老牌高校以及一些二级学院，这类高校的教学科研水平都比较精良，培养人才方面的能力也比较出众，但存在部门设置不合理、职责不明、人员安排投闲置散、程序流程冗杂等问题，导致高校的管理效率低。造成这些问题的原因是高校的资源配置不合理、在发展的过程中没有合理、充分地发挥自身的优势。对于这一类型的高校，政府应着重引导和管理，激励该高校管理层向先进高校取经，学习管理经验提升自身运行效率，发挥自身优势获得更好的管理效果。

（3）积极发展型。积极发展性指使用雷达分析法得出的雷达图中，收益性指标呈负增长状态，而其他三项指标均为正向增长状态。这种情况与初成立的高校的情况比较符合，在新开设的专业院系中也较常见。这种类型的高校或院系在前期修建时通常要投入大量的资金，校内各种设施先进且质量稳定，但由于处于初步成立的阶段，还没有在社会形成自身的名声威望，教师资源匮乏、招生数量少、各项管理机制不健全。面对这些问题，学校的领导应带头做好宣传工作，引进其他知名高校的先进办学理念、经验和管理制度、办法等，聘请、引进优秀的科研教育人才和管理人才，提升教育科研的能力，集中力量发展优势专业和特色专业，以优势专业带动高校整体发展，进而加大推广、宣传力度，全面建设综合性的高等院校。

（4）稳妥发展型。稳妥发展性，即除成长性指标外其他各项指标的实际值均呈现正向发展状态的类型。这一类型的高校一般已运营了较长时间，与上述积极发展型的高校形成强烈对比，这种类型的高校存在管理模式落后、各方面发展停滞不前等问题，对高校的良好、持续、健康的发展有严重的消极影响。这类高校应积极创新，结合自身的优势和办学特点，结合借鉴发展势头良好的大学的管理经验，大力革新管理模式和制度，聘用高级管理人才和科研教育人才，实现高校全面、持续、健康的发展。

（5）发展衰败型。发展衰败型，即雷达图中四方面的指标实际值均为"–"。这类高校的所有指标均没有达到标准值，表明其教学、科研、师资、管理机制整体落后，学校发展后劲不足，不具备充足的条件让其拥有良好的发展前景，亟待改善、破除旧制、全面整顿。

三、高校资产管理绩效评价指标体系构建实例——以A高校为例

A高校为H省省属重点大学，是以理工科为办学特色的综合性大学。伴随着A高校招生的日益扩大，作为教学科研、人才培养的固定资产规模日益扩充，占有高校总资产的比例也逐渐上升。鉴于教育部明确要求提高高校固定资产的管理水平，A高校也逐渐探索适用于本校校情的资产管理体系。本部分将列举A高校资产管理的实际情况，以此为案例进行模糊综合评价的实证分析。

（一）确定隶属度

基于上文构建的固定资产管理绩效评价指标体系，由20位高校资产管理专家对A高校的固定资产管理绩效进行打分评价，按照德尔菲技术法的步骤逐级操作，可得评价因子对应评价集的隶属度，见表3-11。

表3-11 隶属度表

一级指标	二级指标	隶属度				
		很好	好	一般	差	很差
U1	U11	0.2	0.3	0.2	0.1	0
	U12	0.1	0.3	0.4	0.1	0.1
	U13	0.3	0.5	0.1	0.1	0

续 表

一级指标	二级指标	隶属度				
		很好	好	一般	差	很差
U2	U21	0.3	0.4	0.2	0.1	0
	U22	0.2	0.4	0.2	0.2	0
	U23	0.1	0.3	0.4	0.2	0
U3	U31	0.1	0.3	0.5	0.1	0
	U32	0.3	0.6	0	0.1	0
	U33	0	0.7	0.2	0.1	0
U4	U41	0.2	0.2	0.5	0.1	0
	U42	0.1	0.1	0.5	0.2	0.1
U5	U51	0.3	0.1	0.4	0.2	0
	U52	0.4	0.3	0.1	0.2	0

（二）单层次模糊综合评价

由表 3-6，可知 A 高校固定资产管理的评价因子权重向量：

$A_1 = (0.35, 0.27, 0.38)$

$A_2 = (0.31, 0.40, 0.29)$

$A_3 = (0.43, 0.28, 0.29)$

$A_4 = (0.47, 0.53)$

$A_5 = (0.48, 0.52)$

由表 3-11，得到各评价因子的模糊综合评价矩阵：

$$R_1 = \begin{bmatrix} 0.2 & 0.3 & 0.2 & 0.1 & 0 \\ 0.1 & 0.3 & 0.4 & 0.1 & 0.1 \\ 0.3 & 0.5 & 0.1 & 0.1 & 0 \end{bmatrix}.$$

模糊综合评价的计算模型 B = A。R，按照 A 高校固定资产管理的权重与隶属度，运用算子算法，先取小再取大，计算得出一级指标的评价向量：

$$B_1 = A_1 \circ R_1 = (0.35, 0.27, 0.38) \circ \begin{bmatrix} 0.2 & 0.3 & 0.2 & 0.1 & 0 \\ 0.1 & 0.3 & 0.4 & 0.1 & 0.1 \\ 0.3 & 0.5 & 0.1 & 0.1 & 0 \end{bmatrix} = (0.3, 0.38, 0.27, 0.1, 0.1).$$

可得：

$B_1 = (0.3, 0.4, 0.29, 0.2, 0)$
$B_2 = (0.28, 0.3, 0.43, 0.1, 0)$
$B_3 = (0.28, 0.3, 0.43, 0.1, 0)$
$B_4 = (0.2, 0.2, 0.5, 0.2, 0.1)$
$B_5 = (0.4, 0.3, 0.4, 0.2, 0)$

（三）双层次模糊综合评价

运用模糊算子算法，依据A高校固定资产管理绩效综合评价的评语集｛很好，好，一般，差，很差｝，计算得出评价向量 B^*，即：

$$B^* = A^* \circ B^* = (0.27, 0.21, 0.16, 0.24, 0.12) \circ \begin{bmatrix} 0.3 & 0.38 & 0.27 & 0.1 & 0.1 \\ 0.3 & 0.4 & 0.29 & 0.2 & 0 \\ 0.28 & 0.3 & 0.43 & 0.1 & 0 \\ 0.2 & 0.2 & 0.5 & 0.2 & 0.1 \\ 0.4 & 0.3 & 0.4 & 0.2 & 0 \end{bmatrix}$$

$= (0.285, 0.319, 0.371, 0.157, 0.051)$.

最大隶属度原则，立足于A高校的实际，明确得出A高校固定资产管理绩效的评价向量MAX（0.285，0.319，0.371，0.157，0.051）＝0.371，因此A高校固定资产管理绩效的模糊综合评价等级为"很好"。

依据可量化的评分集计算，把评分值为C＝（100，80，60，40，20）代入评价向量，则可计算得出A高校固定资产管理绩效的模糊综合评价得分，即：

$Z = B^* \circ C^L = 0.285 \times 100 + 0.319 \times 80 + 0.371 \times 60 + 0.157 \times 40 + 0.051 \times 20 = 83.58$．

（四）结论与讨论

根据上述A高校在固定资产管理绩效方面获取的模糊综合评价的分析结果来看，能够分析出A校固定资产的管理水平"较好"。进一步分析出A高校的优点是结合自身实际情况积极探索有效的固定资产管理模式，将A高校存在资产的保障能力不足、运行效益不高、资产结构配置不合理、忽略了人才培养、对外部的影响评分低等一系列问题显露出来，为高校的固定资产管理工作发出了预警，因此，高校需要对内重视资产结构的优化，抓紧一切可用资源培养人才，对外采取各种措施提升高校在社会环境中的公信力度和影响力度，提升高校的管理绩效，达到社会认可、公众满意的程度。

首先，高校应整合固定资产并优化其结构，这关系着固定资产是否能够实现保值增值或为高校带来更大的收益，是否能够推动高校整体教育事业的繁荣发展。分析高校该评价指标体系可知，A高校的负债占全部资产的比重较大，资产结构不合理的现象非常严重，进而反映出高校存在"赤字财政"这一问题。

随着高校办学规模的不断扩大，高校的建设事业迅速展开，进一步加剧了资源的闲置和浪费，固定资产的结构和配置不合理的问题日益凸显。由此，站在权变理论以及委托代理理论的角度，高校应尽早改革固定资产的结构配置方案，优化资源的分配情况，组建专业的固定资产管理队伍，建立完善的资产管理制度和总会计师制度，加以科学的手段进行管理，尽早落实高校固定资产的结构优化，保障高校的固定资源能够保值增值。

其次，人才培养是高校的本职工作，更是高校得以持续发展的根本所在。然而，实际上，高校培养人才的成本和该校毕业生的就业率相比比例严重失调，间接地映射出高校教育体制存在的异常，这说明该高校对人才培养、教育教学的定位不够精准。高等教育关乎国计民生，在人才培养、科研教学、思想政治等方面具备重要的职能，这种教育职能与国家的发展、社会的稳定以及民族的振兴息息相关，无法被其他社会组织或团体代替。高等教育是国家科教兴国、文化强国战略的重要堡垒，直接影响着未来社会的发展和变化。因此，高校必须重视在人才培养上的固定资产管理绩效，为学生的全面发展提供良好的物质保障。

高校固定资产管理绩效评价指标体系建设的目的，就是获取模糊综合评价和管理绩效的数据信息并分析，了解高校实际对固定资产的管理水平，并从评价反馈的信息中分析出高校在管理固定资产方面的不足之处，以及时采取有效的补救方案，找到能够有效提高管理绩效的路径。实施权变管理，推动高校改革固定资产的组成结构、协同配置以及资源共享等，吸收借鉴现代企业先进成熟的管理理念和经验，建立现代化的财务管理体制和总会计师制度，培养创新型、科技型财务管理人才，壮大现有人才梯队，整体提升管理人员的专业性，使高校固定资产得到妥善管理，保证固定资产能够最大限度为高校产生收益，稳定保值且有升值空间，有效减少和消除国有资产的浪费和闲置，实现高校的良性运营。

高校在研究固定资产的绩效评估时，通常着重考虑高校的资产运行方式和实际状态，将评价指标体系视为重点研究对象，使用先进、科学的手段，从整体层面观测绩效评估管理工作的动态流程。在绩效评估的过程中，考核标准、指标属性以及权重分配都是重要的考评手段，能够全面客观地考察评估主体。而其考评的目标，能够客观地体现出高校在固定资产管理方面的实际情况以及绩效评估达到的效果，获取对高校资产管理水平、能力以及产生效果的真实反馈和评价，促进完善可行的约束机制和激励手段尽早形成，进而提升高校的管理水平和办学水平，保障高校教育事业全面、顺利的发展，实现高校可持续发展。

第四章 高校成本管理研究

高校的成本管理工作是整个财务管理工作中的重心，也是本书的研究重点。成本管理工作主要围绕高校成本核算工作、高校成本控制工作展开。本章将从这两个角度对成本管理工作做深入研究，不仅要细致地探明成本管理工作中的研究与方法，还要对现有的方法做深入的理论分析与方式扩展，提出将作业成本法应用于成本管理工作中的实际方案。

第一节 高校成本管理概述

一、高等学校的社会定位

现在我国的组织分为非营利性的组织和营利性的组织两种。其中营利组织是为了获取利益而成立的组织，它的目的是为了让其获得的利益或回报最大化。非营利组织根据其所包含的领域可分为两种：广义的非营利组织和狭义的营利组织。广义的非营利组织是社会组织不包括企业组织，而狭义的非营利组织是除了政府部门之外的组织。而和我国的实际情况相结合，再经过美国财务会计准则委员会和美国会计学会以及其他国际会计学术组织和行业协会的研究，来从下面几个方面来分析非营利组织的特征：

（1）它的产品是公益性的或准公共产品，它的服务是整体性的服务，不但包括某个社团，而且还是某个行政区域，甚至是由全部的国民组成的。

（2）和营利组织最大的不同就是它不管是提供产品还是服务都是非营利性质的。营利组织的最基本的目的是为了获取额外的收益而提供的产品或服务，而非营利组织是其所提供的产品或服务是非营利性质的，也就是说它是全体利益出发的，而不是以盈利作为其目的。其提供的服务是不收费或收取一点成本费。这是营利组织和非营利组织最大的不同。

（3）这种服务的目的不是为了获取回报。非营利组织在运行中所需的资金主要来源于政府拨款、社会捐赠等方面，所以在运作的时候没有回报要求，也没有经济上的收益。

（4）非营利组织的管理者是要承担一定的责任的，而且在财产方面是受制于提供者的。而作为非营利组织的资金大部分来自政府或捐赠者，所以管理者一般要负经济责任，要详细记录下它的资产的运作方式和处理方式，使得资财的委托人能够履行其相应的经济责任并进行考核和评价。

（5）非营利组织财务报告不提供财务业绩信息。非营利组织是要对各种财务收支状况和其需履行的责任进行确认、记录、计量和报告。非营利组织的财务资源因为不是出资人投入的，所以不存在所有者的权益要素的问题。同时，出资人不要求经济上的回报，所以没有利润的计量，在会计要素中不存在利润要素。也就是说它提供的财务报告大都是反映财政状况、出资人的财产收入等，没有经营状况和财务成果等方面的报告内容。

对于非营利组织的上述特征，是符合高校的产品属性、产品的消费特征和高校的教育服务等方面的内容，在我国高校是非营利性的组织，这是和世界各国关于高等院校的社会定位是统一的。

二、高等学校教育成本的分类

按照高等学校中教育成本和学校支出间的关系，和高等学校的支出分类进行比较，高等学校的教育成本包括：教育成本是以教育成本中的每项支出作为基础，分为科研成本、行政成本、教辅成本等五项。

（一）教学成本

教学成本是指高等院校在提供教育服务时在其所从事的教学活动中的所有支出，这是和高等学校中的教学支出保持一致的。但是不包括非学历教育等的教学支出，所以没有包含在高等学校教育成本核算范围内的教育是不应该算在教育成本支出中的。教学活动是高等学校活动中最基本的，透过教学成本，能看出在高等院校中，其所提供的教育服务中所耗费的教学水准，从而分析出其资源耗费的多少。

（二）科研成本

科研成本是指高等院校的科研机构、国家和省部级单位组织的科研课题以及自费组织的科研课题等方面的支出。高等院校的科研活动是很复杂的，有的是专门为了教学服务而展开的科研活动，其目的是为了提高教学质量而不得不自己筹措经费；有的是技术转让、技术咨询而展开的科研项目，比如科技产品的开发和研制等；有的是国家和省部级单位的重点项目而展开的科研活动，比如社会科学基金项目、"973"项目、"863"项目等；有的是针对某些单位的特定问题而展开的科研活动。总之，高等院校的教学成本指的是拨给教学、国家和省级的重大项目等方面的支出；而其他的支出比如技术转让、科技咨询等过程中所产生的科研支出就不属于高等学校的教育成本。

（三）教辅成本

教辅成本是指教学辅助部门比如网络中心、图书馆和电教中心等所产生的各种支出。

（四）行政成本

行政成本是在高等院校中，随着学校的教研活动在行政管理部门中进行正常运转活动的各种费用的支出。虽然这部分的支出和成本的核算对象间的关系是不能明确规定的，但是这属于高等院校中其教育服务不可或缺的那部分支出，所以也属于高等院校的教育成本。

（五）学生成本

学生成本指的是高等院校发放给学生的助学金、奖学金等支出费用。对于这部分的支出是不是高等院校的教育成本，现阶段的观点分为两种；一种认为学生的经济上的帮助是转移支付中的一种，学生获取后主要是用在学习和生活中，这是用于抵扣学生的收费方面的支出，是折扣性质，不是教育成本的构成项目，所以要从教育成本中扣除掉，这部分支出不属于教育成本；另一种认为学校给学生提供的经济上的资助是建立在学生的优良品质基础上的，而对于因为培养学生的优秀品质而产生的必要支出等是教育中所必须要有的一种投入方式，所以，这部分的经济资助应该是属于高等学校的教育成本。对于上述两种观点，笔者比较赞同第二种观点，认为经济资助的虽然是学生个人，但是在高等院校，这部分支出是高等院校经济利益的支出部分，在核算其高等学校的教育成本时，是本应该计算到高等院校的教育成本中。上述五个成本项目所耗费的成本是完成成本中的范畴，指的是核算对象的直接成本和成本核算期内的各成本核算对象所产生的间接成本。在高等院校中，教育成本是和工业制造中的一般产品成本核算方式不同，其区别主要是算不算核算期间所产生的费用。在高等院校教育成本的核算主要是为了算出各成本核算对象所耗费的水准，而不是收入配比。所以，在对高等院校的教育成本进行核算的时候，要在期间费用的支出中，加入和制造业产品成本相类似的那部分支出。

三、高等学校教育成本项目的设置

高等学校教育成本项目的设置中，依照教育成本的支出，把其分为五个项目是较为合适的，具体包括人员经费成本、公用经费成本、对个人和家庭的补助成本等成本方式。

（一）人员经费成本

高校为在职人员支付的比如基本工资、补助工资、职工福利等在内的工资性支出。

（二）公用经费成本

高校所提供的各种日常运作和管理中所产生的费用和支出等。包括水电费、办公费、取暖费、印刷费、体育用品购置费等，其目的是为高校提供教育服务。

（三）资本性成本

资本性成本是指固定资产的折旧费用。折旧是指在规定年限内按照固定的方法来对固定资产的折旧额进行费用的系统分摊。固定资产所计算的折旧额指的是它的成本，在规定资产折旧的时候是不要把净残值计算在内的。政府的会计主体是在计提暂估入账的固定资产进行折旧时，确定好实际成本后就行，对于过去已计提的折旧额不需要进行调整。按照目前的《政府会计准则》，下面的各项固定资产没有计提折旧：①文物和陈列品；②动植物；③图书、档案；④单独进行价格入账后的土地；⑤以名义金额所计算出的固定资产。

（四）对个人和家庭的补助成本

指的是高等院校发放给个人的各种补贴，比如生活补助、住房补贴、医疗费、助学金等。

（五）其他成本

除上述各项成本之外，还有和教育服务相关的其他支出，比如养老保险支出、高校的隐性支出等。

第二节　高校成本核算

一、高等教育成本的核算

（一）高等教育成本核算的含义

成本核算，是指单位为了实现其职能目标而所产生的各种费用，指的是根据所确定的成本核算对象和成本项目来对成本核算对象的总成本、单位成本等进行分配、归集和计算，并提供给相关使用者其成本信息等[1]。高等教育成本

---

[1] 节选自财政部印发的《关于印发〈事业单位成本核算基本指引〉的通知》（财会〔2019〕25号）。

核算的组成具体包括下面两部分：一是其成本开支，包括各种费用，并对为培养学生而发生的费用进行计算；二是依照成本核算的对象，通过一定的方式来计算高校的生均教育成本和教育总成本。

高校教育采用的是产业运作模式，所以在成本核算的时候，是高校在政府和市场共同作用下所必须进行的一个环节。因为高校为了提高自身的产业经济属性，以便更好地运作和管理，就要在展开各种高校教育活动时要引进先进的教育管理理念，要深入研究市场，分析高校的投入和产出，进行成本核算等，来让高校能有效提高管理效益。高校是事业单位，以人才的培养作为其中心，这是不同于企业的产品生产的，但是两者是由共同点的，就是都有投入和产出，所需的资源很多。所以，在市场条件下通过高校的教育成本的核算，能帮助微观办学和教育的宏观管理。

（二）高等教育成本核算的基础

高等教育成本核算是以权责发生制的财务会计数据作为基础的，为了满足成本核算的需求，有必要设置财务会计的科目明细和在辅助核算时进行成本核算。

高等教育不是为了营利而设置的，主要是为社会培养了素质高、有一定专业技能的人才输送，它在运作和管理中所需的资金是和政府的支助有关。所以要把握好各部门的预算，了解教育经费的使用情况等，通过高校的权责发生制得到想要的结果。所以，在高校现阶段主要是采用权责发生制，权责发生制是我国财政管理改革的进一步推进，有利于提高高等学校的财政管理水平。我国的政府采购在不断地扩大其采购规模和采购范围，并且不再是一般商品的采购和服务方式，而是转向工程采购。而在采购大宗项目时常会发生跨年度的情况，在实现收付相抵的情况下，对于那些当期发生但未支付的部分，会存在着预算的资金和实际情况不相符的情况。而采用权责制则可避免上述问题的产生，是一种更科学而合理的核算政府资金采购的办法。而且，通过权责发生制，能准确地反映其应付未付和应收未收的收支信息，有利于高校加强现金流的预测，提供给高校及时而可靠的信息，帮助高校管理好现金。

（三）高校教育成本核算的基本原则

该校在核算教育成本的时候，要严格遵循《事业单位成本核算基本指引》，具体包括下面几个原则：

（1）相关性原则。单位在选择成本核算的对象、对分配等成本进行归集和整理，提供相关的成本信息的时候要满足其要求，这样能帮助成本信息的使用者在使用成本信息时能作出其相关的评价或决策。

（2）可靠性原则。单位在成本核算中，对于实际中所产生的经济业务或事项作为依据时，要保证成本信息的真实性、可靠性，保证内容的完整性。

（3）适应性原则。单位在成本核算的过程中，要保证其和单位的行业特点、特定的成本信息需求一致。

（4）及时性原则。单位在收集、处理、传递和报告成本信息时要做到及时有效，这样方便信息使用者能够及时进行评价或作出相应的决策。

（5）可比性原则。同一单位在不同时期、相同的行业在不同单位，关于相同或相似的成本进行对象的核算时所采用的成本核算法和依据等要是统一的，要保证成本信息之间具有可比性。

（6）重要性原则。单位在选择成本核算对象，对其进行成本的核算时要分清楚哪些是重要的，哪些是次要的，对于重要的成本核算对象和成本项目时，要保证成本信息的准确性，对于次要的成本核算对象和成本项目，要适当地进行核算简化。

（四）高等教育成本核算的基本内容

教育成本的核算和高校的经费支出并不是一个概念。教育成本核算也不同于一般的成本核算，和高校的日常支出核算也存在着区别。究其原因，发现高校的教育经费支出不但包括教育培养方面的，也包括离退休人员的工资等，他们在教学中不承担教育的任务，所以原则上他们的工资应该计入教育成本中。

1. 确定教育成本核算对象

教育成本的核算对象是其费用归集后的对象。还包括耗费教育资源后的受益者。

2. 确定教育成本核算期限

成本核算期限要保持和"产品"的生产周期一致。也就是人才的培养周期由学制来确定，所以人才培养成本的核算期限就是学制年限。这个过程一般较长，如认为这是人才培养的唯一成本核算期限，对于成本的加强控制是不利的。所以，要结合高校的学期、学年活动综合考虑，在核算成本的期限时要以学期或学年作为标准。

3. 确定教育成本开支范围

教育成本核算是指归集费用并分配费用。要想正确做到上述要点，就要执行权责发生制，即谁受益谁承担的原则来规划好费用的归属期，并且分担到每个受益对象。只要支付本期成本所需的费用，但是不能计入本期成本中，各成本对象的费用管理是根据成本受益原则来分摊每个成本对象是不是有益和受益了多少。依据的原则是受益者分担成本，未受益者不承担成本，并且受益越多其承担的责任就越多。具体分为四种费用界限：

（1）划清费用的界限，确定成本开支范围。在核算教育成本的时候，先要确定好教育成本的本质，来确定好高校所产生的各种开支是不是包含在教育费用中，要不要计算在教育成本中。

（2）区分资本性支出费用和收益性支出费用。在高校的支出费用中，经常性项目的支出比如办学中人员的费用和公用费用等就属于收益性支出；而因为固定资产、无形资产等长期资产而产生费用支出等就是资本性支出。

（3）区分哪些要计入教育成本和哪些不要应计入教育成本的费用。高校各项费用的支出指的是科研支出、基建支出和教学费用支出等。而在高校的资源中，教育成本指的是培养学生所用掉的资源。

（4）区分哪些费用应纳入本期教育成本和哪些费用不应纳入本期教育成本。根据权责发生制的需求来确定好时期和费用。时期不同，所需的费用也存在着差异。在采用权责发生制的时候，要明确经费发生时的受益期具体是指什么，采用的是"谁受益谁承担"的原则来分摊费用，从而让高校人才的培养成本科学化。

（5）区别各成本对象之间的不同费用。根据各专业、各年级学生的教育成本，依据受益原则来划分好各成本对象间的教育成本费用。

4. 登记教育成本费用明细账

对于每个教育成本对象所拥有的成本，一般都要对它的明细进行核算、分类。在核算教育成本时，根据不同类型的费用，对成本核算对象实行明细的成本分类，再选择正确的会计科目和记账方法，分门别类地记录，并要求数据全面而真实，能反映高校教育成本的实际支出，并计算出成本对象的成本。

二、高等教育成本的计量

要提高办学经费的效益，就要在不同成本的核算中找到其内在的需求，在对高等成本进行计算的过程中，来确定好学费和政府的补助标准。

（一）高等教育成本计量的特点

高等教育成本在计算中是存在一定的模糊性的，具体表现为：

1. 成本构成项目的模糊性

对于教育经费的支出，哪些应纳入成本范畴，哪些不应纳入。目前仍未有教科书式的定论。

2. 成本计算数额的模糊性

因为计算方法不一致，分配的标准具有不确定性，使得这些项目很难在支出的计算中确定其成本数额。比如高校的科研具有双重性：为教学服务和为社会服务。而教学成本的金额的具体数目还需具体分析。

3. 成本标准的模糊性

在合格人才的培养过程中，其标准是不具体的，也不统一的，所以学生的培养在其硬件设施和软件设施上不具有一致性，在学生的培养汇总，其成本的标准和成本之间的界限也不明显。

4. 共同费用分摊的模糊性

高等教育活动具有协调能力较强，教育资源的共享程度高的特征，因此其共同性支出占有很高的比重，这样和物质生产企业相比较，教育成本的核算过程要复杂得多，比如共同性费用支出包括图书资料、体育设施等，它是不是合理而科学的分摊会对其成本的计算产生影响。

（二）高等教育成本计量的方法

1. 教育成本计量范围

《政府会计制度》把费用类的科目分为八种："业务活动费用""经营费用""资产处置费用""单位管理费用""对附属单位补助费用""所得税费用""其他费用"等。其中，"单位管理费用"科目虽然和高校的教学、科研活动等有关系，但是因为它是管理活动，是属于期间费用中的一种，不应划入教育成本中加以计算，比如"上缴上级费用""对附属单位补助费用""资产处置费用""其他费用"等科目的核算范围和高校的教育科研项目关系不大，也不需要计入教育成本中。"业务活动费用"科目的核算单位是为了其职能目标的实现，而所展开的专业性活动和其他辅助活动，并由此而生产的费用，其是由高校在教学、科研等项目的开展中所产生的费用组成，和高校的教育成本的核算范围是相统一的。

2. 教育成本计量对象

高校教育成本核算的对象是在校学生，即教学科研的服务对象。根据其入学的年度、专业、学历层次（专科、本科、硕士、博士）等来进行划分。对于年级不同、学历不同、专业不同，其所消耗的教育资源也具有很大的区别。所以综合这些因素得知高校教育的成本核算对象是某学年某专业某层次学生。

3. 计量科目设置

基本的教育成本项目主要是由科研费用、教学费用、学生的管理费用等组成，是属于二级明细会计科目。而辅助成本核算科目则是指用于经济类的教育成本核算对象，包括商品和服务费用、工资福利费用、固定资产折旧费、个人和家庭的补助费用等。

4. 教育成本计量程序

计量程序的步骤具体是指以下几个方面：

（1）在教学科研活动中，经济业务相关的费用是列入二级科目中，用途列入经济用途的辅助科目中，部门是列入核算对象的辅助科目中。

（2）根据用途和性质的不同，根据不同的分配标准把教辅助单位费用分配到相关的教学单位中，其中，分配后的教辅助单位费用余额应该是零。

（3）在公共教学单位中依照公共教学单位的服务对象和服务工作量的不同来进行分配，分配后的公共教学单位费用余额应该是零。

（4）在公共课的服务对象上依据服务量的多少来分配专业教学单位的费用。

（5）在学院内的各专业间进行各学院的费用分配，依据课时、学生的人数来进行，其分配后各学院的费用余额就没有了。

（6）各专业的费用按照专、本、硕、博等教育层次不同和学生的人数不同，分配给层次不同的学生。

（7）计算出专业不同、层次不同的学生，其总教育成本和人均教育成本是不同的。

按照上述成本的核算程序，费用是根据其费用总额来进行归集的，从而来算出人均费用的数值；如根据二级科目来进行归集，或依照经济的不同用途来归集，这就能计算出人均二级科目的费用或人均某个经济用途的科目费用数值。

第三节　高校成本控制

高等教育成本管理是高校在实现成本目标的时候所遵循的成本控制原则。其目的是控制好教育成本，提高教育经费的利用率，让学校能够出更多的人才，出更好的人才。教育成本管理是学校在运作中，预测、计划、核算和评估教育成本，实现人力资源最合理化、让物质和资金的社会效益和经济效益最大化，这是一种科学的管理方法。其中，在高校经济活动控制中，成本控制是最基本的，也是现代成本管理中最重要的内容，长期存在于经济业务的管理中。在控制成本的时候，以成本管理制度为基本遵循，以院、系或部门来作为成本责任中心，完成调节、约束责任中心的可控成本的整个过程，并及时进行纠正，保证成本计划顺利有效地实施。

一、高等教育成本控制概述

(一) 高等教育成本控制的含义

"控制"又被称为掌握和限制。美国旧金山大学国际管理和行为学教授海因茨·韦里克曾提出,在管理学中,为了保证企业的目标和根据目标所制定的计划能够实施,有必要对绩效进行纠正和衡量。在经济学中,国学者陈元曾说过,控制是指根据某种条件和预设的目标,来对某个事件或过程施加影响,让其完成预订的目标,而发起的一种组织性的行为。或者是系统对某种信息进行交换、处理或传递,并发出相应的指令,调节其他系统,促使它稳定发展,并保证根据预订的目标来完成相应的任务。罗绍德也提出在企业的经营过程中,根据已知的成本目标,来严格控制、分析、计算产品的产品成本,包括生产成本和管理费用,发现实际成本、目标和费用之间的不同,进而采取有效的方式来保证产品的成本和经营管理费用,保证它在一个合理的范围内。

一般认为,高等教育成本控制是指高校管理者通过预算的方式来规划、调节各种教育成本,以此保证学生的实际经济利益和教学、管理和科研等活动能够有效进行。如果成本控制得当,能够实现物尽其用,保证高校资金的高效运作,达到事半功倍的效果,反之,如果成本控制不当,会造成资金浪费,不利于高等教育健康有序的发展。

(二) 高等教育成本控制的内容

成本的控制是个系统化的过程,其主要分为下面三部分内容:

(1) 事前成本控制。事前成本控制即成本计划控制,指的是以科学的方式来制定成本计划,保证对运作的结果实施目标管理,主要是以预算的手段来完成的。成本计划是以成本预测作为其基础,依照学校的办学目标、实际情况和相关历史资料,以科学的方式预测各个项目的成本,编制成本计划。其主要是从对人力、物力和财力的优化配置入手的。

(2) 事中成本控制。在成本管理中重点加强教育管理中的成本控制,保证每个阶段都能运作好成本管理,也就是做好事中成本控制。一般来说,采用的是下面四种方法。一是计划分解,控制好每个部门、岗位的成本,控制好每个时段和环节的成本,让部门领导和教职工能明确它的意义,认识到成本管理和本身的利益有关;二是搞好日报、月报或旬报等的报表分析;三是例行检查;四是日常信息间的沟通。

(3) 事后成本控制。事后成本控制是采用成本分析法,来评价和分析财务报表,考核其他渠道的信息,定期或定项地来分析问题,总结问题,找出其存在的原因并给出相应的对策和建议。控制措施的提出是在结果执行后和计划有偏差的情况下提出的。根据偏差的大小和能力的范围的控制的大小，控制措施可分为两种：一是改变预定目标来控制偏差；二是投入一定的质量、标准和数量，来提高系统对人、财、物、信息等的掌控力，满足成本的目标需求。

（三）高等教育成本控制的原则

（1）重视人才培养质量。在高校采取控制成本的方式，是更好地运用高校资金，让其在人才的培养和教育中得到有效运用。在高等教育的成本控制中，不能只追求成本，更要保证人才的数量和质量。高校要控制好行政成本和所产生的额外费用，努力提升整体素质，向社会输送人才。让教育的成本得到真正的控制，保证高等教育活动良性运行，不断提高教育质量。

（2）全面成本管理。要培养高校学生的成本节约意识，尽量减少教育活动中的不必要开支和提升教育成本效益。这项活动需要所有部门和人员的共同努力，而不只是某个部门、某个人需要关注的事情，其目的是提高每个环节的成本效益，实现教育成本整体效益提升。所以，为了达成这个目的，高校应设立分级归口管理，安排专人负责，而且还要分门别类，在相应的职能部门分配相关的业务，形成教育成本管理体系，来从横向和纵向两方面来控制好成本，提高成本的利用率。

（3）效益最优。高等教育成本控制要求综合社会效益和经济效益。因为教育的准公共产品性，很多人认为，高校的效益仅是社会效益，高校如要追求经济效益，就会和其宗旨相背离，也会给学生带来教育权利上的不平衡，高校功利性会日趋严重。但是实施起来的效果是不一样的。高校要发挥经济效益，虽不以营利为目的，但要求经济效益的最大化。如高校继续如此，那么高校的社会化效益就是空谈。所以高校成本的控制，是从经济效益开始的，最后实现的是高校的社会效益最大化。

（4）例外管理。例外管理是西方国家的企业在管理中常使用的一种方法。在控制高校的教育成本的过程中，通过例外管理法，要想把成本做到详略得当、有所侧重，就要先解决高等教育成本中的例外现象，如果什么事都一成不变，就会形成低效的管理。高等教育成本控制中的"例外"问题分为：一是成本的实际消费和预算间存在着差别；二是高校需有一定的支出费用，比如某些教学仪器的购买等；三是和学校的办学质量有关，比如引进教师的成本、新学科的筹建成本等；四是高校中一些性质特殊事项的支出，比如高学费问题的应对，高校高额贷款的偿还等。

二、高等教育成本的考评及分析

(一) 目标成本制度下的教育成本绩效考评

为了提高教育资源的利用率，实现有限资金发挥最大效益，高校不但要制定科学的成本管理目标，而且还要制定合理的成本控制制度。如何做好定期的成本绩效考核在目前成本控制领域中是一项重要的内容。

1. 岗位成本目标的制定

高等教育成本的控制中，最主要的是制定每个岗位的成本目标。而成本控制的方向和所消耗的资源在制定成本目标的时候，是要遵循常态化的操作的，常态性指的是既要考虑在正常条件下所制定的目标，而且还要保证目标制定后的稳定性。高校的成本目标在制定中需遵循下面的程序：

测算全年的教育经费来源，也就是可用来支配的经费额度。根据高校各项目能够实现的稳定收入汇总测算本年度学校的总收入，减去在学校基建投资和其他与教育活动无关的各种开支，得到的结果就是下一年的教育活动的经费总额。

测算全年目标成本总金额。高校根据招生规模的大小先算出学校总共有多少名在校生。接着，算出师生比和教职工的报酬，不包括离退休人员、专职研究人员和服务人员。最后，再确定生均人员经费支出。同理算出生均业务费的支出、耗费的成本、公务费的支出和修缮费支出等。

其中，如何计算生均公务费的支出还包括下面两个步骤。

第一，根据过去运作的情况来把公务费按照某个比例分为管理用生均公务费支出和教学用生均公务费支出。

第二，依照某种比例把管理用的生均公务费的支出分摊到每项教务活动中，这个费用就是生均管理的成本。

根据成本项目的构成来对上述费用进行汇总后得出生均教育成本和全校的教育总成本。全校教育总成本与全年可安排的教学活动总经费两者间如存在差异，可通过调整上述各生均经费指标解决。通过这种方法继而算出下年全校教育活动的总目标成本，也就是下一年全校教育活动的成本所能达到的最高的额度。

经层层分解后所得到的全年目标总成本。具体包括：学校经预算来对下半年的教育成本总目标进行分解，在每个职能部门得到合理的运用；然后再根据年度任务的不同下发到每个学院和每个部门；最后，在学院的分配下，具体到每个岗位，再根据其人数，和误差修正值进行有效结合，以确定成本目标的具体数额。

正如上面所描述的，根据高校教育成本的计量特点制定出目标是十分困难的，所以高校会把成本的总目标分解为每个岗位的具体成本目标，并认真对待。

在制定目标的过程中，要做到下面两点：第一，在技术方法上采用的是直接制定目标和依据目标的利润来进行制定的双重办法，而不只是直接制定目标的方法。第二，保证在制定目标的过程中的专业性和群众性。在参与的各个部门中，一般是从财务部门开始，选派教学、科研、人事等相关部门的人员参与，因为这些人员很熟悉教育成本。

2. 教育成本控制绩效的考核与评估

成本考核是指定期测试成本目标并加以总结、归纳，来帮助各个岗位完成成本的控制，提高目标成本的控制水准。目标成本的考核必须落实好责任制，来完成对成本考核的结果分析和评估，得出评价结论。一般来说，在考核各岗位的时候没有什么难度，但是却存在着考核后的绩效该如何进行评价的困难。究其原因是考核的目标不只是降低成本，而更多的是提高教育的效益。但是成本和效益不是正相关关系，也就是说降低成本不等于就一定会提高效益。而且高校的教育成本在绩效的控制方面不像企业那样容易处理，评价起来更加困难。高校的产出也是为其教育而服务的，产出指标中不但有经济指标，更多的是教育指标，如只是照抄企业的做法，把教育指标弱化，这就容易形成很大的误差。

用模糊数法来评价高校的教育成本绩效，模糊数学在处理数据的评估过程中包括定量指标和定性指标两种，这种方式也被称为"模糊综合评估法"。模糊综合评估法是根据专业性和群众性成立专门的小组来进行管理，其次，由专业的小组根据成本评估指标和权重来提出相关的建议，在他们的帮助下建立指标体系，最后要对教育成本的责任制进行具体安排，计算出其成本，并对结果综合进行评估。在计算当中，要对指标体系的最低层次项目进行模糊评估方式，然后一步步往上走，直到得到模糊综合评估的上级指标，计算出综合评估值。

（二）高校办学效益分析

1. 高校办学效益分析的基本原理

按照现代经济学理论，高校的功能性和实用性是和外部特征密切相连的。这表现为以正向的外部特征，来形成以点到面的过程，通过非排斥性功能，来满足社会的偏好，向社会提供高素质的人才，进而促进经济的共同发展；同时，也要克服负向的外部性特征，和社会的不同偏好保持平衡，避免市场出现错误，保持社会正义和公平。而且高校是资源配置的最佳场所，要获取个人关于公共物品和外部偏好的相关信息，减少交易成本和谈判的标准，也就是说高校的产出是从社会的整个教育总成本出发，在处理社会的外部关系中减少社会成本。高校的成本本质上也是要理顺好教育中的直接成本和间接成本、业务成本和非业务成本、必要成本和顺带成本间的关系。在这些关系的处理中形成制度，达到规范其行为，约束其权力的目的，有效防止资源浪费。

2. 高校办学效益分析的方法

（1）基于平衡计分卡的高校绩效评价。平衡计分卡（The Balanced Score Card，BSC）是美国哈佛商学院的罗伯特•S•卡普兰和诺朗诺顿教授于1992年在《哈佛商业评论》上发表的文章中所提出的一个重要概念。这种方法和以往的绩效评估方法不同的地方在于其分为四个方面，财务、内部业务流程、顾客、创新和学习。这和过去的重财务理念不同，该方法要从三个重要的群体利益出发来实施战略的布局。国外的很多大学也在绩效评价中运用了平衡记分卡，比如在美国的加州大学、康奈尔大学和华盛顿大学等实施平衡记分卡来保证大学的管理更加有效。

平衡记分卡是一种新型绩效管理工具，用于衡量组织的战略目标，区分其可操作的目标和目标值间的关系。在平衡计分卡的基础上所建立起的这四个目标，有很多数据是不能轻易察觉到的，而是以问卷调查的方式来获取的，这就难以保证它的真实性。这从高等院校来考虑，可以看出平衡记分卡的四个维度是能细化的，但是不同于企业，高校的目标是保证最大化的办学效益。

（2）基于DEA的高校绩效评价。DEA思想首先是由W.W. Cooper、A. Charnes和E. Rhodes提出的，又叫数据包络分析（Data Envelopment Analysis，DEA），是从投入还是产出来查看所评价的决策单位的有序性。DEA有很多种模型，其中主要包括BCC模型和CCR模型。

DEA模型在我国的高校使用有很长一段时间了，是以DEA模型的建立来分析投入和产出的，进而看其是不是具有高效性。很多学者在运用DEA时没有意识到评价单元是指标总和的两倍，设置了过多的指标，而对单元的评价却过小，这就对评价的准确性产生了一定的影响。DEA方法的所有模型分为投入型和产出型两种，根据导向的不同而产生不同的效果。但是很多学者没有意识到模型导向的选择的问题，没有进行分析和评价，而只是用投入导向模型来计算，而没有从实际出发，这就让计算结果错误连连。DEA模型不能有效和DEA区分，这时DEA超效率模型就应运而生了。

（3）基于标杆管理的高校绩效评价。标杆管理法是1979年美国的施乐公司提出的，后来经系统的规范化标准来形成理论体系，从而让整个评价过程更加地系统化、持续化，通过把企业的管理流程和世界上的先进企业进行比较后得出持续的、优化的、全面地信息。而对于标杆管理法，很多组织发表了报告和文章，关于标杆管理的说法不同，这时所得到的标杆管理的案例结果也是有差异的。

在我国的高等教育中，曾盛行过标杆管理，很多专家和学者也发表了一些具有建设性的文章。比如王玉蕾所执行的澳大利亚高等教育标杆管理；张玉岩通过标杆法来进行的竞争力实证评价研究，王慧英在我国的高等院校实行的标杆管理理论等。高校都是通过标杆管理法将学校的流程，和世界上的高等学府相比较，帮助高校的学生改进绩效信息，通过持续评估法和比较法来发现自己的不足进行完善。

（4）基于360°反馈绩效评估法的高校绩效评价。360°反馈绩效评估法，是20世纪80年代美国的学者艾文和艾德沃兹提出的，其表明在某些企业组织中的管理和研究来构建一个叫作360°的反馈绩效评估法的体系。在这个组织结构中，周边的熟悉的人客观评价被评价者，上级、同事或其他部门在评价其绩效的时候，采用综合信息来全面评价和反馈，形成360°绩效评估反馈。在360°反馈评估绩效过程中，需投入产出选定好评价指标，实行360°全方位评价，再实行分析和比较。

三、高校成本控制方法与要素

（一）高校成本控制方法

成本控制法是成本在实施中所采取的主要手段，是成本控制所产生的目标，是完成成本控制任务后的一种方式。成本的管理层不同，其所面临的问题虽相同或相似，但是其所采取的控制成本的方法却是存在差异的；而且就算是同一个阶段，如成本对象不同，管理要求不同，成本的控制方法也不同。所以在选择某种方法进行成本控制的时候，要保证成本的控制能够更全面、及时，满足成本信息使用者的不同要求，实现成本的主要目标。成本控制的不同步骤为：

（1）构建成本的整体框架，设置好科学的控制环节；

（2）设置成本控制管理体系，保证岗位制度的有效性和合理性；

（3）完善成本控制的监督和管理，定向化、具体化目标。

（二）高校成本控制要素

高校的成本控制和企业的成本控制相类似，是高校内部控制的主要内容，也是高等教育体系的重要组成。和高校相类似，其是有着特色运转规律和管理需求的组织，在内部控制系统和内部要素的构成中，不但源自《行政事业单位内部控制规范（试行）》《企业内部控制基本规范》，而且还和高等教育的亮点相结合，来表现出教育事业发展的诉求和规律。在高校，成本控制主要包括以下要素：

1. 控制环境

（1）成本控制系统的基本状况。成本控制系统是通过高等院校的内部某些部门，比如作业中心等，设定好控制成本的目标，在采取一定的措施或方法后，实现部门的成本目标，尽可能地减少偏差，让其符合高校成本的预期管理。

（2）成本控制机制的建设状况。成本控制机制建设是实现成本控制的基础。成本控制的机制建设主要表现在：建立不同作业中心的联动机制和协调机制；建立以成本控制为主的岗位责任制、内部监督机制和决策机制；建立成本控制，实现监督的有效分离。

（3）成本制度的完善程度。机制的建立和完善与高校对制度化建设的重视程度有关。

2. 事业活动和控制

（1）事业活动的成本预算和控制。事业活动的成本预算是每个作用中心形成的独立成本预算，是该作业中心为了开展事业活动而所耗费的资源。在高校，事业活动也就是高等院校的教育活动和科研活动，是指高等院校进行教育事业建设的主要活动。对于活动预算的控制是高校成本控制的要素之一。

（2）事业活动的支出管理和控制。事业活动的支出和管理是事业活动成本能不能根据标准的成本预算来进行的最主要的组成部分。高校在进行教育活动和科研活动的时候，总要涉及各个方面的支出，对于这些支出款项进行管理，控制支出的数额和种类，是高校成本控制的另一要素。

3. 信息沟通和监控

信息沟通和监控能够有效管理高校成本控制，让整个成本的控制系统所包含的信息能够得到及时的交换和传递，来进行增补、修改、废止和调整等。信息的沟通是高校建立有效的反馈机制的前提，是高校提升自我成本控制能力的重要因素。

4. 财务共享平台

高校财务共享平台是顺应新政府会计制度，来完成高校财务核算中的全程电子化运作模式，实现基础和双功能的核算模式，让过去繁杂的记账模式发生改变，不再需要教职工提前贴好相关票据，等待财务人员抽空给他签字报销。财务共享平台将高校财务的各个子系统串联在一起，为高校的日常运营和未来发展提供了预测、控制和评价的信息，这有利于高校的成本控制。

四、高校成本控制的基本规范

（一）高校成本控制基本规范的重要性

高校综合竞争力是建立在成本管理基础上的，不是建立在规模实力上的，所以要提高高校的综合竞争力，就必须实现成本的规范化管理。

通过成本管理的规范化系统管理，来从整体上实现成本的控制，尽量让成本的管理不是形式上的管理方式。成本的管理规范化，不是让某个单位或环节最小化，而是要在企业的整体效益最大化的基础上，来优化成本控制，让每个岗位上每个环节的投入最小化。企业是个有机整体，成本控制尽量不要算细账，即出现小地方算细账，但是在整体上出现大浪费，避免出现捡芝麻丢西瓜，得不偿失的情况。

第二，成本管理措施要采取规范化的管理模式，避免突发事件的发生。要保证控制成本的思路和方法，就要以规定的形式来固化制度，保证在预先所形成的共同约定下，来约束企业的每个成员，让其能从上到下都能落实好。很多企业的成本控制效果不理想主要原因是动态进行成本控制，集中进行，当领导人的呼声慢慢减小时，成本控制就会逐渐失去作用，又开始产生浪费。

第三，有效成本管理最主要是在成本控制上实现激励机制。成本控制激励机制是不具备成本的规范化管理的，而是要通过成本的管理机制加以约束和激励，来形成一股自下而上的力量。

第四，不断提升成本的控制效果，强化成本管理规范化并加以改进和完善，让其成为成本控制的基础，保证企业实施的成本控制法高效而实用。

第五，要贯彻落实好成本管理制度，通过全体员工来认可标准化制度，进行创造性的实施方式，这也是管理规范化所产生的结果，以便让这种外在的约束变成自我的约束。

（二）高校成本控制基本规范概述

在教育成本的管理控制中，其规范行为是它的标准所在。是教育成本控制人员和教育的成本信息所具有的一系列的标准，进行约束、指导和评价。

1. 高校成本控制基本规范的特点

高校的成本控制汇总虽然成本的管理具有一定的共性，但是同时它也具有某种特殊性，这主要是来自于它特有的经济效益和社会效益。地方高校成本控制主要是采取规范化的方式来运作和执行，也就是说高校成本的控制其更主要是表现教育产品的不同特质。

2. 高校成本控制基本规范的作用

教育成本信息的标准化生产和教育成本信息的失真问题的解决等这些都是教育成本在管理中所必须遵循的基本规范。成本对基本规范的控制是从成本的核算和评价中得知的。在对高校的成本进行控制的时候要求在全社会都要加强成本的管理和控制。

(三) 地方高校成本控制基本规范的建议

1. 更新成本观念

更新成本观念既包括以往过时观念的纠正和疏导，也包括对于教职工和学生的成本意识培养。我国的财政管理改革一直在稳步推进着，全新政府会计制度的出台后，更要求所有的高校工作者及时更新自己的成本观念，跟上国家高校建设的步伐。纠正过时观念和培养成本观念是一体的，可以采用专题讲座、校园成本控制案例比赛、校园成本控制主体活动月等活动进行。这些活动能够使教职工和学生亲身体验成本控制工作的内容，强化成本控制理念和意识。

2. 引入作业成本法

作业成本法最主要是在于"产品消耗作业，作业消耗资源"。作业成本法具有下面两个特征：一是以作业法作为核算的主要对象，在作业层次中加入成本核算；二是间接费用的分配和管理，通过动因来进行分配，也就是根据引发的动因不同而采取的多种成本分配方式，把它运用到产品的成本中，保证实际的结果和计算的结果差异性小。

3. 建立成本管理体系

很多标准的成本管理行为就构成了较完整的成本控制体系。首先，成本管理体系是受成本管理的法律和教育规则决定的。其次，从理论上来说，成本管理体系是由成本管理的方法、原则、要素、基本前提和处理方式等构成。最后成本管理体系指的是对成本核算所提出的准则、要求、方法以及职业道德规范等的管理。高校要完善成本控制的激励与约束机制，加强对成本管理制度执行的监督，细化成本管理制度的内容，系统化进行成本的管理。

第四节　高校成本管理中作业成本法的应用

一、作业成本法

(一) 作业成本法概述

作业成本法的原理很简单，指的是不断累积产品在生产中或提供劳务的过程中所耗费的资源，再根据受益原则在成本动因的基础上追溯各作业成本的本源是产品或劳务。通过作业成本法，来让成本计算更加真实，这能帮助作业管理和资源的有效利用。

在过去的成本计算法中，制造费用是通过业务量的基本成本分配方式，根据一个或少数几个基础工作来分配制造费用，常见的分配基础工作包括直接的人工工时、机器加工工时和直接人工成本等。这种传统分配方式在过去是很适合的，过去的传统工艺流程较简单，间接制造的费用所占比例不大，市场对产品的个性化要求不是很明显，产品的结构很相似，产品的品种较单一，差别不大，根据单一的分配原则或少数几个分配原则，分配结果对成本的计算影响不大，成本所提供的信息能够很好地满足决策和控制方面的要求。但是在高科技高度发展的今天，生产过程的自动化控制在逐渐普遍化，而在管理方面则采取的是生产自动化和质量的全面控制，新的经营方法和环境应该与改进的成本计算法和对成本信息的管理相适应。

随着经济的发展和人们物质生活水平的提高，市场的需求更加多样化、时尚化和个性化，产品的多样化和个性化，使得产品的工艺不同，其操作程序也不同，在作业链中的流动路径也不尽相同，从而作业的需用量不同，产品的生产也不同，而采用的成本分配基础不同，其作业成本和产品的关系也不同。

在生产中广泛应用高新技术和计算机，让生产中的自动化程度不断得到提高，机器设备更加富有灵活性和通用性，比如企业所采用的电脑辅助设计、电脑的整合制造、电脑的辅助制造等都能在很短的时间内生产出多规格、多品种和高质量的产品。很多的产品直接制造费用，特别是直接人工成本的大量下降，大大提高了间接制造费用在所有成本中的比重，使得制造费用的分配方法能够极大影响产品的计算成本。而且工艺流程更加地复杂化，让作业链交错在一起，和间接地制造费用的相关活动，以及作业的类型不同，其所对制造业的费用所造成的影响也不同，其采用的是单一成本分配基础，不能反映出成本和基础分配间的关系，有时还会引发成本经计算后其表现出的结果的歧义。

因此，因为市场的需求的不同，生产环境所发生的改变，使得传统的成本分配法很难满足经营管理成本在信息上的要求，而在作业成本法中，只有结合成本和作业，把握好作业和成本间的关系，根据作业分配成本，归集成本。所以，作业成本法才能得到广泛应用和推广。

（二）作业成本法的基本流程

作业成本法不是计算程序的简单重新设计，而是对过去间接成本的归集和分配方式的改变，在成本的分配方式上不再是过去的以产品为中心，而是以作业为中心。在传统成本算法中，制造费用的分配一般包括：首先由生产部门来归集制造费用，然后每个生产部门分配给产品制造费用。作业成本法的思路是产品的生产要耗费作业，而作业活动需耗费一定的资源。所以资源成本形成了作业成本，而作业成本也被分配在产品中。

所以在作业成本法中，服务作业的生产过程不同，在分析作业和成本间的关系时，要根据其同质成本归集到一类，并确定好同质成本库中的成本动因，然后根据这个成本动因来分配作业成本，从而改变在传统成本算法下的一个或几个成本分配方式。

二、作业成本法在高校成本核算中应用的可行性分析

成本的本质是为完成某个目标而付出的代价，其目的是为保证实现这个目标而进行的投入，是资源配置后优化的根本，在高等教育成本中也是如此，所以要核算好高校的教育成本，就要完善教育成本的补偿机制。这就要求做好教育资源的分配机制问题，补偿教育成本并进行合理的分担，来作为教育投资绩效考核的基本部分。

作用成本法是产生于制造行业的，但是对于教育服务行业也是适用的。作业成本法的特征是对成本给予精确的计算，形成成本核算程序，为资源配置提供技术上的支持，克服传统方法的不足。

目前高校的教育成本核算中存在着很多不足，经核算后得到的会计信息和高校中成本所分摊的对象资源也存在着某种差异。作业成本法因为其本身所具有的特性，在高校教育成本核算领域中得到运用，其优越性很明显。它能提供给高校准确的财务信息，也能给信息使用者提供决策参考。

（一）新《高校财务制度》要求高校实行内部成本费用管理

2019年12月17日，财政部印发了《事业单位成本核算基本指引》（简称"指引"）。《指引》是为了让事业单位加强成本的核算工作，加强单位的内部管理水准和运作效率，让绩效管理的基础能够夯实。《指引》以《中华人民共和国会计法》和政府会计准则制度为基础，它明确指出高校要以权责发生制下的会计财务数据，作为成本核算的基础，财务会计相关科目明细的设置和辅助核算也要和成本核算的需求相一致。单位内能直接开展业务活动的部门所产生的业务活动费用都应该算到各类业务活动的成本核算中。比如用于开展业务活动人员的工资福利费用、用于专业活动中的库存物品成本、业务部门所要求的折旧费用等，要区分直接费用是什么，间接费用是什么，来归集、分配并计入各种业务活动中。

除此之外，我国的高校新会计制度也把高校的支出分为教育事业支出、科研事业支出、后勤保障支出等，为高校成本核算奠定基础，也为作业成本法的应用提供了条件。

（二）高校间接费用比重大，直接费用少

高校的教育成本有些是间接成本，种类多，很难辨认。人员的经费、公务费、固定设施和业务费等大都是成本不同的核算对象，当采用传统成本核算法后，其采用的分配标准是以实际在校人数为准的，这就使得产品的成本数据在本质上出现了不同。而作业成本法因为其标准多、因果关系明显而更显价值，并且高校的教师成本人工耗费较多，这在实际费用中占比大概为50%-70%。

（三）多元化的成本核算对象

在我国高校的教育活动特点多多：比如周期性强，重复性强，层次多，专业多。从"学生"的角度来分，学生分为本科、专科、硕士、博士、还可分为学位教育和学历教育；从"教育服务"的角度来分，可以分为必修课、选修课、实验课、毕业设计等。这说明教育成本不同，其核算的对象也不同。作业成本法就是在高校不同的专业、层次和课程教育下所进行的成本核算，这表明资源耗费和产品的成本间的关系密切，数据也更加精准。

由此可以看出高校的教育成本核算和作业成本法是十分相符的。高校的财务人员的素质较高，会计的电算水平也高，会计核算系统的应用也较完善，这就让作业成本法能够符合其外部条件发展的需求。

三、作业成本法下高校教育成本核算研究——以S大学为例

（一）案例介绍

S高校的学院体系较完善，具有十分突出的科研实力。目前本科专业的有93个，本科双学位的有10个，其中一级学科中，博士点17个，一级学科硕士授权点37个，二级博士点3个，二级科学硕士授权点9个，专业硕士学位授权点18个，跨学科的博士点2个，硕士学位的点2个，而目录外的二级学科博士为4个，硕士学位的也是4个。

S高校很看重师资力量的积累，希望建立一支高素质、高水平、高质量的专业教学队伍。目前共有教师2173名，高级职称教师为977人。其中包括国际科技人员、中科院院士，海外高层次人才的引进，以及高层领导和全国杰出的青年科学基金会获得者。拥有全国自然科学基金创新研究小组1个，国家教学小组3个、2个教育部创新小组。其中国家规划教材有9本，荣获国家优秀博士论文奖或提名奖的为10人。

校外的实践十分丰富，拥有着辉煌的教育成果。目前共有23850名全日制在校本科生，其中博士生4909名，249名留学生。S高校的目的是以教学作为研究对象，采取理论结合实践的方式，来让学生的创造力、创新力最大化，增

加学生的学生涵养。如学生的就业率一次就能超过85%。这些年，在全国还展开了大学生电子设计竞赛、挑战杯课外科技竞赛、数学建模竞赛和英语竞赛等，我国获得了40多项全国特等奖、一等奖；在全运会、亚运会、奥运会等项目中荣获10多枚银牌和铜牌。

（二）S高校基于作业成本法的生均教育成本核算分析

S高校是一所综合型高等学校，全院共分为5大类、31个院系，其中包括人文类、工学类、社科类等五大类，而对于不同类型的学生来说，根据其培养成本的不同，本文选取了三个院系的学生来进行研究和计算。学校的服务对象也是该院校的在校学生，其中本科生23850名、7633名博士研究生，硕士研究生4909名，249名留学生。在编和非编教师为2173人，初级教师118人，高级教师977人，中级职称教师1078人，在整个高校共有100多名教学管理人员，75名学生管理人员，250名其他行政管理人员。

根据S学院的预算财务规划，从研究方法的成本经济性考虑，再在成本会计中采用约当思路，发现本科生的数量是硕士研究生的2倍，是博士研究生的3倍，而高校中的教授、副教授等的数量则是一般教师的1.5倍。

按照作业成本法和S院校的实际教育活动来规定教育成本的核算程序，具体如下：

1. 消耗资源的确定

人员经费＝工资经费＋津贴补贴＋伙食补助＋各类保险费用＋住房公积金＋奖助学金＋其他等

公用费用＝办公经费＋业务支出费＋差旅费＋资料费＋其他费用

资产管理费用＝固定资产折旧与维护费（房屋、一般设备、电子设备）

科研费用＝相关科研项目费用＝科研过程中发生的专家指导费及图书购置费等

表4-1　S高校教育成本支出报表项目（单位：万元）

人员经费	工资费用	津贴补贴	伙食补助	各类保险费用	住房补贴	其他福利等	合计
	39601.78	2991.70	60.49	9521.05	2083.63	6402.86	60661.51
公用费用	办公费	业务支出	差旅费	资料费	其他		
	551.52	9940.53	3043.68	7442.73	8533.39		29511.86

续 表

科研费用	相关科研项目经费	其他支出					
	12894.44	2996.88					15891.32
资产管理费用	房屋建筑	专用设备	一般设备	家具用具			
	1558.38	12278.98	1964.79	685.45			16487.60

在过去的高校成本管理中，固定资产是不需要折旧的，这是计划经济下高校所遗留下的成本管理问题，但是显然这种方式不能适应现代的高校管理，对于现代经济的管理也不利，和作业成本法的实施要求相违背，而根据高校的实际资产所发生的费用，因为高校的固定资产数额大，可能会影响教育成本，这也需要我们在进行成核算时引起高度关注。

根据最新政府会计制度，政府会计的主体要对所规定的资产进行折旧处理。其中固定资产的折旧额应该包括在成本费用中，在计算折旧额的时候不需要考虑固定资产的预计净残值，同时根据政府会计准则中的三号文件固定资产，第17条中规定，凡是文物、陈列品、图书档案、动植物、单独议价的土地等无须计提折旧。政府会计主体在计算固定资产的折旧时通常采用的是工作量法或年限平均法，本文采用的是直线折旧法，且净残值为零。S高校的固定资产使用期限是根据《政府会计准则第3号——固定资产》中的固定资产折旧年限来进行规定的。其折旧金额如下表所示：

表4-2 2018年S高校固定资产折旧汇总表（单位：万元）

固定资产种类	明细	原值	使用年限	折旧额	合计
房屋建筑	办公用房	40632.44	50	812.65	1558.38
	学生用房	28906.15	50	578.12	
	其他	8380.38	50	167.61	

续 表

固定资产种类	明细	原值	使用年限	折旧额	合计
专用设备	仪器仪表	69271.29	10	6927.13	12278.981
	机电设备	14072.22	10	1407.22	
	电子设备	35237.87	10	3523.79	
	印刷机械	560.98	20	28.05	
	医疗器械	2762.13	10	276.21	
	文体设备	155.40	15	10.36	
	标本模具	1062.22	10	106.22	
一般设备	工具量具	108.46	5	21.69	1964.79
	行政设备	890.64	6	148.44	
	交通工具	1097.16	8	137.14	
	文物陈列	8287.54	5	1657.51	
家具用具装具	家具	9172.06	15	611.47	685.45
	用具	334.30	5	66.86	
	被服装具	35.61	5	7.12	
合计		220966.86		16487.60	16487.60

2. 确定主要作业

要建立起作业中心六项，具体包括学生管理作业中心、教学作业中心和教学辅助管理作业中心等。

3. 分析资源动因并分配

在所确定的六大作业中心中分配上述资源的总价值，根据资源的动因来加以分配，其中具体公式如下：

$$F = \bar{x} - 0.8\sigma \qquad (4.1)$$

在 4.1 公式中：C 表示分配到某作业中心的资源；Ci 表示该项资源动因量；

n 表示资源数量，Xi 表示该项资源动因分配率。

先要确定好资源的驱动要素，并算好项目的资源额；

表 4-3 资源项目计算表（单位：万元）

资源项目	金额	资源动因量
工资福利	49056.83	约当教职工人数
各类保险费用	9521.05	投保人数
住房补贴	2083.63	投保人数
办公费	551.52	办公人数
水电暖费	3275.83	实际测量值
物业管理费	2679.37	办公人数
差旅费	3043.68	折合旅程数
资料费	7442.73	折合数量
维护费	3985.33	资产管理作业专属
固定资产折旧	16487.60	资产管理作业专属
科研经费	15891.32	科研培训作业专属
奖助学金	15030.64	学生管理作业专属
其他	8533.39	行政管理作业
合计	137582.92	

其次，给作业中心分配资源；

（1）分配非专属资源。分配率指的是教育成本的总资源和动因量之间的比值。教学作业中心所消耗的人员经费按照约当教师人数计算，其他的资源项目则是根据实际人数来进行计算，根据计算得出下面的表格：

表 4-4 非专属资源分配表（金额单位：万元）

资源项目		工资及福利费	社保及住房补贴	办公费	合计
金额		49056.83	11604.68	551.52	61213.03
资源动因		约当老师数	参保人数	办公人数	
动因量		3093	2604	431	
分配率		15.86	4.46	1.28	
教学作业中心	2173人	42220.92	9683.93		51904.85
教学辅助管理作业中心	106人	1681.22	472.39	135.64	2289.25
学生管理作业中心	75人	1189.54	334.24	95.97	1619.75
行政管理作业中心	250人	3965.15	1114.12	319.91	5399.18

（2）分配实际消耗资源。在对不同作业中心的资源计算消耗量的时候，按照实际所发生的数量或金额来进行计算，都是根据作业中心的不同方式来计算实际所消耗的量，比如暖气费、水电费、物业管理费、资料费等。

表 4-5 实际消耗量资源分配表（单位：万元）

资源项目	水电暖费	物业管理费	差旅费	资料费	合计
金额	3275.83	2679.37	3043.68	7442.73	16441.61
教学作业中心	3145.88	2466.35	3015.92	531.66	9159.80
教学辅助管理作业中心	80.61	91.83	3.92	612.00	788.36
学生管理作业中心	4.56	35.84	6.36	2086.27	2133.03
行政管理作业中心	44.79	85.34	17.48	4212.81	4360.42

（3）分配专属资源。在设备管理作业中，设备维修费和固定资产折旧费是必须要有的，其中设备管理作业中心共花费 20472.93 万元；和教学相关的科研经费则是科研培训作业中心必须要有的，这部分的费用为 15891.32 万元；其他的费用是行政管理支出费用，大概是 8533.39 万元。

根据上述结果来进行汇总后算出作业中心的资源数值。

表 4-6　各作业中心的作业成本库（单位：万元）

作业中心	成本库
教学作业中心	61064.65
教学辅助管理作业中心	3077.61
学生管理作业中心	18783.42
行政管理作业中心	18292.99
资产管理作业中心	20472.93
科研培训作业中心	15891.32
合计	137582.92

4. 确定作业动因

表 4-7　作业动因的选取

作业中心	涉及部门	作业动因
教学作业中心	教学老师	课时量
教学辅助作业中心	电子信息网络的维护	课时量
	教务工作	
	图书、档案管理	
	日常教学管理	
	实训教学	
学生管理作业中心	学生补助	学生人数
	学工部	
	招生就业	
	学生社团	
	心理辅导	
	日常管理	

续 表

作业中心	涉及部门	作业动因
行政管理作业中心	校办	学生人数
	教务处	
	学工部	
	研工部	
	社科处	
	基建后勤	
	人事处	
	保卫处	
	发展规划	
	审计监察	
	财务资产	
	组织宣传	
资产管理作业中心	设备购置	资产使用人数
	设备维护	
	房屋折旧	
科研培训作业中心	科研单位	学生人数

5. 选样本核算教育成本

研究培养对象时，作业结构是不同的，它所花费的资源也不尽相同，这就要求 S 高校要根据实际情况来进行核算，本文则是以音乐学院、经济和管理学院和化学化工学院等作为样本来加以核算的。

收集的资料是从 2017 年到 2018 年的各系学生中选取的，其中 1945 名经济和管理学院本科学生、411 名硕士、35 名博士；折合为 2872 名本科生，其中 792 名化学化工学院本科生，255 名硕士生，43 名博士生；本科生 1431 人，其中，837 名音乐学院本科生，169 名硕士生，共计本科生 1175 人。

（1）直接作业资源分配。按照作业动因分配率计算出作业成本，即分配好教学作业、教学管理作业、学生的管理作业和行政管理作业。其中共有

270047节课，其中经济和管理学院共占有14364课时，化学化工学院共有4612课时，音乐学院共占有14325课时。三个院系的直接成本分配表具体如下：

表4-8 直接作业分配（金额单位：万元；课时单位：课时）

作业中心		教学作业中心	教学辅助管理作业中心	学生管理作业中心	行政管理作业中心	合计
成本库		61064.65	3077.61	18783.42	18292.99	101218.67
作业动因		课时量	课时量	实际学生人数	实际学生人数	
作业量		270047	270047	36206	36206	
作业动因分配率		0.23	0.0114	0.52	0.51	
经济与管理学院	消耗量	14364	14364	2872	2872	
	作业成本	3248.07	163.70	1489.97	1451.07	6352.82
化学化工学院	消耗量	4612	4612	1431	1431	
	作业成本	1042.89	52.56	742.39	723.01	2560.86
音乐学院	消耗量	14325	14325	1175	1175	
	作业成本	3239.26	163.26	609.58	593.67	4605.76

（2）间接作业资源分配。资产管理作业和科研管理作业是根据不同的使用者其学院的不同，或其所承担的份额不同来进行明细划分后，再根据成本动因法来进行分配的。在高校的资产科目余额表和相关的科目明细表中能算出三个院系需承担的资产管理费，其中经济管理学院的设备折旧费是11.69万元，音乐学院的社会管理维护费是13.28万元，化学化工学院的设备折旧费是111.39万元，在科研培训作业资源中，经济和管理学院的科研项目共花费了290.95万元，音乐学院年的科研项目是69.88万元，化学化工学院的科研项目是410.16万元。下表是间接作业资源的分配状况：

表 4-9　间接作业分配表（单位：万元）

作业中心		经济与管理学院	化学化工学院	音乐学院
作业量		2872	1431	1175
设备管理作业	成本量	11.69	111.39	13.28
	分配率	0.0041	0.0778	0.0113
科研培训作业	成本量	290.95	410.16	69.88
	分配率	0.1013	0.2866	0.0595

（3）根据表 4-8 和表 4-9 分别计算出三个院系的学生的教育总成本和单位成本，具体是经济与管理学院、音乐学院、化学化工学院这三个学院的，如下表所示：

表 4-10　教育成本核算表（单位：万元）

作业中心		教学作业中心	教学辅助管理作业中心	学生管理作业中心	行政管理作业中心	设备管理作业中心	科研培训作业中心	合计
经济与管理学院	总成本	3248.07	163.70	1489.97	1451.07	11.69	290.95	6655.45
	单位成本	1.13	0.057	0.52	0.51	0.0041	0.10	2.32
化学化工学院	总成本	1042.89	52.56	742.39	723.01	111.39	410.16	3082.41
	单位成本	0.73	0.037	0.52	0.51	0.08	0.29	2.15
音乐学院	总成本	3239.26	163.26	609.59	593.67	13.28	69.88	4688.92
	单位成本	2.76	0.14	0.52	0.51	0.011	0.06	3.99

6. 编制成本报告和进行成本分析。

确定好资源后，再选取成本动因，来分配资源和作业流程，最后得到了 S

高校的生均教育成本。经上述分析得出下面的结论：

（1）不同类型学生的培养成本是存在差异的。以S高校教育成本为例，其在经济管理学院、音乐学院和化学化工学院的作业方式上存在差异，尤其是设备管理作业、教学作业、科研作业等方面表现得尤其出色。在教学辅助管理作业和教学作业中，音乐学院的学生不多，但是其开设有不同的课程、课程的量也很大、授课的老师也很多、办公的费用也多，所以在教学辅助管理作业和教学作业上的成本比较多。而化学化工学院在设备的管理上，实验课较多，设备也较高级、精密，会要花费大量的设备维护费用，设备的折旧成本也较高，所形成的设备管理作业中心的成本也较高；音乐学院所使用的乐器大都单位价值高，社会的管理成本也是处于上升状态，在科研作业中，化学化工学院具有较多的科研项目，科研的成果也更突出，科研方面所耗费的费用也更加多，这就使得科研作业中心的成本较高。经济和管理学院是属于人文社科类的，其成本主要集中在教育、教学和科研等方面，反而对设备的要求没有那么高。

（2）高校教育资源利用率不高。经分析S高校的案例情况后得知高校的教育资源的利用率不高，主要是人员的经费高、资产设备等的闲置浪费现象明显，行政管理的开支较多等。人员经费的控制大都是来自于学校的教职工人数，在设置管理岗位的时候要精简化，减少不必要的部门的管理；公用经费方面则要克勤克俭，控制好"三公"经费，控制好水、电、会议费和差旅费等，优化支出结构，保证开支费用等；在资产管理上，要严格根据政府的采购制度，控制好采购的价格，具体落实人员，管理好资产，让资产得到最大化利用。

（3）横向和纵向比较不同学院、不同类型学生的教育成本，为高校的管理提供一些启示。主要是先根据教育成本和收入进行预算，算出高校学生在盈亏平衡点的数量，为高校的招生规模提供支持，保证大学在扩大生源的过程中，降低单位的变动成本，实现规模的增长。其次作为高校的决策者，要制定出适合本校发展的管理方案，新增专业和学院，取消办学效果不理想的院系或专业，最优化配置教育资源，实现最小化的投入，最大化的产出，实现资金的最大化利用。

（三）传统核算法下S高校生均教育成本核算结果

传统高校成本核算方式主要分为下面几种：

1. 调查统计法

调查统计法是依照现阶段的教育经费的财务数据、统计资料或经调查后得出的第一手资料来得出教育成本。这种方法的操作较简单而方便，能够在很短的时间内得出成本数据，而且在核算中所耗费的成本也不多。不足的地方是没有准确划分成本费用，也就不能真实反映高等学校的教育成本。

2. 会计核算法

会计核算法是在现有的会计制度下，依照教育成本的核算要求，设置好成本科目，记录下教育资源所花费的成本，进行登记，最后确定其核算后的结果。这种思路给学者提供了两种核算方法：单轨制核算法和双轨制核算法。其中双轨制核算法是指会计的教育成本是建立在权责基础的，对于一般的账本或详细的账目，都会采用的收付双规系统。其业务是建立在高等院校的现有会计基础上和收付制度基础上的，是会计核算的一种方式。单轨制核算是指根据现有的会计准则和高校会计制度，来保证教育费用的核算方式是高校会计中的内容，而且是建立在权责制基础上，和高校的教育成本相适应的一种会计制度。但不管是单轨制核算还是双规制核算，其都还处在理论阶段，实际应用条件不成熟。

3. 会计调整法

会计的调整方法是以高校目前的会计数据和财务资料，通过某种方法来适时调整，得到教育支出科目的明细后，把数据作为教育成本的项目支出成本。采用的是统一化、标准化，并且支出的所有项目和高等教育项目的成本不是一致的。

我们通过采用第三种传统成本核算法来核算高等院校的教育成本时，为了管理上的方便，会根据高校的科目余额来调整支出项目，剔除掉那些不相干的项目费用，计算出学生的教育平均成本。笔者还通过分析 S 高校的 2018 年财务数据，分析了诸如家庭补助、人员经费、商品服务、资本性支出项目等，得出了在传统核算法下 S 高校的生均教育成本，具体如表 4-11。

表 4-11 传统核算法下生均教育成本核算 （金额单位：万元）

项目	金额
人员经费	60661.51
商品服务	26770.00
个人家庭补助	14053.41
资本性支出	40813.98
合计	142298.90
学生人数	36206
生均教育成本	3.93

按照上面的计算我们知晓，传统成本核算法下 S 高校生均教育成本为 3.93 万元。

(四) 两种核算方法对比分析

根据上面的计算,笔者对两种不同的核算方法进行比较,具体情况如表4-12所示。

表4-12 ABC和传统成本法核算结果比较（金额单位：万元）

院系	核算方法	成本费用	学生人数	生均教育成本
经济与管理学院	传统核算法	11286.96	2872	3.93
	作业成本法	6655.45	2872	2.32
化学化工学院	传统核算法	5623.83	1431	3.93
	作业成本法	3082.41	1431	2.15
音乐学院	传统核算法	4617.75	1175	3.93
	作业成本法	4688.92	1175	3.99

经对比我们得出下面的结论：

在传统成本核算法下,计算得到的核算结果比较偏大。这是因为在传统成本核算中,高校所拥有的科目余额是最基础的,要想调整好科目余额表中的支出项目,就要在成本核算中核算所耗费的资源。在实际中科目的余额表上,有些支出项目没有直接用在学生的教育服务中,比如有些支出在理论上就不能计入学生的教育总成本中,比如离退休人员的工资等,这部分经计算后所得到的生均成本虚高,成本信息就会发生变化,不利于高校学费制度的和其他相关政策的制定,不利于高校科学决策和管理的科学化。

传统成本核算法在学生的平均成本计算上是有一定的地位的,和其他类型不同学生的管理决策有着本质上的区别。在传统核算法中,通过学生的数目的计算来对教育资源和所产生的费用分摊处理,以培养不同类别的学生在成本机会上所具有的平等性,但是对于每个环节的培养过程中所耗费的资源是不能进行具体核算的,对于层次不同、年级不同和类型不同的学生来说,在要计算生均教育成本的时候,不能准确地分配成本,使得成本信息不准确。在传统成本的核算方法上和高校成本的控制和核算的方式也不同,这样给高校的办学效益带来一定程度的偏差,使得教育资金得不到好的利用,发挥的效率很低。

而经过对上述两种核算方法的对比后发现,在高校作业成本法的实施是具有一定的重要意义的,在进行成本的核算过程中发挥的作用也是很大的。

第五章　高校财务绩效管理研究

财务绩效管理工作关系到整个财务管理工作的质量，对于当前工作效果的反思与未来工作内容的设计都要依仗于绩效管理工作的研究成果。所以，可以说高校财务绩效管理工作是高校财务管理工作进步的核心动力之一，同时也是本书的重要研究内容。承接前文中的财务管理工作研究，本章将会把研究视角专注于财务绩效管理的工作中，在对其基础概念进行分析后，提出高校财务绩效评价体系的构建方式，对于构建方式的创新原则与方向做深入研究。

第一节　高校财务绩效管理概述

在教育经济学的研究进程中，需要各组织和制度按照内部的元素构成规律选取有效的研究着力点，在切入问题研究过程的同时坚持元素发展的主线，在保证体系结构未受到影响的前提条件下，重新构建一个新的发展体系，这个元素发展主线就是研究的起点。在研究高校内部管理制度的过程中，可以选择财务绩效的发展作为主线，借此对高校管理制度的创新进行剖析。

一、高校财务绩效管理的概念

绩效是组织为实现目标而设立的不同等级的有效资源输出值，是组织期望达到的既定目标，可将绩效分为个人绩效和组织绩效两种。在组织内部可以将绩效细分为财务绩效以及经营绩效。财务绩效是从财务活动的角度出发对财务资金投入和产出关系进行的具体分析，是财务活动目标实现情况的具象反映；经营绩效则体现了组织目标和目标达成情况，具有较强的综合性特征。

高校可被定义为一个多元化的组织集体，想要实现其发展目标，就需要从财务活动进行糅合分析[①]。高校的财务绩效具体是指执行高校财务活动的效率和结果，在高校的财务活动中资源的投入和实际产出是否能够达成正比。高校

---

① 顾效瑜. 高校财务绩效评价体系构建[J]. 财会通讯, 2018, 000 (003): 71-74.

财务活动的成效需要从最终的结果进行分析,即高校财务资源在实现高校发展目标过程中发挥的功能与作用。

二、高校财务绩效管理的特征

(一) 多元性

高校财务绩效受到多种元素的影响,不是单一元素就可以决定其绩效最终结果,在主客观多重元素的影响下,也被其工作的特征所限制。在多种机制的协同作用下,个体工作者的工作动机和价值观念也是决定绩效最终结果的元素。

(二) 模糊性

高校财务绩效不同于企业绩效,可以进行精准的评估,教育是一项长期性的活动,具有多样化的功能,例如社会功能、政治功能、文化功能、经济功能等。所以,高校财务绩效不能及时收到反馈,具有一定的模糊性。

(三) 多维性

高校财务绩效需要从多个维度对进行糅合分析,单一的绩效评价不能充分发挥绩效的功能性作用。例如在对院系的绩效进行科学评价时,不仅需要对学生的培养情况进行分析,还需要从学生社会实践、科学研究等硬性标准角度出发得出科学的绩效评价结论。

(四) 动态性

高校财务绩效极具动态性,在其模糊性的影响下部门及个人的绩效会产生变化,略差的绩效经过时间的沉淀可能会得以好转,较好的绩效伴随时间的推移会存有变差的概率。所以在高效绩效评价的过程中需要结合绩效的动态性,对组织或个人的绩效成果持有发展的眼光去看待。

三、高校财务绩效的功能

高校财务绩效的有效提高需要从制度管理和成本管控两个方面进行融合探究,在建立有效制度体系的基础上优化内部的制度安排以及制度结构,通过机制的约束力规范行为准则,从而达到均衡教育过程中各主体发展需求的根本目的,同时限制了组织内部个体的独立倾向,充分激发了资金的应用效益。资金的实际应用效益需要通过合理的激励制度激发组织内个体的工作积极性,在确保正常的教学秩序的情况下通过科学手段减少各项资源的不必要消耗。将高校财务绩效视为研究起点的主要原因有:

高校需要在一定经费的支持下才能保持稳定运转。财力资源决定了高校内部人力资源、物力资源等其他资源的增值和消耗比例,是资金投入效果的具象表现，同时也是决定高校教育质量的根本因素。财力资源的合理配置为实现高校教育目标提供了坚实的物质基础，是影响教育产出的重要因素。

财务绩效为提高高校核心竞争力创设了良好的环境。影响高校教学口碑的不仅是其所掌握的教育资源，人们更多将目光投向于资源使用带来的最终绩效成绩。决定高校是否能够持有良性的竞争优势，其决定性因素在于是否能够充分发挥人力资源和物力资源的合理分配及利用，而财力资源是其坚实基础。

财务资源是否得以合理分配成为决定高校发展速率的核心问题。在分析这一问题的过程中需要对人们的实际需求进行调研，只有在深入剖析人们需求的情况下，才能制定更为稳妥的问题解决方案，将财力等资源进行科学配置。因此，高校教育管理需要聚焦于财务资源的分配，在以绩效质量的发展为管控中心的前提下，提高各级相关人员的财务管理水平，充分发挥财务资源的应用效益，为高等教育事业的发展创设坚实的物质条件。

四、高校财务绩效评价概述

绩效是不同组织及个人在目标实现过程中展现的价值输出和客观存在的度量值，具有多元性、模糊性、多维性、动态性等特征[1]。绩效的呈现形式主要从具体的行为、能力等层面得以展现，想要真正实现高校财务的科学性、综合性评价，需要具体对比财务资源的投入和产出结果。以客观的视角对教育经费投入所带来的效益进行多角度分析，在综合高校教育资源使用情况的前期条件下，公正地评价高校教育管理的现状。

（一）财务绩效评价的内容

科学的绩效评价是评判组织内部既定目标是否得以实现的手段，同时也对目标实现路径中的行为科学性进行了鉴定，是一种综合性的评价方式。在运用综合性评价手段的过程中需要在前期先行设定评价指标以及评价目的，例如：在对高校财务绩效进行评价的过程中，需要明确教育经费分配的方式是否符合高校的发展方向和需求，以及在高校资源运转的过程中是否充分发挥资源的使用效能。

财务资源应用过程中的效率、效益、效果都是高校财务绩效评价过程中需要涉及的主要内容，财务资源应用的效率主要指高校获取教育经费的能力。是学校各项事业得以发展的基础，例如：收取的学费、教育科研经费、政府拨款、

---

[1] 陈琦.平衡记分卡理论在我国公共部门个人绩效考核中的应用研究[D].上海：同济大学，2007.

社会实践所得、社会捐赠等；财务资源应用的效益是在获取教育经费的基础上，对投入和产出结果进行的对比研究；财务应用效果评价主要是对高校教育经费产出收益汲取能力的探析，即对高校教育职能完成度的评价。

（二）财务绩效评价的作用

绩效评价也可视为一种推动管理决策和人力资源开发的推动力，具有强大的资源反馈、激励和开发功能，是推动高校各类资源可持续发展这一根本目的的有效手段。绩效评价在高等教育实践过程中的功能性展现在以下三个方面：

1. 激励性功能

绩效评价结果为判断管理工作过程中应用的激励手段是否贴合实际需要提供了实证，根据绩效情况给予组织或个人物质奖励或精神奖励，可充分调动其工作积极性，提高了各项工作目标实现的效率。

2. 动态监控功能

绩效评价可以根据实际需要按照工作开展阶段进行详细划分，如季度性评价、半年度评价等。通过对各项工作的动态发展监控，为后续的工作绩效和目标确立提供参考意见。阶段性的绩效评价可在工作执行的过程中及时发现问题并提出相应的问题解决办法，绩效评价成为工作过程中获取信息资源的重要途径。

3. 资源配置优化功能

在对资源进行灵活配置的过程中，可通过绩效评价的手段评估资源分配的合理性。例如：工作实践过程中资源分配的合理性、科学性；资金使用的合法性、经济性；工作实践资源质量和应用效率等。在对工作进行监督管理的过程中可以确定后续的工作方向以及资源扶持力度，合理分配稀缺资源是保障工作环节能够得以有效链接的重要举措，既能够避免工作实践的盲目性，又能够以科学的手段实现既定目标。

第二节　高校财务绩效评价体系的构建

一、高校财务绩效评价的系统设计的设计原则

（一）"3E"原则

财政资金资源在实际分配的过程中，常会出现为追求经济效益而忽略工作目标或资金资源利用率的情况，致使公共财政资金资源的浪费。部分发达国家

在20世纪80年代根据实践现状逐渐探索出一套完整的"3E"原则,"3E"原则即效果性原则(Effectiveness)、经济性原则(Economy)、效率性原则(Efficieney)[①]。"3E"原则普遍被认为是公正、客观的绩效评价基本原则。效果性原则主要用来衡量资源投入和资源产出之间的关系;经济性原则具体分析资源投入的节约性;效率性原则是衡量既定目标是否得以实现的标准。"3E"原则中的三类元素需要以整体、全面的应用角度进行糅合分析,不能以片面、单一的角度对其中某一原则进行分析,需要在评价的过程中遵照全局的发展动势综合考评。

(二)系统性原则

在高校财务绩效评价过程中遵循的系统性原则呈现出动态综合性的特点[②],根据众多科学研究结果可发现,绩效实则为各项活动的执行结果。绩效主要涵盖两方面:一方面是资源投入的有效性;另一方面是活动投入各项资源与产出结果的对比关系。高校的发展与其他组织存在一定的相似性,在组织的各个成长阶段需要制定与之对应的发展目标,例如:创建阶段、发展阶段、成熟阶段。因此,高校的财务绩效评价标准体系应跟随不同阶段的发展需求进行调整,力求发挥最优的资源应用效能。需要注意的是,高校处于社会经济发展的大背景中,各元素的需求在经济社会的发展变化中呈现出动态演变的趋势,绩效评价需要协调内部各元素的客观利益发展需求。

"3E"原则与系统性原则在实际应用的过程中相互影响,并产生了行为效率和结果效益。行为效率的评价标准主要分为两方面:一是财务资源投入是否能够带来经济效益;二是财务资源投入形式是否科学且符合组织内部元素发展需求。结果效益的评价标准从三个角度进行糅合分析:结果效益是否贴合初始的预设目标;结果效益是否与财务资源投入值呈现正比关系;结果效益对高校当前发展是否具有一定功能性作用。在搭建财务绩效评价体系的过程中,首先在"3E"原则与系统性原则糅合的基础上形成初步的框架;其次将框架内的各项元素进行类别细分;最后根据元素之间的联系性形成多组、多层次的绩效评价体系。

高校财务绩效评价体系构建过程中,需要遵照指标体系中重要元素的发展路径,尤其是针对财务资源的评价。在寻求高校财务绩效科学、合理评价手段时,需要综合考虑与财务绩效相关的各元素发展指标,并囊括各关键要素绩效标准。

---

① 赵翔. 教育支出绩效评价的国际比较 [J]. 财政监督, 2007, 000 (010): 62-63.
② 段向前. 高校财务绩效评价方法与应用研究 [D]. 西安: 西安建筑科技大学, 2006.

当前，财务绩效评价体系在构建的过程中常忽略非财务元素带来的影响，更多的侧重财务因素，无视外在经济社会环境对高校发展带来的挑战与机遇。高校想要提高自身的综合竞争实力、获取更多的发展资源就不能脱离社会环境这一客观因素。没有经历过外部环境的竞争与挑战，就无法知晓自身的发展优势和阻碍自身发展的障碍。所以，高校在执行财务绩效评价的过程中，需要着重关注以下几种元素：高校名誉、报考人数、高校学术水平发展进程、办学效率以及教育管理水平。在综合以上客观因素的基础上架构科学的评价体系。财务绩效评价以及非财务指标的融合能够有效规避高校发展路径中的显性问题。

（三）可操作性原则

财务指标的选取需要考虑涉及指标评价的数据是否能够通过科学的手段获取，数据采集过程中可能耗费的资金成本以及数据是否能够达到精准、规范的评价标准。绩效评价指标体系的构建应满足实际操作需求，步骤既不能过于烦琐，也不能过于简化，计算方法需简繁适中。财务评价体系中定量和变量的有机结合能够反映出高校真实的财务绩效，二者缺一不可。在上述财务绩效评价元素的协同作用下，可极大提高绩效评价指标的可操作性。

二、绩效评价指标体系的分类

高校绩效的评定指标需要依照人们惯用的绩效运行标准不断深化发展，当前常见的绩效指标主要有以下三类：

一是根据20世纪中叶英国贾勒特报告所延伸出的完整绩效指标体系。其绩效指标体系核心在于内部指标、外部指标和运行指标。内部指标代表高校的实际发展方向以及自身的发展优势；外部指标则是高校所处的经济社会环境对学科发展的要求；运行指标具体指影响高校"生产率"的元素，例如：教职工的工作量、公共学习资源利用率、高校环境维护成本等。

二是根据1986年英国大学拨款委员会（CVCP/UGC）、英国副院长、校长协会联合发布的绩效指标分类可知：绩效指标体系主要包含投入指标、过程指标、产出指标三种。投入指标特指高校在践行教育管理活动过程投入的各类资源，如人力、物力、财力；过程指标特指教育管理活动中组织或个人对各类资源的应用效能；产出指标则是对各类教育工作结果的成绩评定；此种绩效指标分类可以较为全面地涵盖高校发展过程中的各个环节，并为高校发展进程提供实时的问题解决方案。

三是依据卡伦的观点，将管理的相关概念通过相关的变量进行反映，将指标的设定分为效率指标、效益指标以及经济指标。高校的发展路径中受到多种元素的影响，除了可控的投入指标、过程指标、产出指标等，还存在不可控的社会背景变量，例如高校设备捐赠活动、考生报考数量、高校所处的社会环境等，对变量的融合分析是考察高校绩效的重要标准之一。效率指标着眼于投入与产出的比较分析，是对资源利用的评估方式，普遍追求低成本高回报；效益指标则是对既定目标实现情况的综合考量，对教育工作有效性以及完成情况进行衡量；经济指标则是对比预设资源投入量和实际资源投入量，避免资源过度使用的情况出现。

"3E"原则在高校发展过程中的多个方面得以显现，在高校前期的办学投入、过程以及产出三个阶段进行融合分析可知，投入和产出两者之间的联系性较强，而过程这一环节更多与教育管理效率相关。在高校实际的发展路径中，教育管理效率更多是从教师、学生受到的人均教育成本进行的评估，而非单一地关注办学收益。

高校绩效指标可以分为不同的类型，从运用到具体的高校财务绩效评价实际中，应注意因地适宜，要分清高校的类型，根据评价的侧重点，选取不同的指标类型。没有任何一种类型的指标是适合所有学校的，最重要的还是要合理选取指标体系。指标分类只是将所有指标进行划分，接下来重要的部分是如何选取合理的财务指标。

党的十九大在"关于全面实施绩效管理"的过程中提供了较为全面的部署方案和预算要求。预算绩效管理改革的深入发展和大幅度拓展为现实的实践工作带来了一定的难度，为配合预算绩效管理条例的执行，在科学、合理的绩效管理评价体系的搭建过程中，需要着重注意资源的合理分配和资源配置的效率收益，财政部门在调研的过程中需要汇集各地财政部门的意见和以往的数据信息。在全面开展实地调研和意见采纳的基础上，《项目支出绩效评价管理办法》应运而生。

《项目支出绩效评价管理办法》为项目的资源投入进行科学预算，统共七章三十二条，涉及的内容主要分为以下几类：绩效评价的标准和方法、绩效评价的组织管理办法和评价结果、资源分配的相关法律职责等。

除了对绩效评价范围进行了拓展外，《办法》的修订最重要的影响就是健全了绩效评价体系，并且明确了绩效评价指标、标准和方法。《办法》提供的项目支出绩效自评表、项目支出绩效评价指标体系框架如表5-1、5-2所示。

5-1 项目支出绩效自评表

(年度)								
项目名称								
主管部门					实施单位			
项目资金（万元）			年初预算数	全年预算数	全年执行数	分值	执行率	得分
	年度资金总额					10		
	其中：当年财政拨款					—	—	
	上年结转资金					—	—	
	其他资金					—	—	
年度总体目标		预期目标			实际完成情况			
绩效指标	一级指标	二级指标	三级指标	年度指标值	实际完成值	分值	得分	偏差原因分析及改进措施

116

续　表

绩效指标	产出指标	数量指标	指标1：						
			指标2：						
			……						
		质量指标	指标1：						
			指标2：						
			……						
		时效指标	指标1：						
			指标2：						
			……						
		成本指标	指标1：						
			指标2：						
			……						
	效益指标	经济效益指标	指标1：						
			指标2：						
			……						
		社会效益指标	指标1：						
			指标2：						
			……						
		生态效益指标	指标1：						
			指标2：						
			……						
		可持续影响指标	指标1：						
			指标2：						
			……						

续　表

绩效指标	满意度指标	服务对象满意度指标	指标1：			
			指标2：			
			……			
总分				100		

表5-2　项目支出绩效评价指标体系框架（参考）

一级指标	二级指标	三级指标	指标解释	指标说明
决策	项目立项	立项依据充分性	项目立项是否符合法律法规、相关政策、发展规划以及部门职责，用以反映和考核项目立项依据情况	评价要点： ①项目立项是否符合国家法律法规、国民经济发展规划和相关政策； ②项目立项是否符合行业发展规划和政策要求； ③项目立项是否与部门职责范围相符，属于部门履职所需； ④项目是否属于公共财政支持范围，是否符合中央、地方事权支出责任划分原则； ⑤项目是否与相关部门同类项目或部门内部相关项目重复
		立项程序规范性	项目申请、设立过程是否符合相关要求，用以反映和考核项目立项的规范情况	评价要点： ①项目是否按照规定的程序申请设立； ②审批文件、材料是否符合相关要求； ③事前是否已经过必要的可行性研究、专家论证、风险评估、绩效评估、集体决策

续 表

一级指标	二级指标	三级指标	指标解释	指标说明
决策	绩效目标	绩效目标合理性	项目所设定的绩效目标是否依据充分，是否符合客观实际，用以反映和考核项目绩效目标与项目实施的相符情况	评价要点： （如未设定预算绩效目标，也可考核其他工作任务目标） ①项目是否有绩效目标； ②项目绩效目标与实际工作内容是否具有相关性； ③项目预期产出效益和效果是否符合正常的业绩水平； ④是否与预算确定的项目投资额或资金量相匹配
	绩效目标	绩效指标明确性	依据绩效目标设定的绩效指标是否清晰、细化、可衡量等，用以反映和考核项目绩效目标的明细化情况	评价要点： ①是否将项目绩效目标细化分解为具体的绩效指标； ②是否通过清晰、可衡量的指标值予以体现； ③是否与项目目标任务数或计划数相对应
	资金投入	预算编制科学性	项目预算编制是否经过科学论证、有明确标准，资金额度与年度目标是否相适应，用以反映和考核项目预算编制的科学性、合理性情况	评价要点： ①预算编制是否经过科学论证； ②预算内容与项目内容是否匹配； ③预算额度测算依据是否充分，是否按照标准编制； ④预算确定的项目投资额或资金量是否与工作任务相匹配
		资金分配合理性	项目预算资金分配是否有测算依据，与补助单位或地方实际是否相适应，用以反映和考核项目预算资金分配的科学性、合理性情况。	评价要点： ①预算资金分配依据是否充分； ②资金分配额度是否合理，与项目单位或地方实际是否相适应

续　表

一级指标	二级指标	三级指标	指标解释	指标说明
过程	资金管理	资金到位率	实际到位资金与预算资金的比率，用以反映和考核资金落实情况对项目实施的总体保障程度	资金到位率=（实际到位资金/预算资金）×100%。 实际到位资金：一定时期（本年度或项目期）内落实到具体项目的资金。 预算资金：一定时期（本年度或项目期）内预算安排到具体项目的资金
		预算执行率	项目预算资金是否按照计划执行，用以反映或考核项目预算执行情况	预算执行率=（实际支出资金/实际到位资金）×100%。 实际支出资金：一定时期（本年度或项目期）内项目实际拨付的资金
过程	资金管理	资金使用合规性	项目资金使用是否符合相关的财务管理制度规定，用以反映和考核项目资金的规范运行情况	评价要点： ①是否符合国家财经法规和财务管理制度以及有关专项资金管理办法的规定； ②资金的拨付是否有完整的审批程序和手续； ③是否符合项目预算批复或合同规定的用途； ④是否存在截留、挤占、挪用、虚列支出等情况

续 表

一级指标	二级指标	三级指标	指标解释	指标说明
过程	组织实施	管理制度健全性	项目实施单位的财务和业务管理制度是否健全，用以反映和考核财务和业务管理制度对项目顺利实施的保障情况	评价要点： ①是否已制定或具有相应的财务和业务管理制度； ②财务和业务管理制度是否合法、合规、完整
		制度执行有效性	项目实施是否符合相关管理规定，用以反映和考核相关管理制度的有效执行情况	评价要点： ①是否遵守相关法律法规和相关管理规定； ②项目调整及支出调整手续是否完备； ③项目合同书、验收报告、技术鉴定等资料是否齐全并及时归档； ④项目实施的人员条件、场地设备、信息支撑等是否落实到位
产出	产出数量	实际完成率	项目实施的实际产出数与计划产出数的比率，用以反映和考核项目产出数量目标的实现程度	实际完成率 =（实际产出数/计划产出数）×100%。 实际产出数：一定时期（本年度或项目期）内项目实际产出的产品或提供的服务数量。 计划产出数：项目绩效目标确定的在一定时期（本年度或项目期）内计划产出的产品或提供的服务数量

续　表

一级指标	二级指标	三级指标	指标解释	指标说明
产出	产出质量	质量达标率	项目完成的质量达标产出数与实际产出数的比率，用以反映和考核项目产出质量目标的实现程度	质量达标率=（质量达标产出数/实际产出数）×100%。质量达标产出数：一定时期（本年度或项目期）内实际达到既定质量标准的产品或服务数量。既定质量标准是指项目实施单位设立绩效目标时依据计划标准、行业标准、历史标准或其他标准而设定的绩效指标值
	产出时效	完成及时性	项目实际完成时间与计划完成时间的比较，用以反映和考核项目产出时效目标的实现程度	实际完成时间：项目实施单位完成该项目实际所耗用的时间。计划完成时间：按照项目实施计划或相关规定完成该项目所需的时间
	产出成本	成本节约率	完成项目计划工作目标的实际节约成本与计划成本的比率，用以反映和考核项目的成本节约程度	①成本节约率=[（计划成本－实际成本）/计划成本]×100%。实际成本：项目实施单位如期、保质、保量完成既定工作目标实际所耗费的支出。②计划成本：项目实施单位为完成工作目标计划安排的支出，一般以项目预算为参考
效益	项目效益	实施效益	项目实施所产生的效益	项目实施所产生的社会效益、经济效益、生态效益、可持续影响等。可根据项目实际情况有选择地设置和细化
		满意度	社会公众或服务对象对项目实施效果的满意程度	社会公众或服务对象是指因该项目实施而受到影响的部门（单位）、群体或个人。一般采取社会调查的方式

绩效评价所遵照的原则具有"科学公正、统筹兼顾、激励约束、公开透明"的特点，可分为单位自评、部门评价、财政评价三个方向，各方向在财政评价

的过程中各有其侧重点,但又能够保证一定程度的衔接性。单位自评主要由支出资源的项目执行单位承担评价职责,保障资源的应用效率和应用职责;部门评价建立在单位自评基础上,可自行掌控评价的实效性以及阶段性,评价过程中需要兼顾全局,同时突出评价主体。部门评价需要选择周期性较长的项目进行跟踪,以多维度的视角覆盖项目的评价过程;财政评价则重点关注党中央、国务院部署的项目,并对其进行周期性的组织和绩效评价,以贯彻落实国家决策的重大方针政策。

《项目支出绩效评价管理办法》在综合考虑单位自评、部门评价、财政评价所涉及的评价标准存在较大差异的情况下,设定了更具针对性的评价指标,主要内容有投入、产出、效率等。在确定评价方式和评价原则的基础上,对需要特别关注的绩效目标进行全面的分析和说明,并根据执行评价决策过程中出现的问题制定相应的措施。例如:因为设定的初始指标偏低而产生的问题,需要在合适的时机适度减少给予的分值。部门绩效评价标准主要对初始计划设定、行业标准执行程度、历史最高标准或最低标准等进行评价分析,在可承受的范围内适当提高评价标准。财政评价中的重要内容涉及以下几个方面:项目资金管理、产入和产出效益评价、项目决策方式等。各部门的绩效评价方法主要有公众评价法、绩效元素分析法、项目决策办法等。

除了上述《项目支出绩效评价管理办法》对绩效管理带来的影响外,还可以从以下角度进行分析:

《项目支出绩效评价管理办法》明确规定了单位自评的标准和指标,并且对最终的评价结果划分了详细的等级,力求为同一体制下制度绩效评价设定规范化的评价标准,统一一级指标权重。在根据《办法》的绩效评价管理方式选择最具代表性的核心指标时,主要根据投入、产出所达到的效益指标不低于百分之六十作为根本原则和方向。在充分考量《办法》中绩效评价工作方式的过程中,需要根据自身实际情况完善绩效评价指标体系的框架,用以提高绩效评价工作的可操作性和工作质量。需要注意的是,在保证《办法》应用的科学化、独立化、客观化的同时,可以邀请相关专业的行业专家协同监管,避免出现"高投入,低回报"的状况出现,在第三方行业专家的共同监管下,给予第三方监管者相应的绩效评价职权。这种将项目实施者与监管职责相分离的绩效评价办法,是科学化绩效评价方法的关键环节之一。

《项目支出绩效评价管理办法》帮助项目各级负责人对绩效评价结果产生认同感。第一,《办法》将汇集到绩效评价结果进行上报研究的过程中,需要相关的部门或单位根据绩效评价的结果再次制定整改评价方案。第二,落实评价结果责任制度。依据《办法》内制度管理方式得到的绩效评价结果，追溯到问题产生源头，通过调整政策、分配资源、改进管理办法等手段与相关管理人员的管理职责完成情况进行挂钩，对表现优异的部门单位给予嘉奖，管理结果差强人意的部门单位则需受到相应的处罚。依照《办法》的管理条例，资源效益的实际应用情况是部门评定优、良等级的标准。想要提高各级负责人对绩效评定的认同感，需要及时公示评价结果，自觉接受广大人民群众的监督。

《项目支出绩效评价管理办法》明确了责任追究制度，在前期投入大量资源后未见成效，造成项目重大损失等严重问题，需要项目相关负责人按照《办法》中的相关规定追责。财政部门和预算部门在项目执行的过程中如若发生徇私舞弊的现象同样要依法追究其责任，有甚者涉嫌违法犯罪的，需要移送司法机关处理。

三、H省高校财务绩效评价实证分析研究

（一）样本概述和数据概述

1. 样本

高校在实施财务绩效评价方式的过程中，需要确认评估样本，便于在后期的绩效评价过程中与实际的现实效果进行糅合对比分析。在确定评估样本的过程中，可以选择具有相似功能的成员作为绩效的评估对象。本文选取了H省的20所本科院校作为研究的样本，包含高校种类众多，例如：工科大学、师范类大学、医学类大学等。样本数量测量的指标数据来源主要涉及资源投入与产出数据、资产负债表等。

2. 数据概述

在对数据进行处理的过程中，需要规范数据指标值的范围，在某些方面可以将数值的范围适当扩大，某些方面则需要将数值的范围适当缩小。高校财务绩效评价的过程中需要将其中的指标进行处理，以便于区分正指标和逆指标。根据以往的投入产出负债率和人员支出所占比例需要相关监测人员以求导的方式进行处理。在数据逐渐标准化、统一的过程中，需要充分保证其科学性和精准度，尽量规避超标的量纲和数量级的影响。数据的转换形式多样化，本书主要应用通过SPSS软件转换初始数据为Z分数本的计算方法。

（二）计算过程

1. 进行相关系数检验

当各个变量之间不具备相关性时，例如，其中一项指标 < 0.3，那么这种情况则被视为弱相关，需对该变量进行剔除处理。在充分考虑运算结果有效性

及准确性的前提下，剔除其中弱相关性变量指标，反而有助于整个指标体系的科学化以及合理化。其余 9 个指标以 D1、D2、D3……D9 表示，分别所对应的是显示支付比率、收入负债率、公用支出比率、经费自给率、自筹能力比率、收入支出比、人力资源支出比率、固定资产增长率以及净资产增长率。

2. 进行统计检验

统计学软件 SPSS25.0 中的检验方法主要有两种，一种是 KMO 检验，另一种是巴特利球形检验。前一种检验方法主要在 0-1 之间进行统计量的选取，所选取统计值越大，则表明所得因子分析效果越佳，但需要注意的是，若 KMO 不足 0.5 时，则不适宜开展因子分析。后一种检验方法主要所检验内容是阵，重点在于判断所检验内容是否符合单位阵标准，若检验结果与单位阵假设相一致（P>0.05），则需要慎重使用因子分析。系统检验被各项所剔除的指标，如果同时满足上述两种检验，则该检验数据可作为主成分分析。

3. 特征值与主成分萃取

表 5-3　解释的总方差

成份	初始特征值			提取平方和载入			旋转平方和载入		
	合计	方差的 %	累计 %	合计	方差的 %	累计 %	合计	方差的 %	累积 %
1	2.880	31.999	31.999	2.88	31.999	31.999	2.400	26.664	26.664
2	2.134	23.714	55.713	2.134	23.714	55.713	2.367	26.299	52.963
3	1.871	20.792	76.505	1.871	20.792	76.505	1.927	21.417	74.379
4	1.226	13.618	90.124	1.226	13.618	90.124	1.417	15.745	90.124
5	0.554	6.151	96.275						
6	0.269	2.984	99.259						
7	0.053	0.593	99.851						
8	0.012	0.138	99.989						
9	0.001	0.011	100.000						

主成分个数的选择有两个标准：第一个是对主成分所对应的特征值大于 1 的前 n 个主成分进行选择，第二个是前 n 个主成分累计贡献率大于 85%。根据

表 5-3 可以得出，前 4 个成分的特征值大于 1，且前 4 个主成分的方差累积贡献率为 90.124%，符合上述两个标准，能够看到提取 4 个主成分后，它们能够对原有变量的大部分信息进行反应。

4. 旋转后的主成分

表 5-4　旋转成份矩阵

	成份			
	1	2	3	4
Zscore（现实支付比率 D1）	−0.176	−0.15	−0.165	−0.842
Zscore（收入负债率 D2）	−0.260	−0.204	−0.023	0.791
Zscore（公用支出比率 D3）	0.973	0.100	0.044	−0.020
Zscore（经费自给率 D4）	0.172	0.973	0.021	−0.044
Zscore（自筹能力比率 D5）	0.382	0.862	−0.052	−0.125
Zscore（收入支出比 D6）	−0.466	0.764	0.156	0.160
Zscore（人力资源支出比率 D7）	0.979	0.119	0.040	−0.027
Zscore（固定资产增长率 D8）	0.067	0.068	0.974	−0.038
Zscore（净资产增长率 D9）	−0.011	−0.01	0.959	0.191

通过观察和分析表 5-4 中相关数据信息发现，成分 1 中的数值最大的两个为 D3 和 D7，说明成分 1 中所反映的指标信息主要是公用支出比率和人力资源支出比率两项内容；成分 2 中 D4、D5、D6 载荷位列前三，该列成分信息是对经费自给率、自筹能力比率以及收入支出比三项内容的集中反映；成分 3 中数值较大的两项内容主要是 D8 和 D9，反映了固定资产增长率和净资产增长率基本载荷信息；成分 4 中载荷是 D2，概率所反映信息则以收入负债率为主。

在对上述信息内容和数值载荷的整理发现，成分 1、2、3、4 分别反映的是高校支出水平、自我发展能力、未来增长潜力以及偿债能力。

由此可见，本研究所提取的 4 个主成分，足以实现对全部指标信息的集中反映，因此，可以将最初的 9 个变量以及 4 个变量替代，但现有数据表中无法直接得出 4 个新变量的表达式，需要对主成分特征值开平方根。研究将公式输入 SPSS 统计学软件中，所得结果如表 5-6 所示：

表 5-6　系数值

Q1	Q2	Q3	Q4
−0.11	−0.1	−0.12	−0.71
−0.17	−0.13	−0.02	0.66
0.63	0.06	0.03	−0.02
0.11	0.63	0.02	−0.04
0.25	0.56	−0.04	−0.10
−0.30	0.50	0.11	0.13
0.63	0.08	0.03	−0.02
0.04	0.04	0.70	−0.03
−0.01	−0.01	0.69	0.16

即：

Q1 = −0.11×Z 现实支付比率 D1−0.17×Z 收入负债率 D2 + 0.63×Z 公用支出比率 D3 + 0.11× 经费自给率 D4 + 0.25×Z 自筹能力比率 D5−0.3×Z 收入支出比 D6 + 0.63×Z 人员支出比率 D7 + 0.04×Z 固定资产增长率 D8−0.01×Z 净资产增长率 D9

Q2 = −0.1×Z 现实支付比率 D1−0.13×Z 收入负债率 D2 + 0.06× 公用支出比率 D3 + 0.63×Z 经费自给率 D4 + 0.56× 自筹能力比率 D5 + 0.5×Z 收入支出比 D6 + 10.08×Z 人员支出比率 D7 + 0.04×Z 固定资产增长率 D8−0.01× 净资产增长率 D9

Q3 = −0.12×Z 现实支付比率 D1−0.02Z 收入负债率 D2 + 0.03×Z 公用支出比率 D3 + 0.02× 乙经费自给率 D4−0.04×Z 自筹能力比率 D5 + 0.11× 收入支出比 D6 + 0.03×Z 人员支出比率 D7 + 0.7×Z 固定资产增长率 D8 + 0.69× 净资产增长率 D9

Q4 = −0.71×Z 现实支付比率 D1 + 0.66×Z 收入负债率 D2−0.02× 公用支出比率 D3−0.04× 经费自给率 D4−0.1×Z 自筹能力比率 D5 + 0.13×Z 收入支出比 D6−0.02×Z 人员支出比率 D7−0.03×Z 固定资产增长率 D8 + 0.16×Z 净资产增长率 D9

5. 计算综合得分值

即：

$$Q = 0.2664 \times F1 + 0.26299 \times F2 + 0.21417 \times F3 + 0.15745 \times F4$$

（三）结果分析

研究在进行结果分析时，按照财经、医学、工科、师范4个性质类别对20所高校进行了划分，不同类别所对应学校数量分别为2、2、9、7所。

根据公式计算，各高校主成分得分如下表5-6所示：

表5-6 主成分分析法得分值

学校	Q1	Q2	Q3	Q4	Q
U1	−0.12	−1.53	−1.27	−2.47	−1.1
U2	−1.63	−1.83	−1.14	−0.67	−1.27
U3	1.69	−0.53	−0.03	−0.47	0.23
U4	0.5	3.46	−0.98	−0.15	0.81
U5	−0.28	0.65	−0.19	0.38	0.12
U6	−1.57	−0.21	0.47	0.41	−0.31
U7	0.81	0.3	−0.18	1.2	0.45
U8	0.74	0	−0.78	−0.15	0.01
U9	−1.33	0.35	−1.11	0.19	−0.47
U10	0.69	0.67	−0.47	0.18	0.29
U11	1.59	0.39	−0.91	−0.63	0.23
U12	−0.41	−0.71	−0.08	0.57	−0.22
U13	−1.82	0.26	0.97	−0.72	−0.32
U14	3.13	2.69	0.78	−0.27	1.66
U15	−2.33	0.84	−1.13	−1.49	−0.87

续 表

学校	Q1	Q2	Q3	Q4	Q
U16	1.52	1.47	1.75	0.22	1.2
U17	−2.62	−1.79	0.4	3.81	−0.49
U18	−1.05	−2.83	0.59	0.79	−0.78
U19	0.42	0.64	4.72	0.4	1.35
U20	2.06	−2.28	−1.44	−1.14	−0.54

根据划分的类别计算综合得分值为（见表5-7）：

表5-7 各主因素得分及排名

主因素	财经类大学	医学类大学	师范类大学	工科类大学
Q	4	1	3	2
	−2.37	1.04	0.32	0.99
Q1	4	1	2	3
	−1.75	2.19	0.65	−1.1
Q2	4	1	2	3
	−3.36	2.93	2.15	−1.71
Q3	3	2	4	1
	−2.41	−1.01	−3.17	6.56
Q4	4	3	2	1
	−3.14	−0.62	1.58	2.17

1. 综合探析

各主因素的最终得分情况，可通过对表中相关信息数据的推演得出准确答案。从表中不难看出，工科类和医学类是4类专业院校中专业性相对较强的两种类型。所以政府普遍在下拨财政资源的过程中会偏向于这类高校，同时此类院校在培养学术型人才过程中所消耗的成本较高，所以大量的财政资源会不断地流入这类高校为其提高综合素质奠定基础。因此，工科类大学和医学类大学的财务管理经验丰富，其财政管理水平也优于师范类大学和财经类大学的财务管理水平。师范类大学和财经类大学从所学专业课程可以看出其性质偏向于文科方向，在科学研究的过程中所消耗的资源也普遍低于工科类大学和医学类大学，较少的学生人数使其办学规模和成本相对较低，国家对此类文科类院校的财政投入会与工科院校产生一定的差距。此种财务资源分配的方式会降低学校的财务风险，但其财务绩效也很难通过实质性的科研结果得以展现。

2. 高校偿债能力探析

高校的偿债能力主要通过Q4这个主因素指标得以显现，通过表5-7的数据分析对比可知师范类大学和工科类大学的偿债能力较强，具有到期还债的能力。其主要原因在于师范类大学和工科类大学的日常支出较少，财务资源的收支出比例可以达到均衡的效果，所以其偿债能力较强。医学类大学和财经类大学虽然可以保证现实支付率的平衡，但其负债率较大。以医学类大学的偿债能力为例，虽然其财务综合素质较高，但其收入水平难以负荷其债务，导致医学类大学的偿债能力较弱，需要在偿还债务的过程中保证收支的平衡性。在H省高校中，医学类大学和财经类大学仅有两所，所以在具体的研究过程中缺少可供参考的样本，不能够确保问题解决方式的精确性。

3. 高校财务运行绩效能力探析

Q1客观反映了人力资源支出比率D7和公用支出比例D3两个元素的相关信息。Q1是对收入支出比D6、经费自给率D4、自筹能力比率D5这三个元素的反映，即Q1和Q2可以具体反映高校财务的执行情况。从上文中表格的数据信息可以得出以下结论：师范类大学和医学类大学的财务管理工作水平较高，绩效成果较为显著；医学类大学的财务资源获取渠道较多，自筹能力较强，可用于其自身的事业发展过程中；师范类大学普遍重视财务资源收入和产出的平衡性，所表现出的收入比较高，证明其财务运转状态良好；工科类大学和财经类大学的财务资源获取渠道较窄，经费自给能力较弱，对于国家和地方政府的财务资源拨款依赖心理较重，并且其人员经费支出较高，致使其运行绩效较差。

4. 高校财务发展潜力探析

Q3是彰显高校自身发展潜力的指标因素，从表5-7中可以看出，工科类大学在发展的过程中需要配备多样化的实验设备和不同项目种类的实验室，用以满足其自身的科研需求。在工科类大学的发展路径中需要当地的企业给予一定的帮助，H省缺少能够协同开展教育教学活动的企业，因此，H省内的工科类大学需要自身投入更多的资源于科研项目之中，提高自身的固定资产和净资产的增长比率。医学类大学普遍与当地的医院有合作的关系，所以医学类大学能够在有较多实习需求的情况下，满足高校的教育任务，在资产投入方面略低于工科类大学。师范类大学属于教学类院校，很少涉及购买昂贵的学科研究实验设备，所以在资产投入方面相对较少，呈现出的指标得分较低。

(四) 影响高校财务绩效管理的因素

通过比较上文研究内容得知，在判断高校财务管理水平过程中，财务绩效评价方法可确保评价的综合性与全面性。H省的高校财务管理水平受到以下4大因素的影响。

1. 负债过高，缺乏相应的风险意识

在我国，高校教职工各项需求，如教学质量以及工资待遇等，并无法从高校自身所投入教育经费和准公共产品性质中得到有效满足。

高校普遍在遇到财务资源不足的问题时采取银行借贷或政府债券的手段缓解矛盾，但是高校往往因为自身财务管理水平较低，在负债的过程中没有形成较强的风险意识，不懂得开源节流，导致自身经济实力无法偿还贷款，对自身发展造成严重阻碍。

2. 自筹能力差，过度依赖国家和地方的财政拨款

国家的财政拨款成为高校获取教育经费的源头，虽然高校逐步形成了自筹教育经费的意识，但自筹的积极性不高，获得的财务资源收益也不容乐观。在一些西方国家，高校获取教育资金的众多方法中，社会捐赠是最为常见的途径之一，特别是在私立高校中，社会众筹是学校教育经费的主要来源。本书在调查研究过程中发现，H省部分高校对于社会捐赠资金的管理专门成立了教育基金会，但其他高校由于缺乏自筹思想，未能将教育基金会的构建全面贯彻落实，导致社会缺乏良好的捐助环境，不但不利于社会资源的获取，且对高校自身发展产生了巨大的阻碍。

3. 对资金的配置不够合理

高校并未明确自身的办学方向和教育定位，在财务管理的过程中没有针对性地进行科学规划，从前期的预算管理到后期的会计核算都存在一定的管理漏洞，其财务管理制度并不能满足高校与时俱进的财务规划需求。高校的财务资源分配常被各级领导和部门的主观臆断所影响，未形成科学的财务分配体系。各级领导和单位考虑更多的是部门的利益，并未以全局发展的眼光科学提高资

金的利用率，致使资金的应用呈现出资源浪费的现象。

4. 高等学校的内部控制机制不完善

企业在发展的过程中会根据自身的发展进程设立董事会、监事会或审计委员会等机构辅助自身的成长，以便于在管理的过程中及时发现问题并提出针对性的问题解决方案。高校在实际的管理过程中并非完全借鉴企业的良性运作方式，虽设置审计这一管理部门，但独立性不够，更有甚者将审计部门归于财务部门。高校此种财务管理运作方式极大削弱了审计部门的监督职能，在发现财务管理问题时，不能及时、科学地针对问题反馈并要求其调整财务管理方案。部分高校虽然在财务管理的过程中独立开设审计部门，但其部门人员配置（包括年龄结构、专业机构等多方面）都达不到实际工作要求，限制了高校内部审计工作的有效开展。高校普遍实行分级管理制度，具体划分了学院和系之间的协同关系，影响了信息之间的流通效率和问题解决的方向。

（五）提高高校财务管理水平的建议

根据对样本高校的财务绩效分析研究可知，如若想实现高校财务资源的合理运用，并实现财务信息的公开透明，则需要成立相关的财务绩效信息管理条例作为科学决策财务管理问题的现实依据。所以，搭建高校财务绩效评价体系势在必行。根据现存的财务管理问题，可以从以下几个方面优化财务管理办法。

1. 完善财务规章制度，建立合理的财务绩效评价体系

首先需要完善高校的财务资源规章制度，协助财务管理的各项事务得以顺利开展。例如：在有效的内部控制机制的协同作用下，帮助日常财务监管工作能够科学把控问题产生的源头，帮助高校的财务资源得以良性运转。在完善高校财务资源规章制度的同时，搭建财务绩效评价体系，通过各类财务分析法及时观测高校现阶段的财务资源应用状况，对财务资源应用风险进行科学预警，为高校财务管理提供技术支持。

2. 实现财务信息透明化

高校的财务资源来源：一是学费收入；二是政府的财政拨款。学费主要由学生家长进行缴纳，政府的财政拨款近三分之二来源于广大纳税人，因此，公众具有知晓财务资源应用现状的知情权、财务问题解决方案的参与权、监控财务问题解决过程的监督权。高校的财务信息可以直观地展现高校各级领导层的工作效益，是对其职责履行状况的客观反映。我国于2010年开始在全国范围内实施《高校学校信息公开办法》，明确指出，在全面提升高校财务管理水平的探索和实践道路上，财务信息公开方式是其中所不可或缺的实践内容之一。但部分高校财务信息公开工作仍未落实到位，成为制衡其财务管理的一大阻碍，

同时为后期的财务绩效评价带来了一定的阻碍。当地政府需要针对此种财务管理现状，及时部署高校财务信息公开工作，并为其提供财务信息公开的范例和格式，规范其公开内容的实效性以及针对性。在信息技术的辅助下，鼓励高校通过移动互联网等平台，实现线上的财务信息公开，尤其是规模较大的财务应用事项，例如：学术研究项目启动、高新技术设备的采买、大型基建项目的开展等。通过便捷的网络平台，拓宽了公众的监督途径，真正落实了公众网络监督权力，达到了财务公开的根本目的。例如：开设网络公众监督板块、网上信访板块、民众热线电话专区等。

3. 树立风险意识，完善财务治理，落实经济责任制度

高校在财务决策的过程中普遍会忽略学生的实际需求，专注于执行政府下发的文件，导致高校的财务治理未体现出民主、科学的特性。在执行下发文件时可以逐步成立企业治理模式中的董事会决策组织，发挥高校的组织管理作用，在具体执行政府下发文件的过程中充分糅合本校的实际发展情况，避免出现脱离实际的现象发生。各级管理层需要树立责任意识，能够主动承担一定的财务管理职责，从局部到整体共同提高决策的有效性和民主性。例如：在执行某一项目的过程中，首先明确项目的预算标准，并细分各环节的资金使用情况；其次在执行项目的过程中，实时监控单位部门的工作状态并予以评价；最后，在项目落实后组织所有涉及项目的相关工作人员进行评价总结，依据工作过程中各类情况执行奖惩措施，落实责任到人这一工作理念。只有树立高校内部风险意识，贯彻落实责任分级制度，才能够提高高校财务工作的效率。

4. 提高高校办学实力和多渠道筹资能力

高校始终应在结合自身发展需要的基础上制定科学合理的发展规划，通过一系列科学手段提高自身的综合实力。例如：引进先进的教学科研设备和科研人才、创建特色专业学科等。高校在提高自身综合实力的过程中可获取更多的社会影响力，帮助自身在竞争激烈的市场环境中占领优势地位，吸引政府和社会资助更多的教育资源，形成良性循环的教育管理模式。例如：通过设立专业的筹款机构提高社会企业对投资的信任度，在资金效益增高的同时吸引专业的财务管理人才，拓展更多的教育资金获取渠道；在学生就读的过程中帮助其树立感恩母校的思想品德意识，充分利用校友资源拓展与社会企业的联系渠道，为高校的发展供给更多的经费。加强高校与社会企业的联络是双向互赢的合作模式，不仅为企业发展提供了更为先进的科学技术，同时也为高校的专业科学研究提供了可实践的机会，增强了科研经费的应用效能，是社会效益和经济效益的双丰收。

第三节　高校财务绩效与管理制度创新

一、财务绩效与高校管理制度创新的原则

（一）提高教育管理绩效原则

高校需要重视在教育管理的过程中遵循绩效原则的工作方法，将办学效益的提升作为促进自身发展的标准。高校教育管理制度是约束高校发展方向和规范教育活动开展的根本性制度，管理制度同样能够为高校的发展带来一定的绩效。在执行高校管理制度过程中获得的绩效可细分为外部绩效和内部绩效：外部绩效主要是指在高校管理活动中的资源产出，例如：高校的就业率、专业学科研究情况、社会服务参与度等；内部绩效主要是指在高校的教育管理成本、高校学科实践工作的规划成本、高校教育管理活动的科学性和协调性。高校教育管理制度的外部绩效是内部绩效的体现，高校管理制度的内部绩效是外部绩效的前提和基础。

（二）激发潜在活力的原则

激发高校的潜在活力就是提高高校自身的发展能力，是对高校在发展过程中高度自觉意识的考验。有教育学者认为，"高校活力是贯彻教育使命和实现教育方针政策以及坚定高校本身所具有的责任意识的动力源泉"[1]。高校的活力能够帮助学生提早适应社会发展的环境，同时满足学生自我发展的需要，高校作为一种组织团体，其发展活力主要表现在以下几个方面：

1. 高校理念

高校的稳定发展离不开科学、合乎情理办学理念。能够始终践行办学理念的高校其内在活力呈现出正向积极的一面；当高校在办学的过程中逐渐失去理念的支撑就会丧失内在活力。

2. 高校内部组织的协调关系

高校常见的内部组织协调关系主要有以下几种：行政与学科研究、院与系、教师与学生等。想要激发高校内部的活力潜能，需要协调好构成高校内部关系的各大元素。当各元素能够为实现高校的发展目标共同奋斗时，高校的潜在活力才得以充分激发。

---

[1] 李明. 论如何认识和激发大学活力 [J]. 中国高等教育，2008（6）：9-12.

3. 高校与所处社会环境的关系

高校与所处社会环境的关系主要有以下几种：高校与当地政府、高校与市场环境、高校与当地企业等。高校与外部环境的关系处理是展现其办学原则的根本途径，也是激发其活力的基础。高校教育管理制度主要通过激励的手段实现自身环境的创新发展，是帮助其内部各系统迸发活力的重要因素之一。环境因素是帮助高校实现人才培育、专业学科研究、社会服务等实践课题的舞台，不仅顺应了时代发展的潮流，更是高校促进自身可持续发展的有效有段。

（三）优化资源配置的原则

合理的资源配置可有效规避教育服务过程中出现的原则性问题，如：教育资源的产出、高校办学效益、高校管理计划的落实等。高校的教育资源分配主要分为以下两个方面：一是从微观角度进行分析，高校内部的资源合理分配是对教育管理科学战略的落实，通过高效的教育管理举措，实现资源的利用效率由低收益向高收益的转变；二是从宏观角度进行分析，国家通过严谨的运行机制，详细划分了不同区域的教育资源分配数量，有效杜绝教育资源的浪费。

二、财务绩效视角下高校管理制度创新

（一）高校财务管理制度创新

高校财务资源的合理分配需要遵循财务管理制度的既定原则。我国高校当前践行的财务管理原则主要分为以下两种形式：一是"统一规划、统一管理"；二是"统一规划、分层管理"。高校财务管理原则的创新需要充分结合上述两种基本原则，形成新的财务管理原则："统一规划、资金汇集、分层管理、及时核算"。在践行创新财务管理原则的过程中始终坚持高校最高管理层的决策地位，其教育资源分配权力、财务管理规章制定权力、经费实时督查权力需要按照财务管理原则落实。部分财务管理事务需要院、系结合学生实际需求和专业学科发展需要具体细分，分级的财务管理形式便于财务管理人员核算经费的实际使用情况，是实现高校经费实时督查权力的关键环节。高校财务管理需要在践行权力分层的过程中对绩效的预算形式提出配套的管理办法，用以实现对全校财务工作的管理和领导。在同一规划的基础上分解各层管理人员需负责的绩效目标，最终实现高校财务管理水平提高的根本目的。

（二）高校人才培养制度创新

高校的根本教育目的是培养适应社会发展的创新性人才，因此，在制定一系列管理工作制度的过程中需要始终坚持人才培养的方针政策为基础。只有提高管理政策的合理性、科学性才能为学生创设良好的学习生活空间、激活探寻

知识的能力、发挥自身学习潜能，才能整体提高高校人才培育的质量和数量。高校在长期的实践路径中逐渐探索出适应当代社会人才培育的教育管理体系以及新思路，主要表现在以下几点工作内容中：一是增加实践机会，给予本科生更多的专业课题研究机会；二是细分专业方向，给予学生更多的专业课程学习选择；三是将学分划分为必修和选修两种，丰富选修课程的内容，帮助学生拓展知识面、开阔眼界，更好地为自身专业学习奠定基础。

（三）高校科研管理制度创新

高校的专业学科研究是创新知识体系的过程，能够约束学科专业知识研究过程中学生主体的科研行为和思想意识。高校的专业学科管理工作进度主要由教研处归口管理，在学科研究的过程中仍遵照被动的学生管理模式，模式化的管理办法已不能适应当前自由、活跃的创新型学术研究环境。因此，高校教研处需要在创新管理机制的带领下转变自身项目研究申报、督查、评价、验收、鉴定和报奖的固化教研方式。

高校教研工作的组织理念以及执行办法需要相关教育管理者不断根据以往的实践经验展开科学创新，整体提高教育科研的管理水平。高校教研活动的开展需要注入为学生服务的思想意识，帮助学生在探究学科专业知识的过程中明确研究方向。在创新制度和理念的过程中重新定义高校教研工作小组各部门的职能以及管理范畴，实现教研过程中的责任到人。高校在着手提高制度的激励性功能时可从以下三个角度进行分析：净化科研环境为目的的激励制度、完善科研过程的激励制度、保护科研成果的激励制度。

（1）净化科研环境为目的的激励制度。在践行科研激励制度的过程中，首先需要考虑环境因素带来的影响，环境的良莠决定了制度推行过程是否会受到诸多不良因素的阻碍。所以，在创新科研制度的过程中，需要对科研制度的实施环境进行管理，渲染科研管理环境的服务氛围。一方面，科研管理需要对申报的研究课题进行审批，课题需要贴合我国的实际国情以及社会发展的需要，坚持现代化建设的实践方针和改革开放的思想指导，在发现贴合社会发展效益的研究方向后要精准、及时地做出正确的回应。科研管理部门需要发挥自身的资源调配优势，为科研项目的开展提供坚实的物质基础，在校内资源稀缺的情况下，科学调配校外资源配合重大课题、联合课题的研究需要，真正实现科研过程的简化及优化；另一方面，高校可以充分利用互联网的信息传递优势，为科研管理部门搭建信息交流平台，实现信息的有效、及时传递。在借助网络公布课题研究进程的同时，与社会企业建立合作关系，发动社会力量为科研活动供给更多的资源和人才信息。

（2）完善科研过程的激励制度。高校需要从知识产权保护和考核制度设立两大角度进行完善。第一，需要考虑到不同学科的发展特点，在结合学科发展特点的基础上设定对应的评价标准。如：新兴的专业发展方向可供参考的学术结论较少，在发表论文的过程中需要建设此类论文的评价标准；第二，专业学科独有的性质要求考核制度的确立需要满足其教育教学需求。如：偏向理论研究的专业和偏向实践研究的专业，在最终考核的环节需要将理论结果或实践结果纳入考核的范畴；第三，在分配制度上，既要体现知识劳动的价值，也要适当向基础研究倾斜，以人为本。一方面将科研成果和知识投入作为收入分配的要素，使科研人员能够通过自己的科研活动增加收入，提高经济地位；另一方面也要提高基础研究的科研人员的工资福利待遇，使他们能够集中精力，潜心钻研，保证科研质量。在知识产权保护制度上，对可应用的科研项目进行产权保护，及时为科研成果申请专利，准确评估科研成果的价值，积极推动应用型科研成果进入市场。

（3）保护科研成果的激励制度。设立科研基金的激励制度，科研基金可视为专业学科研究制度中的关键环节，是激励专业学科开展研究的重要举措。科研基金需要涉及各类项目的研究成果，例如：发表优秀论文、编写优秀教材、校内外重大科研项目研究等。科研成果的激励制度确立可激发各专业人才对研究的积极性，如：针对社会现象创新研究解决方案、为大学生修订专业基础课程教材等，促进人才培育的进程以及学术的发展。科研基金可以通过社会众筹、校友会等方式获取，并且保证在后续的使用过程中，向社会公示。

综上所述，高校科研管理需要不断糅合时代的发展需求创新管理体制，用以发挥科研管理对社会发展和人才培育的推动作用，促进我国科学与人文社会的不断发展进步。

第六章 高校内部控制研究

高校财务管理中的内部控制工作是其他工作顺利开展的主要基础。内部控制模式的建设会为其他工作的开展提供合理的行为主体和工作方式，从管理学的角度上讲，合理的内部控制方法设计会优化内部各部分之间的合作效率，从而提升各部分的工作效率与质量。本章将以内部控制为主题，将国内外的内部控制工作进行对比，以便研究我国高校内部控制工作的前进路线和发展方式。

第一节 高校内部控制概述

内部控制的发展由来已久。内部控制的实践可以追溯到公元前3000年前的美索不达米亚文化①时期，受当时社会生产力发展水平的限制，尽管内部控制的管理思想已经存在，但没有形成系统的管理理论。直到15世纪，西方资本主义得到初步发展，复式记账法的出现，推动了管理思想的新发展，以管理职能相分离为目的的内部牵制思想得到了应用和发展，内部控制理论才有了最初的起步。因此，内部控制是随着社会经济的发展，以及组织之间竞争的加剧，为了提高组织的管理绩效而发展和演变而来的一种自我控制、自我约束的管理机制。内部控制本身不是目的，它是存在于组织之中的，为组织服务的一种管理手段；内部控制也不是仅指对某个事项的控制，而是贯穿于组织活动之中的一系列管理与控制手段的有机整合。

一、内部控制的概念

内部控制与其他理论相似，它的产生与发展是基于一定的社会环境的需要，并为满足这一需要而不断发展与完善，继而成为一种理论体系的。对内部控制

---

① 美索不达米亚文明（Mesopotamia Civilization）又称两河文明，是指在底格里斯河和幼发拉底河两河流域之间的美索不达米亚平原（现今伊拉克境内）所发展出来的文明，是西亚最早形成的文明，主要由苏美尔、阿卡德、巴比伦、亚述等众多文明组成.

的研究，是不断发展和变化着的，并且随着时代的改变而不断变迁。内部控制从本源上说，是基于组织内部管理的需要。发展到今天，已经加入了许多社会责任等方面的元素，其内容和立意有了更大的扩展，成为广泛意义上的内部控制。

内部控制作为一种管理手段或方法，是动态的、变化的，它必然会与特定的社会发展、经济环境、管理思想相关联，并刻上时代的印记。对于内部控制的描述，许多学者以及各国的组织、机构在不同时期都从自身的立场，结合当时的管理思想和实践，提出过不同的看法，有着多种多样的表达方式。

20世纪30年代左右，内部控制被认定为一种专用名词，一经提出便被广为认可与接受。

1936年，美国会计师协会结合大量实践和工作经验，将内部控制定义为是一种应用于公司内部的手段和方法，主要目的是为了形成对公司现金流和资产的系统保护，检查簿记事务的准确性。

1970年，日本会计研究学会在保持原有内涵的基础上对内部控制进行了重新定义，认为内部控制所指的是企业相关经营者为形成对企业资产的全方位维护，保证会计所记录内容的准确性与有效性，从整体角度出发对企业经济活动进行详细规划，对企业内部所制定的相关制度、组织方法以及开展手续等进行有效协调和评定等。

依照1981年国际会计联合会的观点，内部控制是指为了达到既定的管理目标，有程序和有效率地进行经营活动的组织体制的设计和经济实体所采用的方法和程序。

依照1986年第12届国际审计会议的总声明，所谓内部控制就是企业相关管理机构结合企业自身实际情况所树立的总体目标，目标的构建主要是为了确保企业各项经营活动开展的合法性，为确保企业的每一项管理决策能够落到实处，需确保总体目标的经济性、效果性以及效率性，只要所制定控制目标符合上述标准即可实现对资产和资源安全性的有效维护，保证财务系统的完整性、会计记录的准确性等等。

依照1992年美国COSO委员会在一项报告声明中，将内部控制归纳为一个过程，并认为在过程执行期间，可能会受到企业内部各类因素的影响，如，董事会、管理层以及其他员工等等，并认为内部控制主要是为了以更高的效率完成经营活动，以更可靠的方式完成财务报告，以更严格的法律监督自身等等。

依照国际内部审计师（CIA）的观点，内部控制是指一个机构内董事会、管理层和其他各方进行的旨在加强风险管理、促进实现既定目标的行为。

依照2003年美国证券交易委员会(SEC)提出的财务报告内部控制的概念，财务报告的内部控制的设计和监管由公司高层负责，其在运行过程中可能受到以下群体影响，如，公司董事会、管理层以及其他人员，具体任务是为财务报表编制具有科学性以及合理性的控制程序。

根据中国国内所公布的有关内部审计的相关细则发现对于内部控制的认识主要是组织内部为确保企业整体经营目标的有效实现，确保企业资产的安全性与完整性，在不违背国家相关法律规定的基础上，通过各种政策和程序的实施与执行，加快企业整体组织能力、运营效率以及运营效果的全面提升。

《独立审计具体准则第9号——内部控制与审计风险》[1]对内部控制的理解是为有效开展各类业务活动，形成对资产的系统防护，阻止各种错误和舞弊现象的发生，为会计工作提供真实、合法、公正的环境，进而所执行实施的一项政策，该政策中囊括了会计系统、控制环境以及控制程序多个环节。

由此可见，内部控制是一个抽象的概念，在各自的设定条件下，所有的观点都具合理性。从内部控制的发展来看，内部控制呈现出内涵越来越广泛、各个构成要素之间不断融合、与组织目标紧密相关的发展趋势。在此，提出一个我们对内部控制的理解：内部控制是指为了保证组织经营活动的效益性、财务报告的可靠性、遵循法律法规的合规性而自行建立的旨在检查、制约、调整、监督组织内部管理活动的，对公众负责的自律性系统。

二、内部控制产生的理论基础

作为一种从自我角度出发，进行自主化管理的方式方法，内部控制现已被广泛应用于各种组织活动之中。内部控制的动力源泉很多情况下源于企业内在的管理需求。这主要是由于企业内部存在一系列委托——代理关系。而这种关系的存在使得代理成本问题源源不断，为了最大限度地降低代理成本，需通过一种专业机制对企业管理行为和活动进行约束，以公正、客观的态度平衡企业中各个利害关系，而内部控制也随制衡机制的构建而逐渐显现轮廓。

纵观现代各大企业实际情况，内部存在明显的两权分离现象，其中的"两权"主要是所有权和经营权，而这种分离所产生的直接影响就是催生了一系列委托代理关系。在这一关系中，代理人在充分考虑委托人利益的基础上，开展或从事相应的活动，该过程中代理人还可从委托人处获得某些特定的权利，如决策

---

[1] 佚名. 独立审计具体准则第九号 内部控制与审计风险 [J]. 交通财会，1997（4）：48-50.

权。通过阐述委托代理理论后，可以尝试将企业视为集合了一系列委托代理契约的"特殊机构"。股东作为企业的所有者，仅需保留部分控制权，其他权益均转移至董事会；而董事会需在保留部分战略性决策控制权之外，需将管理权授予经理阶层。如此一来，不但可确保权利分配的合理性，且能够使组织中形成积极、良好的委托代理关系。

从实质上来看，两个处于不同层级的市场参与者，他们在信息上存在明显的优、劣差异，这种不对称的信息关系则被称为委托代理关系。其中，代理人属于信息的优势方，可以通过相对更为直接的方式对信息进行获取和了解；委托方则处于劣势状态，对于信息的获取缺乏全面性。而从委托代理关系的构成上来看，需要以两个条件作为支撑：一是市场上需具备两个以上的个体，并且个体之间彼此相对独立，个体都是在追求一定约束条件下的效用最大化；二是代理人与委托人都面临市场风险和不确定性，代理人与委托人所掌握的信息不对称。

委托代理关系在降低了公司的经营成本的同时，也产生了新的成本，即委托代理成本。委托代理成本指因为委托代理这一契约关系而可能产生的全部费用。因为代理人具有有限的理性，其行为目标是借助于委托人所给出的条件来实现利益的最大化。在其进行经济行为时，因为其具有"经济人"的特点，必然会更多地考虑自身的利益；而委托人，虽然委托他人某种行为是基于对被委托人的信任和能力的认可，但委托人通常不会直接参与经济活动，对于相关经营信息了解得不够全面也不可能全面，这就造成了要为委托他人的行为付出一定的代价，这个代价就是委托代理成本。

企业股东、内部员工、供应商、消费者等均属于企业相关利益者，各利益者彼此之间存在着一种委托代理关系，从而构建起了一张复杂的关系网。企业若想要早期实现自身所制定的总体目标，实现企业正常运作，则需要把控好各相关利益者之间的平衡性，并且为避免侵害委托人权益，需依托于相关制度来约束和激励代理人，基于此背景下，便产生了独特的属于企业自身的治理结构。

公司治理结构的实质就是在股东会、董事会、监事会和经理层之间合理配置权力，明确各方责任，建立有效的激励、监督和制衡机制，从而实现公司目标。内部控制作为企业内部系统的约束机制，其产生的基础也是源于所有者与管理者之间、高层管理者与中层管理者和普通员工之间的委托代理关系。公司治理机制不仅能最大限度地降低代理成本，同时能够保证各方利益的有效实现。因此，组织治理结构是实现各方利益制衡的保证。内部控制是实现有效制衡的保证手段，其最终的目的也是为了降低委托代理成本，减少管理风险，提高组织效率和效果。

第二节 高校财务内部控制现状及成因

一、高校财务内部控制现状

我国高校财务管理工作在优化创新的过程中取得了一定的成效，高校内部逐步推行相关的财务工作管理制度，如：财务风险预警制度、经费管理制度、经费资源分配制度等。在制度逐渐健全的基础上，各单位的运行机制也在逐步创新，如：高校内部财务控制运行机制、经费筹集活动管理、财务资源核算办法等，我国高校的财务管理水平在科学制度和运行机制的协同作用下逐渐得以提升。

（一）制度层面

1. 国家缺少针对高校财务内部控制的制度和实施细则

我国当前颁布的财务管理制度主要有：财政部 2012 年颁布的《行政事业单位内部控制规范（试行）》、财政部和教育部 2012 年颁布的《高等学校财务制度》、财政部 2013 年颁布的《高等学校会计制度》以及财务部 2018 年颁布的《关于高等学校执行〈政府会计制度——行政事业单位会计科目和报表〉的补充规定》。这些制度虽明确了财务管理的方向并提出了指导性的管理意见，但是在具体的执行过程中并不能够满足作为个体的高校发展诉求，缺乏一定的可执行性。财务业务的多样化和不同的社会需求成为阻碍高校发展的根本性因素，限制了高校财务管理工作的发展进程。

2. 高校自身制定的财务内部控制制度水平参差不齐

在社会主义市场经济体制的宏观调控背景下，我国高校在日趋复杂多变的财务管理环境中需要对自身的财务管理工作提出更高的要求。高校财务管理制度的建设在面对不同的业务时，需要具备灵活的应用特性。第一，高校财务管理制度在确立之前需要充分对自身的实际发展现状开展调查，针对较易出现的问题制定相应的解决措施，用以规避问题的产生。但实际现状却是普遍缺少对风险评估机制的重视；第二，高校在制定贴合自身财务状况的制度时，容易受到相关管理人员综合素质的影响，所以制度的建设水平呈现出参差不齐的状况，能够涉及的财务管理工作也存在片面、单一的状态。反映出高校财务管理工作未能协调内部各元素关系，制度缺乏规范、完整的框架；第三，高校未重视内部的自我监管，不能清晰地掌握经费的使用情况，无法从源头抑制财务管理工作违规现象的发生；第四，高校虽重视大型财务管理工作的进展和监察，但是在日常的财务管理工作中常忽略一般性质的教学项目经费管理。

(二) 团队素质层面

1. 全员认识度不高、参与度低

我国高校财务管理的理论研究与实践相较西方高校差距较大，并且关于财务管理的内部控制理念是近几年才逐步兴起的，所以，在我国高校的财务管理发展路径中，缺少可供参考的、较为完整的内部财务管理控制制度，常显现出以下问题：一方面，高校相关教职员工并未正确认知财务管理的重要性，同时缺少相关的管理理念支撑，导致在实际的财务管理工作过程中缺乏积极探索的研究精神；另一方面，高校管理者未对财务管理部门组织统一培训，使其缺乏财务管理的动力，在思想层面缺乏积极性。

2. 重教育、轻管理

高校以人才培养为教育教学的根本目标，往往会忽视工作管理在其中发挥的重要作用。高校的教育部门和财务部门呈现出相辅相成的管理趋势，但因其管理理念的差异，往往会产生冲突与问题。高校财务管理理念的形成周期短，相关的教育管理工作人员在思想层面普遍认同教育管理的地位，这就对财务管理工作的开展产生了一定的影响。在财务与教育两者产生矛盾时，高校往往会优先考虑教学教研活动的开展，这种管理思维限制了财务内部体制的具体执行以及相关事务的开展。

3. 相关人员的专业素质跟不上教育事业的发展

高校在面对财务事务管理工作时，常以单一的问题解决思路处理相关事宜，相较企业的财务管理方式更为精简。因此，高校财务管理人员在所面对财务突发事件时，不能依照既往经验解决问题。在各国逐渐加强合作的当今社会，经济贸易往来呈现出多样化的形式，传统的财务管理模式已不能适应日趋复杂的业务活动需求，教育事业的发展也不断受到财务管理水平的制约。高校只有在重视财务管理人员综合素质发展的前提下才能为自身不断提供发展动力。

(三) 实行措施层面

1. 对现有内部控制制度的执行不力

高校各级管理人员普遍缺少对事务管理的重视，例如：对现有的财务管理指令执行力度不够。高校教学研究人员在执行财务管理制度时常存在抵触的情绪，认为财务管理应是财务相关部门的职责，从而无法真正落实财务管理的相关任务指标。尤其是遇到难以解决的问题时，更容易从主观的角度断定财务管理是影响其教育科研的关键因素之一。例如：教学研究人员在报销时因各种财务制度的限制，无法达到其报销目的，其本人对于财务管理相关事宜的流程存不够熟悉，在主观心理的影响下，容易生成另外办理的心态；当出现大额的财务支出时，高校管理层会对审批流程监管更加严格。因此极个别部门为逃避上级监管，在执行财务业务的过程中往往将大额的财务业务分多次进行办理；高校管理层在执行财务业务时，如若与教育教学业务发生冲突，往往会优先执行与教育教学相关的财务管理事宜，在主观心理因素的影响下，忽视客观的管理层审批制度。

2. 二级财务管理缺乏效率

高校常依照分权管理的制度下放管理业务，例如：实行二级财务管理制度。二级财务管理制度能够帮助高校决策层在制定决策时更加贴合基层的需要，整体提高决策的科学性；二级财务管理制度可以动员更多的教职工参与财务决策，营造积极、进取的财务事务管理氛围。二级财务管理制度在具体执行的过程中也凸显出一定的弊端，例如：在个人利益和学校利益二者之间选择个人利益，为自己所在的部门单位设立小金库；二级财务管理部门缺少业务处理经验，致使在科学决策的过程中常因专业性不够降低内部事务处理效率。

3. 预算管理缺乏约束

科学的财务预算能够帮助高校整体规划下一学年的各项资源配置需求，是帮助高校合理分配资源、制定相关费用收集政策的关键环节。根据当前高校的财务预算情况可知，在汇集各部门申报结果的阶段，常出现过分夸大申报资金、随意划分经费预算的情况出现；在确定申报数值阶段，缺少对实际情况的调研，各申报部门未对申报流程进行科学的规划；在执行申报预算阶段，没有健全的监管体系进行实时监督，在调整前期预算数目时显现出较强的随意性，常出现为了达到执行目标，后续需要追加经费的情况。财务预算没有真正发挥出其管理效益。

4. 对专项经费的过程管理不足

高等院校为顺应社会主义市场经济的发展规律，增设了多样化的教育专项项目，并呈现出逐年递增的发展趋势。高校为提高自身的教育研究能力和教学质量，不断优化教学环境，例如：启动实验室专题项目、搭建科研平台、引进先进教学设备等。但在优化教学环境的阶段显现出不少与财务管理相关的现实问题，例如：经费的申报数额与实际使用数额不符，教育专项项目的开设未考虑社会的发展需求，仅是盲目地追求数量；在教育专项项目经费的使用阶段，因前期缺少详细的科学规划，致使专项经费的分配效果较低，甚至出现挪用经费的情况；教育专项经费在效能考核阶段没有建立科学的考核机制，没有做到"赏罚分明"，仅对值得嘉奖的行为进行奖励，在项目不达标时缺少惩罚。

教育专项项目的开设虽满足了教育扩招后的评估要求，但在具体的基建过程中也显现出较多的问题：首先，教育专项项目在前期的决策阶段缺少全面、科学的调研评估，以至于在课题确立时相应的项目预算也不能随之敲定，财务部门难以对此类教育专项项目进行有效监管；其次，教育专项项目在招标的过程中未公开、透明，利益分配问题造成"有关系才能中标"的现象；最后，教育专项项目在后期成果评估环节形式化较为严重，监管人员常抱有"只要达标，评估就是走过场"的心态对成果进行验收。上述问题严重影响了教育专项项目的建设，造成项目经费成本效益差、竣工后返工、经费贪污等不良影响。

5. 财务分析能力有限

高校财务人员需要在业务实践过程中不断总结经验教训，针对业务执行出现的问题具体分析其诱因，避免在后续的财务管理工作中出现相似的问题，造成财务资源的浪费。我国高校在创建财务管理工作小组时，一方面缺乏对从业人员的素质考核，忽视了财务管理人员综合素质对经济业务执行的重要性；另一方面高校内部控制体制的不完善也成为阻碍财务业务开展的诱因，在一定程度上限制了财务管理专业人员财务分析能力的发挥。

6. 信息与沟通不顺畅

伴随着科学技术的发展，高校的办公形式逐渐得以转变，传统的办公形式逐渐转变为自动化系统，提高了信息沟通的效率。目前高校还未充分挖掘自动化办公系统的应用功能，仅注重信息的传递效率，忽略了信息传递的准确性。这种现象的产生主要是由于高校部门横向扁平性的特质决定的，在信息传递时容易造成不准确、效率低的问题。高校的人事管理制度也为信息的传递带来了阻碍，例如：教师、辅导员不用专职坐班；高校管理者因需处理的事务较为繁杂而缺少了解基层的情况的机会；各部门的工作内容差异性较大等，致使高校信息的传播在横向以及纵向都存在沟通链的断裂。此外，高校的财务管理部门在处理最终的财务信息时，仅将详细结果上传于上级主管，并未实现财务核算结果公示，限制了教职员工监督权的行使，降低了财务管理的运营效率。

7. 内部监督较为薄弱

高校虽然在管理体系内设置了纪检部门，但并未给予其真正的监督权力。纪检部门在行使监督权力的过程中，权威性受到限制，所能发挥的监管成效并不明显。各级部门往往也认为纪检部门与自己处于平级的地位，并不认同其工作需求，因此，在纪检部门发现工作中存在的问题时，往往也迫于各部门施加的压力，执纪存在"宽、松、软"的现象，未能充分发挥自身的监管约束作用。

二、高校财务内部控制问题的成因

(一) 行政权力过于集中

我国高等院校始终依据《中华人民共和国高等教育法》中的规定，实行校长责任制。在党委统一领导下，赋予校长独立的事务行使职权。校长的职权行使需要坚持中国共产党方针、政策的领导，顺应社会主义发展的办学方向。高校的德育工作和思想政治工作的开展需要选拔内部组织机构负责人员，用以保障相关管理制度的科学确立和有效实施，确保高校实现人才培育计划。依据我国高校当前的教育实践结果，党委统一组织领导下实行的校长责任制贴合我国教育行业的实际发展需要，但体制仍需进一步的规划和完善，否则极易在行使教育管理权力的过程中出现无效监督和执行力差的情况出现。

1. 无效监督

高校学术委员会和教职工代表大会常承担高校管理事务的职责，特别是高校学术委员会中的相关成员，常作为高校管理组织中的一员[①]。所以，在开展教育管理工作的决策阶段，作为行政权力践行者的教职工往往会被制度限制行为。高校学术委员会在行使权力时，主要遵照高校行政权力所划分的范围开展教育教学活动，其工作方向仍需党委和行政管理的把控，所以其组织性质始终不能成为一个独立的审议机构，仅为学校组织行政决策事项提供参谋建议。高校学术委员会和教职工代表大会成为证明高校行政合法的工具，没有发挥其联系学生群体的根本性功能，学生的根本需求未能通过行政决策所体现，其基本的监督权和参与权没有得到保障。

综上所述，高校的各项决策权力太过集中反而会产生负面影响，教师和学生的权益在高校行政管理的决策阶段逐渐被忽略，其决策地位在现实中被边缘化，高校推行的全民监督机制形同虚设。

2. 执行力差

当高校的行政权力过于集中，就会导致在具体执行教育管理事务时降低各级教育管理者的权威性，致使行政管理任务的执行力下降，其管理优势无法被充分认识。

(二) 资金来源无偿、资产所有者缺位

高校所得的教育经费皆有国家进行分拨，例如：学校建设初期分拨的土地、建设款项、日常运行所需资金、专业学科研究项目的启动资金等。所以，高校的办学权归属于国家或当地政府。当高校建成并处于能够独立运行的状态时，

---

① 王玉珍. 中小学教代会工作存在问题及改进策略研究 [D]. 苏州：苏州大学，2008.

国家或政府就可以将管理权下放至高校管理者，由高校管理者延续高校的日常管理活动。高校管理者在接管高校后就拥有了最高的行政决策权力，各项事宜可直接由高校全权负责，与此同时，国家或政府仅对其教育管理工作的方向性和原则性进行把控，不再过多过问其资金状况，这就致使高校资金供给明显紧缺。同时高校教职工和管理者在行使财务资源调配的权利时，往往缺乏相应的责任感，导致财务资源浪费以及无效分配的情况出现，逐渐形成恶性循环的现象。尤其是二级财务管理模式的应用，与学校的发展理念背道而驰。

当前实行的财政拨款制度存在不少显性的问题，例如财政预算增量的政策使得高校人员在执行相关事宜的过程中出现经费过度浪费的状况。高校管理人员普遍认为在降低教学运行成本的过程中增量预算并没有带来实际的效益，不利于节约财务资源。在执行拨款资金收回政策时，因收回的资金不会在一年度返还，所以高校管理人员常会形成"不用白不用"的思想观念，套用、串用拨款资金。高校财务资源的配置现状不利于财务的内部控制，影响资金的使用成效。

（三）外部控制制度起步较晚

我国高校相较于西方国家的财务管理研究起步较晚，从而在协调与财务管理相关的各大元素时没有规范的法律体制作为支撑点，高校普遍在制定财务管理制度的过程中不能从现实发展角度出发，常通过借鉴其他院校的财务管理政策来完善自身的财务管理体系。财务管理制度缺乏系统性、科学性和良好的执行条件，导致高校的财务管理事宜出现执行力度较低、财务资源监管不到位、财务资源应用评估不全面等问题。

1. 资产管理不到位

高校的财务资源皆归属于国家管理，在具体的使用过程中往往不计较成本的支出。所以，部分高校管理人员在实际调配财务资源时，不能秉承科学的财务管理思维方式对待经费支出。第一，高校的财务资源未形成统一的管理模式，高校财务管理常以分级的形式规划财务资源，这就容易造成各学院单位对财务资源有相似需求的情况下，出现教育资源重复购买的情况，部分资源常在用过一次后就被闲置；第二，通过高校财务资源采买的教育教学物品，常出现公物私用的情况，极大地消耗了教学物品的使用时限，提高了教学物品的损耗率，不利于高校资产的安全和完整；第三，为顺应市场经济的发展，高校开展了一系列有偿性的经营活动，但在实际的活动运行过程中，常使用国有资产作为活动举办的资源基础。在缺乏管理的市场环境中国有资产的增值效果不能充分发挥，甚至引起资产流失；第四，高校缺乏对资产投入的重视，财务资源保值、增值观念淡薄。

2. 预算管理约束机制不健全

高校的财务预算管理从前期的规划到后期的执行都缺少制度的约束，第一，高校各部门的财务预算方案在执行环节，一方面没有相关制度把控其进度；另一方面财务资源的使用没有在既定的范围内得以控制。因此，各部门的资金使用有效性并未达到预期的效果，各环节的财务预算往往不能约束限制实际的开支行为；第二，在超出预算资金范畴的经费管理环节，财务管理部门常存有"预算外资金不属于政府财政拨款范畴"的思想，继而不遵循财务管理制度合理分配预算外资金，造成资金预算部门的缺位现象；第三，财务管理部门的统筹意识较为薄弱，未形成周期性合理安排业务开支的习惯，财务资源没有得到合理的使用；第四，预算部门为协调上级主管部门要求，仅上传人为调整后的全年决算报告，不符合管理的约束需求。

财务资源管理不到位和财务预算的偏差导致教学经费无法发挥其应有作用，容易产生财务管理失效、资金缺乏管控、经费使用无度等问题。

3. 评价管理不健全

财务评价主要是以融合方式，深入分析企业财务管理过程中的一系列财务指标，而这些显现于财务管理中的各项财务指标可直观反映财务资源形式过程中可能涉及的财务状况和教学效果[①]。现阶段，我国绝大多数高校在开展财务管理工作时，普遍将工作重点聚焦于会计核算，对财务管理结果的评价重视程度不高。因此，财务管理的目的、财务管理流程、财务管理思维等方面无法以系统性的管理方式进行统一培训，不能有效发挥其财务管理作用。

财务管理评价体系的不健全，一方面影响了财务内部监管制度的实施；另一方面财务资源未在执行标准的规范下得以合理分配。例如：高校在教学决策的过程中，常忽略对财务因素的分析，以至于在进行专业学科研究、配备教学设备、开展专项课题的过程中损耗大量的人力、物力、财力，成本效益直线上升，违背了财务资源结构优化的管理目标，降低了经费的使用效率；在高校财务管理的范畴内，缺少具象的量化指标。管理者普遍根据原有的定性指标和管理原则进行评判，极易造成财务评价过程出现"假、大、空"的现象。抽象的财务评价方式无法实现经济责任制。高校内部行政管理权力的集中致使财务内部监管制度如同虚设，财务信息也无法真正实现公开透明，相关管理部门无法依据有限的信息资源开展下一步财务工作。

---

① 肖团如. 企业内部控制的财务评价系统研究 [D]. 上海：东华大学，2007.

4. 风险管控未建立

当前，我国绝大部分高校的财务内部控制未严格遵循科学的风险预算制度，缺少财务规划风险评估体系的支撑。一是从 COSO 所架构起的理论体系中不难看出，在财务管理过程中财务风险评估是其中极为关键的一个环节。

可科学预防后期可能发生的问题；二是当前的教育资金来源呈现出多样化的趋势，成为财务管理路径中需要面临的一大现实挑战。因此，高校财务风险预算这一环节成为影响财务控制效果的关键因素。

（四）高校自身特征产生的问题

高校在开展财务管理工作过程中，由于受到自身发展特色影响，实际管理各种问题频发，常见的几类问题主要包括以下几种：

1. 对高校财务内部控制认识片面

参与高校教育管理活动的相关人员，可对自身教育业务进行灵活的掌握，在研究和传播学术过程中合理分配各项教育资源。但很少参与学校的财务管理工作，相关的财务管理经验较少，甚至将财务管理工作从思想认知上划分为学校的管理工作，不具备财务管理自觉性。教育管理人员对于财务分配的关注点在于是否满足教学的需求，而非财务内部整体的管控目标实现。教师对财务内部管控的认知与实际存在较大的偏差，导致前期所设定的财务内部管控目标成为高校难以企及的高度。

2. 部门之间各自为政

高校各部门的职责分工明确但缺乏联系性。在教师的主观思维意识中，高校的教育工作性质使其仅能在一个部门内各自发展，信息的传递局限于部门内部。在践行财务管理制度时，极易出现以下两方面的问题：一是各部门之间信息沟通效率差；二是财务部门制定的控制制度不能满足各部门的发展需求。

3. 计划经济思维模式根深蒂固

高校与企业因资金来源具有差异性，所以在核算财务绩效环节往往采用不同的方法，高校的财务管理工作常受到计划经济思维的影响，所以财务资源的应用依旧停留在"给多少用多少"的固有模式中。在这种财务管理模式带来的影响主要体现在以下两个方面：一是教育工作人员的财务专业综合素养不高，并且当前的财务培训存在形式化的迹象，使得教职工不具备财务分析能力以及财务管理意识。财务管理基础工作不符合高校内部的财务管理规则，大部分财务业务难以深入开展；另一方面，高校管理者和财务管理人员缺乏财务风险意识，在财务资源分配出现问题时，没有备选方案帮助其应对财务风险。

4. 人事管理缺乏激励

高校财务内部想要实现其控制效果，需要联动高校各部门人员在工作过程中形成团结协作的思想意识，需要人事部门加强培训高校教职工的凝聚力，工作人员的安排和财务内部的控制执行都需要高校教职工的科学管理。

高校教职工的薪资主要由职称等级来评定，例如：正高级教师的薪资待遇相较高级教师的薪资水平较高，但工作效率往往不被考虑。这种薪资构成体系降低了教职工的工作热情，反映出高校教职工考评制度的不合理之处。在高校各项指标建立的过程中，缺少实质性的判定标准，指标是否执行主要由领导进行审批，此种指标建立办法消耗了大量的人力物力却没有得到实质性的效果。高校内部实行的人员淘汰制度存在一定的漏洞，有才能的教职员工没有机会展现自身的能力，而专业素质较差的人员堆积现象与人员成本控制目标背道而驰。

第三节　国内外高校财务内部控制经验

一、国内高校财务内部控制

（一）国内高校财务内部控制基础性评价体系比较

高校财务内部的基础性评价体系包括目标控制、风险预估、单位层面内部控制、业务内部控制、评价与监管五个方面。下文将对单位层面内部控制和业务内部控制两大方面对国内A、B、C这三所大学的财务内部控制进行对比分析。

1. 单位层面内部控制

表6-1　三所大学单位层面内部控制对比

	A大学	B大学	C大学
组织机构设置	决策机构方面，没有单独设置财务内部控制的职能部门和牵头部门，难以实现整体控制效果的正向引导；执行机构方面和监督机构方面设置合理	决策机构方面，没有单独设置财务内部控制的职能部门和牵头部门，难以实现整体控制效果的正向引导；执行机构方面和监督机构方面设置合理	决策机构方面，没有单独设置财务内部控制的职能部门和牵头部门，难以实现整体控制效果的正向引导；执行机构方面没有设置独立的资产管理部门，削弱了资产管理的实施效果；监督机构方面设置合理

第六章　高校内部控制研究

续　表

	A大学	B大学	C大学
专项课题决策机制	无相关的控制制度，无法在决策中实现民主集中、科学高效和责任追究	无相关的控制制度，无法在决策中实现民主集中、科学高效和责任追究	制定了相关的控制制度
岗位分配与责权分配	没有单独制定关键岗位工作人员的轮岗制度	没有单独制定关键岗位工作人员的轮岗制度，但制定了相关的责任制制度	没有单独制定关键岗位工作人员的轮岗制度
内部人员管理	无相应制度	制定有相关的专业人员职业道德和业务水平教育考核制度	制定有相关的专业人员职业道德和业务水平教育考核制度
会计核算系统控制	除了制定一般的财务会计制度以外，还制定了独立的内部牵制制度	从二级院校方面加强了财务管理	从二级院校方面加强了财务管理
信息技术应用与控制	未制定相关制度	制定了相关制度，将财务内部控制流程融入学校信息系统，以达到减少人为因素影响、保护信息安全的目的	制定了相关制度，将财务内部控制流程融入学校信息系统，以达到减少人为因素影响、保护信息安全的目的

单位层面内部控制主要包含以下六个方面：组织机构设置、专项课题决策机制、岗位分配与责权分配、内部人员管理、会计核算系统控制、信息技术应用与控制。

高校的组织机构设置主要在各事项的决策、执行、监督方面进行权衡，通过对比事项的决策环节，可发现A、B、C三所大学并未单独设置具有独立决策能力的财务机构，很难引导整体财务管理的正向发展；在财务事项的执行环节A、B两个大学的执行方案较为稳妥，而C大学并未设置对应的内部财务管控部门，因此在具体执行财务决策的过程中未达到预期的效果；在财务事项监督环节，三所大学设置较为完善。

高校的专项课题决策机制需要成立技术研讨、专家论证、集体评估研究机制支持。通过表6-1可知A、B大学未建立相关的控制制度，无法在决策的过程中实现民主高效的决策议事，仅有C大学制定了相关的控制制度。

高校的岗位分配与责权分配需要体现出岗位与人员的匹配程度，三所大学皆未设定相关的岗位轮岗制度，仅有B大学制定了相关的岗位责任制。

高校的内部人员管理直接影响学校的财务内部管理效果，B大学和C大学相关的职业道德和业务教育制度较为完善，A大学在此方面仍需改善。

高校的会计核算系统是对经济业务的科学监管手段，是经济业务活动的计量和报告方式。A大学在遵循一般财务会计管理制度的基础上，另设了内部管理制度，B大学和C大学则是加强了二级院校的财务管理环节。

高校的信息技术应用与控制是对经济业务的科学控制，是减少人为管控出现问题的关键环节，同时也是保障信息安全的基础。通过表6-1可知B大学与C大学在信息技术应用相关制度的确立方面相较完善，A大学则缺少相关制度的建设。

2. 业务层面内部控制

表6-2 三所大学业务层面内部控制对比

	A大学	B大学	C大学
预算业务控制	有相关的预算管理制度，但是在制度上并没有详细的关于预算的编制目标、执行监控、完成评价、结果反馈等规定	有相关的预算管理制度，但是在制度上并没有详细的关于预算的编制目标、执行监控、完成评价、结果反馈等规定	缺少预算管理的制度
收支业务控制	涉及支出方面，但制度包含的支出项目较少	相关制度建设比较全面，涉及收入、支出及往来结算等各方面	涉及支出方面，但制度包含的支出项目较少
政府采购控制	只有基本采购管理的相关规定	只有基本采购管理的相关规定	对不同的采购目录和采购金额等都有详细的采购组织、预算与计划、执行过程及验收方面的规定
资产管理	缺少相关管理制度	缺少相关管理制度	对货币资金实物资产和无形资产都制定有相关的资产管理制度，就学校的受赠资产制定了具体规定

续　表

	A 大学	B 大学	C 大学
建设项目控制	缺少相关管理制度	缺少相关管理制度	缺少相关管理制度
合同管理	缺少相关管理制度	缺少相关管理制度	缺少相关管理制度

业务层面的内部控制主要包括六个方面：资产管理、政府采购控制、预算业务控制、收支业务控制、建设项目控制和合同管理。

（1）在预算业务控制方面，C 大学缺少预算管理的制度。而 A 大学和 B 大学虽然有相关的预算管理制度，但是不甚完善，比如在预算的编制目标、执行监控、完成评价、结果反馈等方面都没有进行详细的规定。

（2）在收支业务控制方面，B 大学的相关制度比较完善，包括收入、支出以及往来结算等多个方面，相对来说，建设得比较全面，反观 A 大学和 C 大学，制度包含的支出项目较少，虽然也涉及支出方面。从已有制度的内容上来看，3 所大学均从审核内容、支出标准、票据控制等方面做了详细的规定，但是对于审批权限，C 大学却没有建立相关的制度，只有 A 大学和 B 大学有相关制度。

（3）在政府采购控制方面，A 大学和 B 大学只有基本采购管理的相关规定，相对来说，C 大学建有较为全面的制度。例如，C 大学对在采购目录和采购金额方面，分门别类，一一都进行了详细的规定。这些规定涉及预算和计划、采购组织、执行过程和验收。

（4）在资产管理方面，A 大学和 B 大学都在资产管理制度方面比较欠缺，C 大学则建立有较为完善的资产管理制度，不仅对货币资金实物资产和无形资产都做了规定，而且就学校的受赠资产做了明确的规定，这一点在国内高校比较少见。

（5）在建设项目控制方面，3 所大学都存在很大不足，想要加强对建设项目的控制，可以从立项决策、招标、实施、验收以及交付使用等方面入手。

（6）在合同管理方面，3 所大学都缺少在合同管理方面的建设，想要加强此方面的控制，后期还需要从合同的组织管理、订立、履行、归档等方面入手。

（二）国内高校财务内部控制五要素比较

表 6-3　三所大学单位层面内部控制对比

	A 大学	B 大学	C 大学
环境控制	制定了内部牵制制度	制定了相关责任制度和专业人员的职业道德和业务水平教育考核制度	制定了相关责任制度和专业人员的职业道德和业务水平教育考核制度
风险评估	未重视，相关管理未纳入学校高层	未重视，相关管理未纳入学校高层	制订了相关的廉政风险预警防范工作实施方案，但是对财务风险显然不够关注
活动控制	相关制度不够完善	往来款项方面的管理制度好于其他两所大学	相关制度比较全面，涉及资产管理、经费支出、政府采购等各个方面
信息与沟通	缺少相关管理制度	缺少相关管理制度	制度相对完善
监控	相关制度制定得比较全面	相关制度制定得比较全面	校内制度比较欠缺，更多的是转发上级主管部门的相关文件

1. 活动控制

A 大学和 B 大学整体上都有所不足，在往来款项方面 B 大学的管理制度比 A 大学要完善一点。整体而言，C 大学的相关制度比较全面，涉及资产管理、经费支出、政府采购等各个方面。

2. 环境控制

在环境控制方面，3 所大学表现得都比较好，但都有各自表现突出的方面，比如 A 大学的内部牵制制度优于 B 大学和 C 大学，而 B 大学和 C 大学的相关责任制度、专业人员的职业道德和业务水平教育考核制度则十分完善。

3. 风险评估

3 所大学均不够重视，相关管理也未纳入学校高层，而 C 大学虽然制订了相关的廉政风险预警防范工作实施方案，但是对财务风险显然不够关注。

4. 监控

A 大学和 B 大学的相关制度制定得比较全面,而 C 大学在此方面制定的校内制度比较欠缺,更多的是转发上级主管部门的相关文件。

5. 信息与沟通

C 大学因为教育事业比较发达,所以其在此方面的相关制度比较全面,而国内其他高校在此方面的建设一般存在比较大的空白。

(三) A 大学财务内部控制指标分析

A 大学根据其 2016—2018 年每年年末的决算财务报表的数据测算,得出了 2016—2018 年的财务内部控制指标,鉴于预算执行控制中的预算收入执行率和预算支出执行率反映的是对一个预算年度内预算收入支出在执行中的过程分析,因此本书仅对其在此期间的风险评估指标、成本控制指标和资产控制指标进行分析,并未涉及其在此期间的预算收入执行率和预算支出执行率。

1. 经费自给率

指标分析显示,2016—2018 年,A 大学基本能够实现收支平衡,这说明了 A 大学的经费自给能力较强,财务运转比较正常,这样,A 大学发生财务风险发生的概率也会较低。

2. 资产负债率

指标分析显示,2016—2018 年,A 大学的资产负债率变化不大,这在一定程度上说明了 A 大学积极使用了财务杠杆,对资金结构进行了优化,从而保证了财务风险的稳定性,或得了较高的资金使用效益。

3. 人员支出比例、公用支出比例

指标分析显示,2016—2018 年,A 大学的人员支出与事业支出的比例维持在 1∶2 以上,高校作为知识密集型组织,这一比例是合适的;公用支出与事业支出的比例维持在 20%～30%,也属于正常情况。

4. 收入增长率

指标分析显示,2016—2018 年,A 大学的收入总体上升,这反映了 A 大学利用扩大融资渠道等一系列手段强化了收入管理,提升了自身的经费自筹能力,并且在原有财务风险防范和应对能力上又进一步有所提升。

5. 净资产增长率、固定资产增长率

指标分析显示,2016—2018 年,A 大学的净资产和固定资产整体上升,这在一定程度上说明其办学投入不断扩大,学校的资产增值能力强,资产控制情况较好,也体现了教育事业的发展态势较好。

6. 支出增长率

指标分析显示，2016—2018 年，A 大学的支出稳中有升，这说明 A 大学在提升教学、科研水平方面的成本有所增加。另外，高校管理者可以通过分析影响成本控制指标结果的具体支出项目指向，从而有针对性地调整、改善控制情况提供依据。

二、国外高校财务内部控制

（一）美国加利福尼亚大学

加利福尼亚大学（University of California，加州大学），位于美国加利福尼亚州，是一个由多所公立大学组成的大学行政系统，世界上极具影响力，也是世界一流的学府之一，在各项学术指标和排名中均能名列前茅，被誉为"公立高等教育的典范"。

1. 风险评估

庞大的投资会带来严重的财务风险和投资风险，为了规避这种风险，加利福尼亚大学设有完善的投资管理机构以及全面的风险管理体系。投资管理机构主要是为了实现财务管理的投资职能，具体设置了投资委员会、司库和投资咨询委员会。全面风险管理体系包括两个方面：一是校长负责协调学校的整体财务管理计划和购买保险项目；二是风险服务办公室专门负责识别、防范和应对。最后，学校风险管理体系的具体内容将在各分校的网站上公布，风险评估报告将定期公布。因此，学校决定用这笔储蓄来改善教职员的福利。加州大学有效的整体风险管理系统，在降低风险成本的同时，助推资源优化配置，提高抵御风险的能力，维护学校切身利益。

2. 环境控制

学校董事会负责管理学校具体事务，对校内事务拥有决策权，对学校财务也拥有支配的权利，是加利福尼亚大学的最高权力机关。董事会下设财政委员会和投资委员会，财政委员会负责学校的财政预算、决算的建议和监督；投资委员会负责学校投资的方向、方案、比例及评估，需要注意的是，财政委员会拥有监督投资委员会的权力；预算办公室是校长办公室的下设机构，负责预算的编制和对政策进行决策前的分析和监控。另外，监察与审计委员会也是董事会的下设机构，其责任是对学校的财务报告进行监察和审计。此外，财务管理部主要负责学校的具体财务管理，具体业务由下属机构管理，包括财务管理办公室、风险事务办公室、采购事务办公室、外部财务办公室和监督审计办公室。学术评议会下设执行机构，即学术委员会，代表教师就涉及教学及科研的预算投入问题向校长提出建议。这样的管理体制，为高效的财务内部控制运作奠定了基础。

3. 信息与沟通

根据美国法律规定，加利福尼亚大学的学校财务报表需要向社会公布并受到公众监督，政府和议会也会对相关情况进行审计和调查，外部中介机构也会对其内部控制进行特别评估。在预算年度开始时，学校向公众公布下一年度的财政预算。在财政预算年度结束时，学校会委聘中介专业机构，对学校提供的财务报告进行内部监督审计，审计结果及时向公众公布。这样透明的信息和沟通保障了财务内部控制的有效运行。

4. 活动控制

预算是财务控制工作的核心，加利福尼亚大学也不例外，围绕预算，吉利福尼亚大学进行了一系列的活动控制。首先，各个分校划分符合其自身情况的预算份额；其次，加利福尼亚大学的财政预算办公室将各个分校的预算草案提交学校董事会进行审议，经过广泛的咨询和商议后，学校董事会对各个预算草案相应地进行调整和批准；再次，经由学校董事会批准的预算草案进一步报州议会进行审议，审议通过后，由州议会向社会公布；第四，预算的解释和执行由学校的财务管理部门负责，具体业务又由下设的各个办公室进行具体操作和管理；最后，学校监督审计办公室负责对所有的预算进行监督和审计。校外的任何机构和个人可以依法要求对预算执行情况进行审计。

5. 监控

使用政府预算资金的加利福尼亚大学，为了消除利益相关方的疑虑，负责向政府的预算拨款机构和纳税人报告该大学的运作和资金的使用情况，并且对预算资金进行经济管理。在校内，加利福尼亚大学需要积极实施和配合由监察与审计委员会和监督与审计办公室展开的监督工作，这是加利福尼亚大学内部财务控制的一个重要部分；在校外，任何机构或个人都可以合法地要求进行审计。全方位的监督机制使加利福尼亚大学内部财务控制在动态中不断完善和发展，提高了现实中的资金利用率，有效抑制了校园腐败情况的发生。

(二) 英国剑桥大学

剑桥大学（University of Cambridge）是一所誉满全球的世界顶级研究型学院、联邦制大学，各学院遵守统一的剑桥大学章程，但是又高度自治。

1. 风险评估

剑桥大学非常重视金融风险的控制。风险控制督导委员会定期提交年度风险分析报告。大学的一切经济活动都必须遵守财务规则，包括财务管理、资源分配、权责分离，以及有关资产、采购、收支、合同、投资和融资的详细财务程序，以确保经济活动的有序进行。此外，高校在费用使用范围和超支等方面也有严格的管理制度。这些都使学校的财务风险得到了有效的监督和控制。

2. 环境控制

大学的最高管理机构是参议院，它由大学理事会组成。大学理事会负责年度财务报告的报告和年度财务报告的编制和发布。大学理事会还包括财务委员会、计划和资源委员会、风险控制指导委员会和审计委员会。规划及资源委员会负责制订、监督及编制学校发展计划及预算。财务委员会负责预测大学的财务状况，并向大学董事会汇报工作。风险控制指导委员会负责大学的风险管控，审计委员会负责整个大学的内部和外部审计。

3. 信息与沟通

包括大学整体范围的内部控制情况、财务收支报表、盈亏声明、现金流和独立审计员声明等在内的财务报告和声明，剑桥大学每年都会将其放在大学的公开网站上予以发布，这些财务报告和声明都经过了执业会计师审计，无论是校内外的机构还是个人都可以对大学财务信息进行查询和监督。

4. 活动控制

在预算编制和执行方面，剑桥大学对此有严格的规定。学校预算草案由计划与资源委员会负责准备，然后根据该草案，计划与资源分配办公室编制大学的年度财务预算，此外，计划与资源分配办公室还帮助各学院进行制订其计划与资源费分配预算的工作。

5. 监控

英国所有大学都一定要进行财务内部审计，这是为了方便进行风险管理和风险控制。大学内部的会计控制及其他控制制度都由剑桥大学的审计委员会负责进行审核，对内、外部的审计报告进行分析和研究，对其不足之处提出审计建议并监督其实施。

（三）日本东京大学

东京大学在全球享有极高的声誉，是日本最高学术殿堂，也是一所世界级的著名研究型综合大学。

1. 风险评估

东京大学的内部控制制度是：校长和各院长承担内部控制的最终责任，普通教职工控制经济业务，监事进行内部控制的监察。这个分级制度将经济业务活动分离为决策、执行和监督三个层面，起到了风险控制的积极作用。

2. 环境控制

东京大学的内部治理结构是：校长具有决策权、董事会具有执行权、教育研究评议会和经营协会具有咨询权、校长选考委员会具有选举权、监事具有监督权，其治理特征是：主体多元、职责分明、相互制约。这一治理结构于2001年在国立大学法人化改革中形成。

3. 信息与沟通

对内，东京大学已经建立了一个财务信息系统，可以提供关于每个学院预算执行和支出的财务查询。对外，东京大学每年在其网站上向公众公布财务报表，并接受公众监督。

4. 活动控制

东京大学在预算管理方面有以下几点可取之处：

（1）专人专岗：各学院有专人对预算的执行进行严格的管理；

（2）专款专用：预算金额、预算用途已经被事先设定分配；

（3）预算编制流程具有牵制作用，校长具有预算的决策权，并且董事会和经营协会具有预算的审议权；

（4）责任明确：校长负责学校的预算总体责任，各学院院长负责本学院的预算；

（5）预算调整程序灵活：在预算的调整范围内，各学院可以自主对预算额度进行调整，超过预算额度，想要对其进行调整则需要上报校长，结余的经费可以结转至次年。

5. 监控

在监督方面，东京大学不仅设置了内部财务检查，还专门设立了一个监察室。文部省也专门任命了外部注册会计师，对于东京大学的资金使用情况以及财务报表情况进行专门的审计。

（四）国外高校财务内部控制情况评述

由于起步早，外部控制环境相对健全，国外高校财务内部控制相对完善。比如，在环境治理方面，有很强的内部制度基础和治理结构。风险评估有专门的机构或办事处，管理机制比较健全。在活动控制方面，强调预算管理，通过预算控制实现对具体经济运行的控制；在监控方面，有较为全面完善的内外部监控机制。

第四节 高校财务内部控制的优化对策

一、意识方面的优化对策建议

（一）强化科学的现代经营管理理念

虽然在组织形式和性质上，高校与企业存在着根本的差异，但是科学的现代管理理念不仅适用于企业，对高校来说也尤为重要，将科学的现代经营管理理念融入高校财务管理中，可以使高校工作朝着更加规范化、标准化的方向发展，强化成本意识和资金使用效率意识，对于各种高校管理行为的发展都有积极的促进作用，在以市场为导向的发展竞争中，高校的竞争实力得到增强，高等教育事业得到可持续的、健康良好的发展。目前，不少高校的管理人员对现代管理理念仍然缺乏足够的认识，因此，从思想到制度，科学的现代管理理念必须贯彻其中。

（二）提高高校人员主人翁的责任意识

只有从根本上转变高校人员随意使用、无节制、不计成本的资金使用意识，才能提高高校人员的责任意识，也只有这样，才能消除由于高校资产所有者缺位造成的影响，并从源头上改善高校教职工无计划、无节制配置资金的问题。

二、治理结构方面的优化对策建议

国家或政府作为高校所有者、高校出资者、唯一的委托人和代表管理者是高校实际上的决策者，这样必然导致行政权力过于集中的问题，为了防止集权情况的发生，必须从改善高校的治理结构入手。

基于高校内部考量，可以在高校内部设立董事会，董事会成员可借鉴企业经验，邀请业内专家出任独立董事，也可以请上级主管部门委派人员或者高校党政领导和高校其他利益相关者共同组成。董事会将成为高校的最高决策机构，并成为高校管理者、出资者和所有者之间的连接。此外，也可以在校内设立监事会，用于处理监督高校管理者的日常管理工作。

基于高校外部考量，可以在教育部的领导下设置高等院校国有资产管理委员会，并由其作为高校出资者、所有者的代表对高校资产进行管理，也参与制定学校方针和政策，以确保高校国有资产的安全和有效运行。

总而言之，分权与制衡是改善我国高校治理结构的两种手段。

三、制度方面的优化对策建议

(一) 建立风险管理

我国高等教育体制还存在许多不足。要完善这一制度,首先要改变计划经济时期高校教职工的观念、思维方式和行为方式,有效树立高校职工的风险管理意识。其次,要采取有效措施和预防措施。例如,建立健全高校风险控制体系、经济责任制、加强财务管理、监控财务风险、建立财务风险预警体系等。最后,在不同的经济运行中,必须采取不同的风险控制和应对方法。比如在融资方面,一方面要拓宽融资渠道,鼓励校友捐赠和发行教育福利彩票,进行BOT(建设-运营-转让)融资,开设校办实业公司;另一方面,它们必须通过专业计算来控制借款规模,降低金融风险。

在成本控制方面,应消除浪费,并使用有效的财务管理办法,以减少学校成本和增加学校盈余。在投资方面,充分利用校内外各种共享资源,提高资源利用率,减少重复建设投资。在增加收入方面,高校还可以进行资源共享和对外提供服务,以获得报酬。此外,鼓励科技成果转化,扩大科研收入和产业收入也尤为重要。

(二) 强化预算管理

1. 加强高校管理者对预算管理工作的重视

预算管理工作需要高校各部门的协调与配合,单单一个部门是无法胜任的,作为高校的管理者,要统一各部门的思想,并明确各部门的职责分工,这样才能做好预算管理工作,保证预算编制、执行和评价工作的顺利进行。

2. 完善预算管理制度

要保证预算管理工作有章可循、有法可依,就要建立健全预算管理制度,不仅仅包括一般的预算管理制度,还应包括不同层次、不同角度的预算管理制度。例如从时间角度来说,要分别建立短期、中期和长期预算管理制度;从经济角度来说,要建立适用于不同经济业务的预算管理制度。应当注意的是,为了实现预算管理的约束作用,还应该在预算管理体系中明确相关人员的职责和权限。

3. 合理设置预算项目,强化其经济分析功能

将支出项目与当前高校的支出方向相结合,并试图对预算项目进行分类提炼,逐一厘清项目收入的来源,使预算使用者了解资金的来源和去向,更好地合理使用和分配资金。

4. 规范预算编制

一是,我们应该更加重视工作计划,这是预算编制的基础。二是预算编制方法要更加科学合理,最大程度上提高资金的使用效率。三是抓好预算数额的

控制，使支出在满足需要的同时更加有效。最后，要细化预算编制，便于各部门贯彻执行。

5. 建立预算评估机制

预算不仅可以计划资金的使用，而且可以限制资金的使用。为了实现预算约束的功能，高校需要建立预算评价机制，促进预算计划的准确编制，严格的执行预算计划，以实现预算的约束功能。

此外，高校应建立全面的经济业务管理系统，以预算管理为主线、财务控制为核心、经济业务信息化为辅助，将各项经济业务的管理纳入预算管理，并按预算进行。以上加强高校预算管理的手段有利于提高高校经费使用效率，保障和促进高校教育事业的发展。

（三）加强相关人员的专业素质管理

做好高校内部控制方面的工作，还需要提高高校相关人员的综合素质，不仅包括专业知识方面的会计、审计知识，还包括科研管理、教学管理等高校管理方面的相关工作，并实际落实相关人员的继续教育培训工作，提升培训效果，此外，也要重视财务、纪检方面专业人员队伍建设。

（四）改善评价管理

财务评价通过对高校内部财务的有效控制，实现再控制。为了改进评价管理，首先要认识到评价管理的重要性，增强评价意识，最大限度调动高校教职工的积极性。其次，要明确评价的目的。最后，通过设计科学合理的财务内部控制指标分析体系，完成对问题的评价，并找到解决问题的有效方法。

（五）完善人事管理

高校作为知识密集型组织，办学成本中的很大一部分是人员成本。因此完善的高校人事管理制度对于高校的发展至关重要，高校的人事管理原则是：按需设岗、绩效考核、优胜劣汰，一方面要防止人浮于事，保持人员结构合理，数量合理，每个人都有饱和的工作量；另一方面，要防止消极怠工、散漫无为的工作状态出现，实行绩效激励机制，岗位薪酬与绩效薪酬相结合，多干多付，多劳多得。这样才能最大限度地提高工作效率和办学效率，提高教学效果并降低人事成本。

四、控制与监督方面的完善对策建议

（一）加强对采购与招投标、合同的管理

1. 加强对采购与招投标的管理

（1）预算与计划的编制：根据预算计划，设定明确的编制要求，规范编制与审核程序。

（2）体制及运行机制：建立采购招标岗位责任制，设立专门的采购招标部门，按照上级采购招标制度制定标准操作程序。

（3）采购与招投标管理：明确招投标过程中的主要管控点，比如招标、投标、开标、评标、中标等，设定合理的管理的原则和方式。

（4）活动控制：合理确定需求、建立申请制度、规范请购程序；合理选择政府采购方式；合理选择供应商；合理选择采购的组织形式，比如政府采购或非政府采购。

（5）验收管理：规范验收的一系列环节，比如制定准确可行的验收标准，验收程序进一步规范，验收手续进一步严格，验收报告结果准确、规范。

2. 加强对合同的管理

（1）组织运行机制：建立集中管理机制和业务流程控制。

（2）订立控制：强调合同订立过程中的一系列控制，如合同调查、计划控制、谈判控制、文本起草和审核控制、文本签署和登记控制等。

（3）履行控制：强调合同履行控制和结算控制，以及可能发生的变更控制和争议控制。

（二）加强对专项项目经费的管理

1. 加强专项项目管理人员的建设

顾名思义，专项项目一般都是高度专业化的，可能需要有关管理人员采用特殊的方式、方法或技术来进行管理。因此，专项项目管理人员的政治素质、管理素质以及业务素质等亟须得到高校的重视，以有效发挥专项管理人员的业务管理水平。此外，为了跟上项目专业化的发展步伐，还要加强专业项目管理人员的培训。

2. 加强专项项目工作流程的规范性

为了让负责专项项目的有关部门工作更加协调并提高工作效率，就首先要了解专项项目相关部门的职责范围与基本程序，这样才能加强专项项目工作流程的规范性。

3. 加强专项项目的投入控制

在决策阶段，提出专项项目之前必须要慎重，充分论证其可行性，高度重视投入预算，全面分析经济评价，只有高质量的决策才能减少投资的盲目性。

在设计阶段，由于专项项目的设计对预算有很大的影响，因此也是投入控制的关键阶段，这个阶段既要保证项目质量，又要控制总预算，要减少不确定性对投入的影响，落实专项项目中的各个细节。

在投标阶段，要严格按程序组织投标，认真审查评标文件，加强合同管理，按规定履行合同条款，提高投标工作的透明度。

实施阶段是专项工程投资控制的重要阶段。因此，我们必须为这个项目做好准备。在项目进行中要对项目进行监督，发现问题及时调整，避免不必要的损失。

在决算阶段，应高度重视工程验收，避免造成虚高报告或事后维修的风险。

4. 加强对专项项目的审计

项目事前、事中和事后的各项内容的审计，对项目经费的控制至关重要，对高校的廉政建设也具有十分重要的意义。

（三）严格财务审计工作，贯彻执行财务内部控制制度

高校的财务审计工作与企业相比，在力度方面还略有不足。想要实现财务内部控制的目标，就要真抓落实，及时发现并改进经济活动中存在的问题，从而保障收入、控制支出标准。具体来说，可以从以下几个方面来操作：

一是加强对资金的控制，强化预算的管理和执行；二是加强对各部门财务的约束力，检查和监督高校各部门的财务工作，以便学校财务内部控制制度更好地贯彻执行；三是加强对校办公司的投资控制，加强约束，做到事前论证充分，事后管理严格，减少损失。

（四）强化高校内部审计工作的效果

众所周知，做好内部审计工作必须提高审计人员的业务素质，此外，内部审计部门作为实施高校内部审计的关键部门，高校还应积极帮助其在工作中树立权威性和独立性，加强其行政权力，如包括事前审计、事中审计、事后审计的综合经济业务运行审计、领导经济责任审计和项目审计的经济效益审计等。

（五）发挥校内监督的作用

校内监督尤为重要，这无须质疑，但是目前，高校职工代表大会等组织，基本上没有发挥学校督导的作用。首先，提高组织成员的责任意识和民主意识才能从根本上改变这种现状。其次，要建立完善的有决策权的组织体系。三是，成立专门的工作委员会，长期负责专项的相关工作，建立长效工作机制，提高工作效率；最后，加强继续教育，完善组织人员培训制度等。

（六）发挥校外监督的作用

除了校内监督外，校外监督我们也要尤为重视，上级主管部门对高校财务内部控制的内部审计监督是其中一个方面；另一方面，我们可以委托第三方机构，比如会计师事务所等中介机构，加强对高校财务内部控制的审计监督。

五、信息与沟通方面的完善对策建议

（一）落实高校财务内部控制信息化

工业信息化步伐加快，金融信息系统已经得到了越来越广泛的应用，计算机网络和信息系统传输和处理了大量的数据。这些现代信息技术大大提高了高校管理的效率，为其提供了极大的便利，但是这也对高校的内部控制提出了挑战。继个人计算机和互联网技术之后，云计算作为第三次信息技术革命的产物，必然会对传统的高校内部控制产生巨大的冲击。因此，研究云计算环境下高校内部财务控制具有重要的现实意义。

要想充分发挥内部控制的积极作用，保障高校在云计算新环境下的顺利管理，优化和调整云计算环境下的高校内部财务控制，有效促进财务管理信息化和内部控制的良性发展。就必须充分了解云计算对当前高校财务内部控制的影响，了解当前云计算环境下内部控制存在的问题，并优化内部控制环境，实施有效的内部控制活动，加强信息沟通，完善监督机制等。

（二）改进对高校财务会计信息的披露情况

深入、全面地对高校财务会计信息进行披露，有利于其财务内部控制的信息和沟通。首先，排除职业化的影响，财务会计信息处理的普及有利于非专业利益相关者解读和利用高校财务会计信息，扩大财务会计信息披露的范围；其次，消除抽象性的影响，披露财务会计信息方面的更多细节，可以加深披露的程度。最后，消除孤立的影响，使财务会计信息与高校的多个方面相结合，比如教学、科研、专项建设等，以便更加有效地反映高校办学效果。

（三）深化高校各部门的沟通与协作

只有消除高校院系之间的隔阂，才能提高工作效率。要改进这一点，需要统一思维，消除误解，加深对其他部门工作的了解，学会在工作中站在别人的立场上考虑问题，有利于高校各部门之间的沟通与协作更加深入。

第七章　高校财务风险及预警研究

高校财务风险及预警机制研究对提高高校发展的安全性具有极其重要的作用。如果没有事先的财务风险评估和预警系统预警，高校的财务管理和发展工作将如履薄冰，随时面临遭受巨大损失的危险。因此，财务风险与预警的研究是高校发展的保障，保证高校能够稳步、稳健发展。本章将从财务风险预警入手，深入探索其工作模式，构建高校财务风险预警指标体系。

第一节　高校财务风险概述

一、高校财务风险的定义

（一）风险及财务风险

1. 风险含义

风险来自现实世界的不确定性和人类认识的局限性。人类认识到风险，因为风险通常与损失有关。因此，人们习惯将不良事件的可能性称为风险。风险没有统一的定义。不同的学者从可能性与不确定性、期望与现实、主观与客观的角度对其进行了描述，并提出了不同的定义和解释。

韦伯字典将风险定义为："危险；危难；遭受损失和伤害。"其他有关风险的定义有："风险指出乎意料的可能性""风险是指人们对结果的期望值与客观实际结果发生差异的不确定性"[1]"具有不确定性的损失就是风险"[2]"风险是在风险状态下一定时期内可能产生的结果变动"[3]。

彭邵兵、邢精平将风险定义为："风险是事件的不确定性所引起的，由于对未来结果予以期望所带来的无法实现期望结果的可能性。"提取其中三个关

---

[1] 汤谷良. 高级财务管理 [M]. 北京：中信出版社，2006.
[2] 尹平. 股份制企业财务风险与防范 [M]. 北京：中国财政经济出版社，1998.
[3] 顾镜清. 风险管理理论与实务 [M]. 北京：中国国际广播出版社，1993.

键词，即"危险损失观""结果差异观"和"不确定性观"，并认为用"不确定性"来归纳风险更具代表性。简而言之，风险是结果差异引起的结果偏离，即期望结果的可能偏离。该定义指出对未来结果的期望是风险产生的根源，并揭示了风险的实质是结果偏离。

由于风险是以潜在危机的形式存在的，具有一定的发生概率，而不是现有的客观结果或既定事实，因此风险研究和控制的目标应该是尽量降低风险发生的概率，防止风险的潜在性变为现实，防止可能的危机变成真正的损失。

2. 财务风险含义

了解财务的本质是研究财务风险的首要任务。现有文献中关于财务本质研究的代表性观点有五种：货币关系理论、资本流动理论或资本关系理论、价值分配理论、本金投资与收益理论、财产流动理论。其中，资本运动理论在中国财务理论领域的影响力持续了40多年。许多研究者深受这种思维的影响，也影响了其对高校财务风险的定义。

对于财务风险的含义，现有文献有三种代表性的观点：

第一，汤谷良、陈新宁、韩玲、刘格辉等代表学者认为，财务风险是企业资金运动（或财务活动过程）中存在的风险，这些风险包括外汇风险、股利分配风险投资风险、筹资风险、资金运营风险等在内的全部风险，几乎等同于财务管理的风险。众多研究财务风险计量、预警、控制和管理的文献都是以此为基础的。

第二，在西方学术著作相关研究中，几乎都将财务风险视为筹资风险，这种风险与企业筹资相关，为具有负债筹资的企业所特有。尤其是指财务杠杆导致企业净收益变动的风险，甚至可能导致企业破产的风险。在规范的财务管理学术研究中，企业资本结构的设计和优化是一个权衡过程，用于权衡债务带来的财务风险和利用债务产生的收益。资本结构属于筹资领域，投资风险属于投资领域，投资与筹资在金融上是分离的。

第三，金融风险可分为狭义和广义两种。狭义上讲，金融风险是由企业负债造成的，指企业因借款而丧失偿付能力的可能性。广义的金融风险是指企业作为一个完整的系统进行财务活动的过程，包括融资、投资、资本运作和收益分配四个有机环节。在每一个活动环节都可能存在风险，企业的财务活动过程被视为一个完整的系统。

（二）高校财务风险的含义

财务风险原本是企业财务管理的重要组成部分。我国的公立高校作为事业单位，是依靠财政拨款的，其财务风险与我们所知道的传统意义上的财务风险不同。然而，随着高等教育规模迅速扩张和发展，为了适应这种剧烈的变化，高校开始更多地借鉴和利用企业管理的有益经验来管理高校，高校的财务管理也不再是没有任何风险的了，高校的财务风险问题日益突出，高校应该做好风险管理的准备。

二、高校财务风险的组成

高校与企业是不同的，高校是非营利性组织，下面从三个方面分析高校的财务风险。

（一）投资风险

不同于企业的是，高校属于非营利性组织，一般是为了教学和科研需求而进行投资，因此投资风险一般在基建项目和校办产业链上。

合理的基建项目投资可以提高高校的办学水平与办学质量，缺乏科学论证的基建项目投资，不仅不能取得预期的社会效益和经济效益，还会给高校带来巨大的贷款压力。

高校的校办产业是为了实现高校科技成果转化而成立的，虽然现在大多校办产业已经进行了公司制改造，但是高校与校办产业的联系也紧密相关，一旦校办产业因为经营不善而产生经济损失，那么高校也要因此承担连带经济责任，这样的风险也称为校办产业链风险[①]。

（二）筹资风险

如今，高校的融资方式越来越多样化，除了财政拨款、学费收入，也包括国内外资助、金融机构贷款等多种形式。在高校经费总流入中，最稳定、最可靠的经费来源之一就是财政拨款，其风险几乎可以忽略不计。国内外基金的财务风险也可以简化计算，因为他们在经费总额中的占比非常小。学费收入风险顾名思义就是学生没有按时缴纳学费而导致的财务风险，但是这种风险比较好管理，只要加强学费管理就完全可以避免这种风险。高校的融资风险主要表现为贷款风险，高校金融机构的贷款风险指的是贷款风险、贷款结构不合理、贷款使用不当或贷款管理不善、国家政策变化、利率波动、长短期负债失衡以及高校偿债能力不足等造成的风险。目前，银行贷款和其他金融机构贷款是解决高校资金短缺的主要途径。然而，随着高校贷款规模的不断扩大和长期贷款比例的逐渐增加，高校的融资成本也在不断增加。

---

① 李翠珍，朱守真. 高校校办企业经济责任审计的指标体系研究 [J]. 高校后勤研究，2013（02）：7+10-11.

(三) 教育教学风险

目前，随着高校教育教学改革，高校的招生规模不断扩大，但高校在软件、硬件等教学设施上无法保证与招生同比例增长，这就导致了许多大学的人均校园面积、学生人均图书数量都有所下降。加之教学设备数量不足，基础设备落后、师资匮乏等情况，高校教师承担了过重的教学任务，根本没有足够的时间来进一步参加继续深造。知识不能更新和提高，导致教育教学质量下降，科研能力减弱，毕业生素质下滑。毕业生很难找到合适的工作。最终的结果就是，高校办事效率低下，教学质量打折扣，学校声誉受损，进而引发学校财务危机。

如果高校为了规避财务风险，进一步削减日常教学经费、科研经费、教师培训经费、教师待遇经费，那么教育教学质量必然下降，教师流失情况也会加重，导致"教育教学风险—财务风险—教育教学风险—财务风险"的恶性循环。

第二节 高校财务风险预警指标体系的构建

一、财务预警的基本方法

在对"预警"一词进行溯源过程中发现，其在早期阶段频繁出现在军事领域，在该领域内，"预警"主要被认定为是一种有效的防范措施，其所防范内容多为突然袭击事件，并且可以提前预告突然袭击的具体信息。而随着时代的不断变迁以及人类社会进步与发展，预警开始出现在各个不同领域，政治、经济、技术以及医疗等领域范围内均可看到预警的踪迹。从类型和范畴上来看，财务预警被归类于经济类目，并且预警在财务中的有效应用，以经过反复实证后的相关数据作为依据，构建起了一整套兼备高效化和精准化的财务危机识别模型，该模型的建立目标主要是凭借自身所具备的建模技术进一步提升判别准确率。[①]

从某种意义上，可以将财务预警视为一个循序渐进的过程，第一步精确预测财务风险，第二步系统构建财务预警模型，第三步搭建起完整的财务风险预警系统。

(一) 计量经济方法

1. 单变量判别分析（UA）

威廉·亨利·比弗（William Henry Beaver）是世界著名的会计学家，他早

---

① 王静. 中国上市公司财务危机预警模型的构建与实证研究 [D]. 长沙：湖南师范大学出版社，2008.

期所发表的诸多关于财务危机预警信息的文章，一定程度上影响了后期全球广大企业对财务预警的研究。在实际研究过程中，比弗选取了当地79家已经破产的企业，在未破产名列中筛选同样数目的79家企业，并尝试以破产前5年作为时间节点，针对未破产企业和破产企业中30个财务比率的均值进行综合比较，其中回判标准主要为破产与未破产分类检验中误判率最低确定比率值的分割点，通过长期研究观察发现，实验样本在批产前一年现金流与总负债比率的判别精度达到了86.7%的最高峰值。比弗的这一研究表明了在企业破产能力预测过程中不同财务指标所达到的预测水平不一，并且研究所得相关结果为多变量方法预测提供了可靠依据。

2. 多变量判别分析（MDA）

美国金融学教授爱德华·阿尔特曼（Edwardi Altman）于1968年运用多变量判别分析（Multivariate Discriminant Analysis，MDA）方法展开了一项著名的组合实验，该实验中主要选取美国1946—1965年破产和未破产的33家企业，在对两类实验样本财务指标进行获取和评价后，完成了对Z-Score模型的建立，且该模型中包含5个财务比率，透过模型的预测和监测可以发现，其中破产企业在破产前1年的预测水平相对较高，精确度高达95.7%。

不同于单变量判别分析，多变量判别分析在设定不同判别组协方差矩阵式，在设定标准上具有同一性，判别准则一般选取最小误判率，正因为如此，使得判别函数某种程度上呈现出一种线性形式。如果协方差矩阵无法达成相等的标准，那么在函数判别过程中则无法延续线性形式，而是有次形式，当企业财务中某一项指标发生变动时，表现过于敏感，并且相较于线性模型，此模型在破产前2～5年的预测水平和精度整体偏低。除此之外，在变量分布水平预测方面，多变量判别分析也同样有着十分严格的要求，那就是对于独立正态分布预测变量需持高度服从态度。这一要求的提出，无形中减弱了多变量判别方法预警的及时性、有效性以及精确性。

3. 线性概率回归模型

1972年，埃德米斯特（Edmister）透过0-1线性回归，完成了对线性概率回归模型（Linear probability model，LPM）的有效建立，线性概率回归模型中的财务比率数目延续了ZETA模型，仍保持在7个的标准上，但预测的平均精度不低于90%。埃德米斯特认为多变量判别分析方法在具体应用中可以划分为"黑——灰——白"三个分区，在上述分区中，企业误判内容主要集中在"灰区"，一般情况下，对于企业破产概率的计算首选模型就是线性概率回归模型，该模型不但可完成对企业"灰区"的深度探究，且可依托于自身优势完美转化企业破产概率以及财务比率，一定程度上有助于提升回归分析的实效性。但该模型在实际回归分析过程中，无法确保分析结果与预期结果保持一致，对此，可通过 Probit 函数和 Logistic 函数两者的转化，获取与之所对应模型，即，多元概率比（Logit）模型和多元逻辑（Probit）模型，其中，应用频率较高的方法为多元概率比方法。

（二）简单的非参数方法

1. 熵值法（Entropy Method, EM）

最早按照资产和权益结构分解财务报表不同时期数据的是泰尔（1969）和列夫（1971）两位学者，二者通过对熵值测度分析的有效运用，发现财务结构中的非稳定性是造成企业常常陷入财务困境的主要原因。1977年莫耶为达到对企业财务困境精确预测的目的，尝试引入资产负债表信息分解方法，从其预测结果来看，相较于单变量模型和 Z-Score 模型，该方法的预测结果精度稍显逊色。1989年哈钦森和布斯为进一步了解稳定发展企业与破产企业财务结构变化差异，他们在研究过程中主要采用了会计报表信息分解的方法，通过该方法发现两组企业在财务结构变化方面差异不明显。

2. 递归分割方法（Recusive Partitioning Algorithm, RPA）

1985年，费曼运用递归分割方法，将财务比率视为判别点，完成了对二叉分类树的有效建立，并且在划分破产企业和未破产企业过程中，主要以最低误判成本为划分依据。在递归分割方法中，在指标选择上主要有两种，一种是定性指标，另一种是非财务指标，但针对结构形式相对较为复杂的分类树而言，容易激起样本数据的过度适应性，针对样本以外的判定出错率升高，由此可以得出，应最大限度地确保分类树结构的简易性、灵活性以及适应性。此后，麦基则通过有效结合熵值和递归分割方法，实现了对交互两份模型的系统设计与开发，该模型对企业破产的预测主要以决策树为主，精确度不低于95%。

除上述几类方法之外，数据包络分析、K 临近法（K-Nearest Neighbor, KNN）、聚类分析等同样属于简单的非参数方法，一般情况下，若是出于对破产时间因素的考虑，在诊断破产过程中可尝试采用贝叶斯决策（Bayesian Decision Theory）。非参数方法与计量经济方法最大的不同在于，前者可以突破某些假定条件的约束，如变量样本分布、先验概率以及条件概率等，可有效结合主观判断，在实际使用过程中更为灵活、有效，其中很多思想与人工智能方法"抱团"，但其灵活性也成为其标准化道路上的"障碍"。

（三）人工智能方法

若要对人工智能方法进行归类，同样可划分至非参数方法行列，但相较于其他非参数方法，人工智能方法无论是在模式识别方面，还是数据演算推理方面其功能性均较为突出，可迅速蔓延至财务预警研究领域，并可协助财务预警获取大量更为精确、详尽的数据信息。

1. 神经网络（ANNs）

神经网络（ANNs）全称为"人工神经网络（Artificial Neural Networks, ANNs）"，其在财务预警领域内的系统研究和应用可追溯至20世纪90年代，ANNs的创新应用，不但提高了预测的有效性，且在一定程度上实现了判别结果的精确度。神经网络中的学习算法、训练网络、网络结构以及相关数据等四个环节关乎整个财务预警结果。并且神经网络方法还可实现多模式识别，而这种识别应避免脱离实际困境程度，且从理论角度来看，神经网络还可与财务预警管理系统相互融合。神经网络与计量经济最大的不同在于，该方法能够实现对非困境企业的有效识别；在预测的稳健性方面，神经网络在样本量和变量数据方面较传统统计方法做出了改变，预测精度和稳定性有一定的提升，但这种提升需将误判成本纳入考虑范围，若排除误判成本，则无明显的改进幅度。总体而言，目前难以判断计量经济模型和神经网络孰优孰劣。

2. 遗传算法（Genetic Algorithm, GA）

遗传算法的设计理念主要是在总结广大自然领域内各生物遗传特点和进化规律的基础上进行真实模拟，进而实现在海量信息空间内完成对概念的随机性搜索。该算法诸多硬、软约束目标函数的多参数优化问题中有着较强的适用性，且目前已被广泛应用于金融财务领域，比如，证券选择、预算分配、证券组合选择以及信用评价等等。相较于预警模型这种以财务利率为前提所提炼而成的if-then判别规则，遗传算法不但在结构上更为清晰明确，便于理解，并且能够按照相关规则完成对定性变量的精准提取。弗朗哥（1998年）基于GA算法有效提取了关于线性函数的相关内容，并对其中判别规则进行了系统试验和整理，经研究其认为统计学中的约束性不会长时间作用于遗传算法，运用该算法可确保所列线性方程的最优化，并且弗朗哥还对线性函数和多变量判别分析两种方法进行了全方位的比较，发现相较于多变量判别分析，线性函数所需计算时间较少，整个计算过程和结果不会收到试验者主观思想的影响，但从计算结果来看，其准确性相对较为逊色。

3. 粗糙集方法（Rough Set Theory, RST）

经过多方研究证实，粗糙集方法是一种可以通过一组多价值属性的变量来实现对多个对象进行系统描述的工具，其这一功能可以在一定程度上能够形成对某种特定关系的揭示，如，关联性财务特征与企业失败风险。相较于其他方法，粗糙集方法的特征主要表现在以下几点：

可完成对各类数据中所隐藏事实的深入挖掘，运用自然的语言表达成一组决策规则，并以案例支撑起每组决策规则；

可实现对定量变量和定型变量的深度糅合，对于约束和模糊隶属度评价无须做过多的统计；

可避免在决策形成阶段，对时间和成本产生过多浪费，并且整个过程具有极为显著的透明性。

通过对决策者自身理论知识水平的充分考虑，并以此作为决策支持系统的重要继承因子。

粗糙集方法在决策过程中展现出极大的可操纵性，并且受决策者知识背景和样本差异性等影响，最终所产生决策规则也不尽相同，因此，借助该方法所获取的一系列研究结果相互之间无法实现通用。

4. 基于案例推理方法（Case-Based Reasoning, CBR）

基于案例推理方法作为诸多决策方法中的一种，主要被应用于各种复杂决策环境中，特别是在划分存储案例中较为常见，且分类过程中所采用算法多以K临近算法为主，并且能够以此为前提对新增案例状况进行系统判别和精准预测，在财务预警研究中的应用频率也相对较高。

通过集合各种人工智能方法来完成对相关财务预警模型的系统构建与完善，不但有助于各类模型自身优势的全面发挥，且能够在一定程度上实现预测精度的全面提升。目前，常见的组合方法主要有以下几类：自组织网络方法——神经网络方法、粗糙集方法——数据挖掘方法、粗糙集方法——遗传算法、神经网络方法——粗糙集方法、模糊神经网络——粗糙集方法，等等。上述各类通过组合而形成的计算方法，现阶段尚无法判断其优劣性，而如何通过结合各种判别和预测方法，构建起多目标决策支撑的系统模型，成为当前相关研究领域的重点研究和实践探索方向。

二、高校财务风险预警指标体系的建立原则

高校财务风险防范是否有效很大程度上取决于高校财务风险预警指标体系建立的健全性与完整性，为此，在建立相关体系时，需确保最终所建体系符合以下几项原则：

（一）体现高校财务风险的特点

与高校不同，企业在组织性质上具有显著的营利性，企业内部资金的流转很大一部分是为了达到企业的增值目的；而高校属于典型的国家事业单位，在

性质上属于非营利组织，为确保教学活动以及科研活动的顺利开展方进行一系列资金流转。因此，二者存在本质上的区别，其中，高校的独特性更为显著，具体主要表现在以下几个方面，如资金筹备需与政策要求相一致，开支类别中含有部分费补偿性内容以及产品周转中具有不可再生性等等。如果说，高校并不具备与企业相同的程度的财务风险，那么高校财务风险便需要以相关风险评估指标进行选取。

（二）定量分析与定性分析相结合

财务分析是否精准有效，除了有效结合定性和定量分析外，还应以高校财务风险预警系统为依据，不但要以模型完成定量分析，还要以财务人员经验完成定性分析。对于定量分析和定性分析而言，前者的基础条件为数据，后者则为逻辑，两者互为补充才可确保取得理想的财务风险预警效果。

（三）具有动态性特点

高校财务预警指标的动态性，主要体现在高校财务预警指标对过去和未来的评价及预测，受高校财务预警指标评价与预测对时间和空间的跨越的影响，高校财务预警指标被赋予了动态化特性看，从另一方面来看，高校财务预警指标的动态性还表现在其随情况变化而发展方面，高校财务风险变化时，财务预警指标需根据风险变化情况进行技术的调整和补充，最大限度地确保高校财务预警指标的实时性。

（四）反映全局和系统的观念

从目的角度来看，高校所构建的相关财务预警指标体系主要是为了开展预警及预警相关的一系列活动，相关内容主要涵盖以下几点：

1. 事前预警

对评价指标进行确定，对安全和风险两个区间进行明确划分，根据实际情况构建数学模型以及快速、精确地传输各种资料信息；

2. 事中预警

通过对所获取信息的深度分析，发现其中所潜藏的各类问题，并发出相应的预警信号；

3. 事后预警

对财务风险具体产生原因进行初步判断和分析，搜寻风险形成的根源，并根据当前所掌握信息完成对相关追踪系统的建立，借助此系统完成对错误的纠正和预警的跟踪。

高校财务预警系统要进一步加强对日常监控的重视程度，对各种可能形成预警的情况进行重点跟踪和观察,将问题的挖掘深入每一个细微之处,做到对症下药。

三、高校财务风险预警指标体系

高校在选取财务预警指标过程中,所选择指标除了要具备高度的敏感性之外,还要能够对高校财务风险状况进行真实且有效的反应。本文基于多个能力维度,如运营、收益、偿债、发展等内容,筛选了国内20所高校,并参考大量研究结果和文献资料,构建起了一整套相对系统完整的高校财务风险预警指标体系,该体系可集中反映20所高校财务状况。

表7-1 高校财务预警指标体系

偿债能力	X1	资产负债率
	X2	流动比率
	X3	债务率
	X4	后勤及校办产业资产负债率
	X5	短期偿债能力
	X6	现实支付能力
	X7	潜在支付能力
运营能力	X8	收入支出比率
	X9	公用支出比率
	X10	自筹收入比率
	X11	应收账款占流动资产比率
	X12	应付账款与应收账款比率
	X13	应收账款占总资产比率
	X14	基建支出依存度
	X15	基建负债占资金来源比率
收益能力	X16	资产收入率
	X17	净资产收入率

续 表

	X18	总资产增长率
发展能力	X19	净资产增长率
	X20	自有资产动用程度

（一）偿债能力

针对偿债能力的定义，目前主流的说法是当债务本金和债务利息到期后，高校是否有一定的经济能力进行偿还。无论是高校管理层还是企业债权人都十分重视单位偿债能力，对于高校而言，偿债能力强则表明在流动资产特别是货币资金方面的储备充足，可形成对学校日常经营活动的有效保障，并且这些储备资金还可满足其他方面的资金需求，如支付各种到期费用账单和其他债务等等。本次研究为进一步了解高校偿债能力，选取了7个指标，具体如下：

1. 资产负债率 X1

资产负债率 = 负债总额 / 资产总额 × 100%

针对高校的债偿能力，高校资产负债率可对此进行较为直观化、综合化的反映，在全方位比较和分析负债和资产两项内容后，基本上可以推断高校多少资产是通过举债获得。一般情况下，高校资产负债率与债务责任呈正相关，资产负债率越高，所对应的债务责任、无法按时偿还到期债务以及财务风险发生的可能性越大，但从债权人角度来看，不断升高的资产负债率，对自身权益产生极大威胁。大量研究实践表明，高校资产负债率在30%～60%区间较为合适。

2. 流动比率 X2

流动比率 = 流动资产 / 流动负债 × 100%

流动资产与流动负债两者之比所反映的正是流动比率，流动比率作为一种特殊的财务指标，在高校短期偿债能力分析方面较为常见，主要所解释的是高校流动资产对偿还到期流动负债的保障程度。在偿债能力判定过程中，流动比率是其中一项十分重要的指标，银行在受理贷款业务时，均以流动比率作为参考，从而实现对企业信用水平的综合判定。通过分析总结认为，2∶1以上是流动比率较为合适的范围。一般情况下，面对流动负债高校常以流动资产作为偿还资金，当流动比率越高，此时流动负债的偿则会得到更好程度的保障。从另一角度来看，应尽可能地避免流动比率超出规定范围，如果比率过高则表明高校流动资产占用了太多资源，极大降低了资金效益。

3. 债务率 X3

负债率 = 负债总额 / 收入总额 × 100%

高校负债总额与总收入所构成的比例关系可在一定程度上形成对高校总债务水平的集中反映。当债务率水平不断攀升，则表示高校逐渐丧失了在债务偿还方面的能力，高校目前所获取的相关收入，对债务的全额偿还能力下降；相反地，若债务率水平呈逐渐放缓态势，则表明高校所获取的收入总额对全部债务的偿还能力提升。一般认为高校负债率在50%～140%的区间较为适合。

4. 后勤及校办产业资产负债率 X4

后勤及校办产业资产负债率 = 后勤校办产业负债总额 / 后勤校办产业资产总额 × 100%

当后勤及校办产业资产负债率较高时，将加剧其在财务方面的风险程度，而这也是高校其他各类财务风险的产生根源。努力将后勤及校办产业资产负债率维持在合理区间，能够在一定程度上确保高校在经济效益和社会效益方面的双重获得。一般认为高校该指标在40%～70%的区间较为合适。

5. 短期偿债能力 X5

短期偿债能力 =（现金及银行存款 + 债券投资 + 应收及暂付款 + 借出款 + 基本建设应收款 + 基本建设货币资金 – 借入款项）/（应付及暂存款 + 1年期以内贷款 + 其他借入款 + 其他应付款 + 基本建设应付款）

对于流动负债而言，高校以流动资产对其偿还的保障程度就是短期偿债能力的体现，其中基础建设部分也属于此范畴。该指标值越大，说明高校短期偿债能力越强。相反，则高校短期偿债能力越弱。一般认为高校该指标在1.15～0.9区间为宜。

6. 现实支付能力 X6

现实支付能力 = 货币资金 / 月平均支出

月平均支出 = 年支出总额 / 12

现实支付能力所反映的主要内容是，在某一时期内高校所持有的货币资金能够维持多久的正常开支。当高校具备较高水平的现实支付能力时，则表明高校日常开支有足够的货币资金作为支撑条件，这种较强的偿债能力还表现在负债到期时仍有足够资金进行债务偿还。一般认为高校该指标在7～4的区间为宜。

7. 潜在支付能力 X7

潜在支付能力 =（货币资金 + 应收票据 + 借出款 – 应付款 – 应缴财政专户 – 应交税金）/ 月平均支出

当高校日常周转资金和机动使用资金量比率越高，则高校可基于此获取较强的潜在支付能力，但需要注意的是，应避免这一比率的无限升高，否则就要考虑其阻碍发展的资金量大小。一般认为高校该指标在 5～3 区间为宜。

（二）运营能力

对于运营能力的定义，常指的是高校在受到其他外部环境因素的约束后，为确保预期财务目标的实现，尝试通过重新配置和组合高校各类资源，如，人力资源、物力资源等途径维持自身运营能力。一般情况下，在选取运营能力相关指标过程中，要确保所选指标能够形成对高校财务管理能力的综合反映。一旦这些指标出现超越警戒线现象，则可能导致高校财务资金运转困难。本研究活动在实际开展过程中，为能够更加系统、全面地反映高校的运营能力，选取了 8 个定量指标，具体如下：

1. 公用支出比率 $X9$

公用支出比率 = 公用经费支出 / 事业支出 × 100%

高校应尝试通过多种途径对当前阶段自身资金支出结构进行逐步完善和调整，提高公用支出在总支出中的比重。一般情况下，如果公用支出比率较大时，则表明高校在教学事业方面投入了大量资金；反之，若公用支出比率较低时，则表明高校资金有限，且大多用于人员经费。针对这一现状，高校应优化当前支出结构，努力提高公用支出在总支出中的占比。一般认为，75%～50% 是合理的公用支出比率范围，高校为确保自身处于该范围之内，需在各方的共同努力之下不断提升收入总量，加快公用支出比率的全面提升，并适当地将资金投入各类有助于高校自身发展的领域范围。

2. 经常性收支平衡比率 $X8$

经常性收支平衡比率 = 支出总额 / 收入总额 × 100%

当支出总额 > 收入总额，经常性收支平衡比率 >1，则高校本年度出现赤字，高校可用以前年度结余或通过举债实行资金平衡；而支出总额 < 收入总额时，经常性收支平衡率不足 1 时，则高校财务状况良好。一般认为高校该指标在 08.～1.2 之间为宜。

3. 自筹收入比率 $X10$

自筹收入比率 = 自筹收入 / 总收入 × 100%

自筹收入 = 事业收入 + 其他收入 + 经营收入 + 附属单位缴款

当高校自筹收入比率较高时，说明高校可通过多种渠道获取可观资金，并将这些资金投入日常办学经营活动，可一定程度缓解高校对地方政府财政拨款的过渡依赖性，通过这种自主探索形式不断拓宽资金渠道，高校具备了较强的自主发展和办学能力。而从相对动态化的角度来看，自筹收入比率还在一定程度上对高校在自筹资金过程中的努力程度进行集中反映，并以其他院校作为参考从横向和纵向两个角度与自身进行比较，比较结果可集中反映高校办学经营和财务管理水平。一般认为高校该指标在50%~30%区间为宜。

4. 应收账款占流动资产的比率 X11

应收账款占流动资产比率 = 应收账款/流动资产 ×100%

应收账款占流动资产比率可作为衡量高校信用质量和水平的一项重要指标。如果应收账款在流动资产中占比较大时，表明高校可以灵活应用的资金被压缩，周转资金不足，可能会面临来自不同方面的财务风险。一般来说应收账款在高校流动资产中的比重应控制在20%~80%之间为宜。

5. 应付账款与应收账款的比率 X12

应付账款与应收账款之间的比率 = 应付账款/应收账款 ×100%

应付账款与应收账款两者之比重对高校占用资金和被占用关系的全面分析与综合考察，如占用资金和被占用资金的协同性、稳定性等。一般认为，100%~140%是高校应付账款与应收账款的合理比率范围。

6. 应收账款占总资产的比率 X13

应收账款占总资产的比率 =（应收账款+基本建设应收款）/总资产 ×100%

应收账款占总资产比率中的应收账款含有一部分的基本建设内容，该指标主要是对此在资产部类合计中的占比以及应收项目所占资金比率的合理性进行综合考察，但从某种程度上来看，这种考察一定程度上不利于资产使用效率的全面提升。如果这一指标不断提升则表明在高校总资产中应收账款的占比逐步扩大，无形中增加了相关财务风险的发生概率。一般认为高校该指标在25%~35%区间为宜。

7. 基建支出依存度 X14

基建支出依存度 = 基建负债/基本建设支出 ×100%

基建支出依存度是基本建设累计负债除以基本建设累计支出的比值。该指标在核心考察内容上主要表现为借款或贷款在基建支出金额中的占比，并且该指标从一定程度上反映了高校基建对负债的依赖程度。一般认为，该指标的合理范围需设定在20%~70%。

8. 基建负债占资金来源的比率 X15

基建负债占资金来源比率 = 基建负债/资金来源合计 ×100%

不同于其他指标，该指标主要围绕基建资金来源中负债占比进行重点考察。

一般认为，高校该指标合理范围在30%～60%之间。

（三）收益能力

高校是否能够在日常办学活动中获取一定的经济效益，收益能力是最为直接的反映。近些年来，随着国内高校发展的日益规模化和数量化，高校内部矛盾日益突出，其中以教育事业发展与资金供给两者之间的矛盾最为常见。这一矛盾的不断演化，使得社会各界纷纷将研究重点转移至如何通过各种有效途径充分发挥高校自身办学特色，并借此提升自身社会和经济收益。且具体到各校自身而言，其在收益能力方面的强弱尤为关键，关乎高校未来整体运营和发展的高效性、稳定性以及持续性。

若高校收益能力不达标，与预期指标效果存在差距加大则表明高校可用于教育事业发展的资金极为短缺，这也是财务风险产生的原因之一。为更加详细、全面地反映高校收益能力，本研究选取了两个重要指标，即资产收入比率、净资产收入比率。

1. 资产收入比率 X16

资产收入率＝收入总额／资产总额×100%

当资产收入比率达到一定水平时，表明高校资产投入获得了理想收入，或者高校少量资产投入却获得超额收入，这一情况下可证实高校在收益方面的超强能力，相反，则不具备强大的收益能力。一般来说，高校资产收入比率的合理范围在35%～75%为宜。

2. 净资产收入比率 X17

净资产收入比率＝收入总额／净资产×100%

若净资产收入比率越高时，则表明高校的投入产出越高，此时意味着高校收益能力越强。反之，高校收益能力越弱。一般认为高校该指标在90%～45%区间为宜。

（四）发展能力指标

对于高校而言，发展能力是对自身财务目标和发展目标的集中反映，也在一定程度上体现了高校在不同领域的能力水平，如收益能力、偿债能力以及运营能力。高校是在收益能力和偿债能力方面所做出的努力，其目标都指向一个目标，即高校未来生存和发展。为更加系统、全面地反映高校发展能力，本研究选取了总资产增长率、净资产增长率以及自由资金动用比率3个指标作为研究内容，具体如下：

1. 总资产增长率 X18

总资产增长率＝本年总资产增长额／年初资产总额×100%

总资产增长率是从总资产增加额角度衡量高校自身发展能力的重要指标。

若总资产增长率较高，则表明高校年度内资产状态良好，且处于一种不断扩张状态。但需要注意的是，不能一味地突出总资产增长率的重要性，防止与高校实际情况相脱离，盲目扩张。一般认为高校该指标在 20%～0 区间为宜。

2. 净资产增长率 X19

净资产增长率 = 本年净资产增长额 / 年初净资产 × 100%

净资产增长率是本年净资产增长额除以年初净资产的比重，判断高校各类净资产增值情况和发展潜力时，大多需要以净资产增长率作为参考条件。一般认为高校该指标在 30%～5% 区间为宜。

3. 自有资金动用比率 X20

自有资金动用比率 =（应收及暂付款 + 对校办企业投资 + 其他投资 + 借出款）/（事业基金 + 专用基金 – 留本基金）× 100%

自有资金是学校事业基金、专用基金、科研和事业项目结存等可用于学校日常周转使用的资金。高校支配自有财力的程度一般用自有资金动用比率来衡量。当该比率较小时，表示高校可动用自有资金的程度越高。一般认为高校自有资金动用比率在 90%～150% 的范围较为合适。

四、高校财务风险预警实证分析

本书参考了相关学者的研究，整个研究过程中所采用到的 37 所高校的 20 个财务指标样本来自同一省，通过前期对样本资料信息的整理完成对相关因子分析模型的系统建立，在实证分析阶段所采用统计方法为 SPSS20.0 统计学软件，其中 37 所高校名称以 S1，S2，S3，……S37 表示。篇幅原因在此不对计算过程过多赘述，通过各项的因子分析后，通过综合因子计算的综合得分 Fi 可以对 37 所高校进行排名，也可以运用定性分析对综合因子得分进行排名，一般情况下，名次相对靠前时，发生财务风险的概率越小；反之则越高。但在对高校实际所处风险类型进行划分过程中，需着重思考定量问题的解决方法。基于相关理论，如数理统计理论和因子分析理论等，对整个样本的综合因子得分 Fi 进行假设，设定其与正态分布高度一致。

表 7-2　高校排名

高校	Fi	排名	高校	Fi	排名
S32	1.252945	1	S5	−0.12498	20

续 表

高校	Fi	排名	高校	Fi	排名
S27	1.182623	2	S20	−0.13016	21
S35	1.009246	3	S12	−0.16047	22
S1	0.748268	4	S7	−0.16325	23
S10	0.399686	5	S11	−0.16418	24
S34	0.318712	6	S2	−0.193	25
S6	0.22208	7	S23	−0.23645	26
S29	0.208447	8	S19	−0.25966	27
S9	0.187971	9	S4	−0.2785	28
S18	0.123634	10	S13	−0.31375	29
S25	0.114621	11	S8	−0.32788	30
S31	0.10757	12	S37	−0.36446	31
S36	0.092992	13	S17	−0.40036	32
S14	0.028298	14	S3	−0.40481	33
S28	0.021281	15	S15	−0.42801	34
S30	−0.07339	16	S21	−0.47644	35
S26	−0.07736	17	S24	−0.51844	36
S16	−0.08089	18	S22	−0.72023	37
S33	−0.12171	19			

　　基于综合因子计算理论分析过程发现，当 Fi 得分处于正分布状态时，
　　表明相较于整体指标体系平均水平该校指标水平更胜一筹；相反，则低于整体指标体系平均水平、从性质角度来看，正态分布具有对称性特点，这一特性在中轴线两侧均值方面表现得尤为明显，位于 X（均值）±σ（标准差）、X±2σ 和 X±3σ 之间的正态曲线下的面积分别约占总面积的 68.26%、95.45% 和 99.73%。通过这一分析不难看出，第一，当院校综合因子得分 Fi 为

正分时，学校财务尚未超出安全范围之内；第二，当院校综合因子 Fi 为负分时，意味着学校介于安全与非安全界线中心；第三，当院校 Fi<X-0.8，<X-σ 时，则表示院校已经超出安全范围界限；第四，当 Fi<X-σ 时，院校处于高风险发生区域。

依据上文的相关内容的罗列，可以总结出表内处于中风险范围内的主要有 3 个，即 S22、S24、S21，还有另外 3 个已经陷入高风险发生范围主要有 S3、S17、S37。

表 7-3 是围绕支持向量机和 BP 神经网络所展开的全方位的对比，另外，从研究结果来看，支持向量机的精确度略胜于 BP 神经网络。由此，本研究在预警模型建立过程中选择以支持向量机作为基础要素。

表 7-3 支持向量机、BP 神经网络优缺点比较

支持向量机	优点：1. 良好的泛化能力；2. 支持小样本数据，降低了复杂度；3. 算法的全局最优性；4. 严格的理论和数学基础
	缺点：1. 大规模数据难以实施；2. 二类分类算法，对于多类问题要分成多个二类
BP 神经网络	优点：1. 适合于求解内部机制复杂问题；2. 较强的非线性映射能力；3. 有一定的容错能力；4. 高度自学习和适应能力
	缺点：1. 结构设计依赖实施者的经验知识；2. 不保证泛化能力；3. 算法可能陷入局部极值，得不到最优结果；4. 收敛速度慢

基于上文一系列研究和分析，可以掌握 37 所高校的综合因子得分情况，并在于自身实际情况相适应的情况下，选取 $F=\bar{x}-0.8\sigma$ 点对高校进行合理划分。

综合得分 >F——正常高校；

综合得分 <F——风险高校。

本研究中正常高校和风险高校数量分别为 30 所和 7 所。按照训练样本（n=27，正常高校 23 所，风险高校 4 所）和预测样本（n=10，正常高校 7 所，风险高校 3 所）两组形式对 37 所高校样本进行分组。

表 7-4 样本分类

训练样本		预测样本	
正常高校	S32,S27,S35,S1,S10,S34,S6,S29 S9,S18,S25,S31,S36,S14,S28,S30 S26,S16，S33，S5，S20,S12，S7	正常高校	S11，S2，S23，S19,S4，S13，S8
风险高校	S37，S17，S3，S15	风险高校	S21，S24，S22

在统计因子分析结果后,此次研究的自变量冲破能够众多公因子中选取,选取数量为6,自变量被命名为F1、F2、F3……F6,通过6个公因子单项得分矩阵,开展财务风险预警分析。该方法避免了烦琐、庞杂的数据,模型计算量得到简化,并且通过观察相关系数矩阵表,不难看出,自变量之间无较大的关联性。

表7-5是基于LIBSVM模型求解工具所构建的分析模型。

表 7-5 支持向量机模型检验训练样本和预测样本判定结果

		实际个数	正确判定个数	判别正确率	判别错误率
训练样本	正常高校	23	23	100%	0
	风险高校	4	4	100%	0
预测样本	正常高校	7	7	100%	0
	风险高校	3	2	66.7%	33.3%
合计		37	36	97.3%	2.7%

从表中可以看出,37所高校样本按照训练样本和预测样本两组进行随机划分,且每组又细分为正常高校和风险高校。

五、高校财务风险防范措施

(一) 树立风险意识,重视高校财务风险的管控

若要从根本上有效规避财务风险,相关高校需从校内领导和财务人员着手,进一步强化各级风险防范意识。高校管理层作为办学业务运营之本需格外强调

对风险防范相关知识的了解与掌握，在决策制定阶段，能够结合院校实际发展对可能产生的风险进行提前预测，预估高校风险抵御和承受能力，提升决策的严谨性和自觉性，努力朝高校所预期的财务安全目标和效益目标前进。

高校财务相关管理层需充分意识到除了财务风险外，高校还面临来自债务方面的各种风险，如果高校银行债务风险有所降低，则可能意味着新财务风险的形成，如超前使用换代资金、社会融资渠道、隐性债务形式、各方搭接的借款方式等等。

新形势背景下，广大高校需进一步加大对财务风险管控的重视程度，在构建经费管理机制的同时，要确保整个体系运行的规范性、有效性以及安全性，引领和促进学校健康稳定的发展。

（二）完善机构设置，落实风险管控责任

高校在划分经济责任过程中，除了要考虑相关领导机制之外，还应将校内机构设置情况纳入考虑范围之内，具体划分层次主要参考以下几项：校长、财务处长、总会计师、二级单位财务负责人、基层单位财务人员等。不同层级人员所承担职责范围不同，彼此之间相互制约，共同组建起一个有机的统一整体。当财务危机产生之时，各层级通过彼此之间相互协作实施有效的控制措施，进而达成对财务风险有效化解的目的。若无较大财务危机时，各层级能够对可能发生的财务风险进行预测和监督，一旦风险发生予以及时、有效的控制和解决。与此同时，还应进一步加大公开财务力度，针对财务、资产以及财务管理相关制度，财政性资金、受赠财产管理使用情况以及学校年度经费预算决算方案、经费来源等各类信息，高校都应主动予以公开。这种公开化、透明化的财务管理，不但便于社会对高校财务信息的监督，且能够在一定程度上确保高校财务信息与相关规定相符。

（三）建立基本建设规模控制系统

在基本建设活动过程中，高校同样应当不断强化风险意识，根据基本建设规模完成对相关控制系统的建立，借助系统完成对各立项项目，如新增和续建内容进行科学、合理的控制，确保基本建设支出符合规定，从根本上实现量首定支。

第一，在建立相关项目前，相关高校应从学生规模、基础设施规模、工程款拖欠情况、在建工程情况以及现金流量等多个角度出发，对相关项目进行控制标准的有效设定，其中基础设施规模应作为高校重点控制项目。

第二，高校应基于自身资金实力和未来发展需求，建立与基本建设项目相适应的调控机制，对基本设施规模进行科学、合理的控制。另外，需要格外注意的是，应尽可能地避免在资金紧张时期或贷款偿还时期，开展基建项目建设。

第三，进一步强化对基建项目的财务管理。在基础建设项目开展过程中，增强对财务的管理和监督，可有效控制基础建设成本在预期限额范围之内。负责基础建设项目的相关财务人员，可根据各个基建项目有针对性地编制相应的财务报表，在报表中完成对各项目评价指标的计算，并在考虑各个筹资渠道特点的基础上，对相关解决路径和方法进行重组，确保财务预测分析的客观性、公正性以及实效性。

（四）加强学校内部审计监察

针对内部审计工作，高校应进一步加强对这一领域的监察，应在法律法规、国家政策等审计内容的基础上，扩展至监督、监察、反馈、跟踪校内政策、制度、计划等的执行情况和效果。同时，将高校风险管理内部控制以及管理过程的有效性作为指标进行综合评价，并根据评价结果进行系统优化和完善，推动高校综合管理服务水平的全面提升。另外，新时期背景下，学校的贷款渠道除了银行之外，还有大量非银行融资渠道的加入，这一变化使得相关内部审计部门需格外注重对高校资金获取渠道的审计，特别是要将一些通过非正常渠道所获得的贷款或结果作为重点控制对象。资金获取渠道的正规性、潜在风险等进行重点审计，从源头遏制风险的发生。

（五）规范高校会计核算

《高等学校会计制度》是高校会计核算工作开展过程中所必须严格遵守的一项制度内容，该制度的执行可确保高校会计行为的规范性，为会计信息质量提供可靠的保障，且会计核算的标准性与规范性，对于会计核算的综合统一具有积极的推动作用。在本次研究过程中发现，部分高校以应收账款的贷方形式替代借款，以达到入账的目的，而应收账款中除了基建的借款外，基建的额外的工程款也包含其中。如此一来，高校的负债情况被很好地隐藏起来，无法实现对高校财务状况真实、有效、准确地反映，导致高校相关管理层难以通过初步监察和管理察觉其中所潜藏财务风险。因此，在开展会计核算过程中，高校应最大限度地确保各会计科目口径、可比性以及处理方法的高度一致性。

（六）加强高校预算管理

对于高校而言，除了上述对策之外，还应进一步加快完成对相关预算管理制度的健全与完善，确保预算管理真实有效地落地，使之成为抵御财务风险的有效路径，避免流于形式化。

第一，围绕原有预算方法进行调整和改善。高校可尝试以定额预算法和零基预算法作为切入点，将两者有效糅合，例如，可以通过灵活应用定额预算法对一些特定项目进行预算。高校在预算编制过程中，除了要确保所编制教育经费支出内容与国家相关法律政策相符外，还确保开支标准核定预算额度也符合当前政策。而零基预算法则主要应用于根据未来工作任务而发生的预算项目，需格外关注的是，高校应将以前年度项目费用排除在外，将"零"设为未来经费支出的起点，在不脱离于实际的情况下对费用的合理性、费用的金额是否超标等进行综合考察。

第二，积极构建相应的预算控制体系。高校在执行相关预算活动时，应以动态形式监督并控制预算整体执行情况，通过这种全方位的监控避免发生不良预算现象，如预算超支，形成对经费使用水平的合理化控制。同时，在执行预算决策过程中需坚持弹性化原则，一旦预算与实际严重不符时，为确保高校教学工作的正常开展，可在有根据的前提下，适当地调整相关预算内容，针对未获得批准的预算调整事项坚决不予以执行。

第三，积极开展预算绩效考核任务。在完成年度预算任务后，应在于会计核算情况相结合的基础上对相关预算执行报告进行及时编制，综合考核各个部门预算执行效果，并加快完成对相关奖惩制度的构建，严格做到奖惩分明。

第八章　企业财务管理融入高校财务管理的相关问题研究

一般情况下，高等院校属于事业单位不属于企业的范畴，但是从财务工作的内容上看，高校财务管理工作也是与企业当中的财务管理工作相类似的工作。企业中的财务管理工作会直接影响到整个企业的收入与支出，从而影响到最终的盈利情况；高校的财务管理工作直接影响到收支情况，最终却会落实到教育质量上。本章的重点就是要讲财务管理的基本理论和观念与高校的财务管理进行联系，通过对管理的各个方面进行系统的科学介绍，从而使财务管理得到更好的应用。

第一节　企业财务管理概述

企业财务管理作为一种经济管理方面的活动，其英文全称为 Financial Management，可以使企业更好地进行财务分配和财务计划的制定，这种财务关系方面的管理工作我们称之为企业财务管理。财务管理可以说是在社会进步和发展过程中逐步演化生成的一种有关经济的管理方式。在现代的财务管理中，企业要想生存壮大就离不开自身财务上的合理规划，这种有计划的财务管理方式就是公司管理的重要组成部分。[1]

一、企业财务活动

企业财务活动就是在企业进行资金管理的过程中进行的筹资活动、投资活动、利润分配、收益受损赔付等企业当中的各种财务方面的以现金管理为主的资金流动管理。

---

[1] 王小妃. 论财务管理和内部控制对企业发展的作用 [J]. 价值工程，2012（16）：131.

(一) 企业筹资引起的财务活动

企业资金的注入才能使得企业所从事的活动正常运营下去。盈利状态下的资金的活动才可以使企业健康地运转、生存下去。企业内部的正常操作就是要在资金运作和资本注入的前提下通过向银行借贷、企业上市发行股票等行为进行资金的筹措,这就是我常说的资金的流动过程。资金筹集过程中产生的资金的收支就是企业的财务管理活动之一。

企业在进行经济活动的时候就需要考虑资金动向的问题,企业为了能够正常地经营下去就必须要考虑资金的来源问题、资金如何进行运作、如何控制成本、如何抵抗经营风险等一系列和经济增长有关的运营问题。财务人员主要的工作职责就是要进行资金活动的实时监测和风险因素的把控,财务人员在面对这些问题的时候一定要提前做好充足的准备,以应对筹资、投资、资金运作过程中出现的不良现象,避免企业陷入破产的窘迫境地。

(二) 企业投资引起的财务活动

企业进行资金的投入为了得到更多的回报,这种用于经营的活动就是投资,通过资金的前期投资,可以使得一段时间之后,资金得到增长,也会企业的资金得到更多的价值体现。

我们可以将投资的活动分为对外进行的投资和对内进行的投资。对内的投资主要是可以使用资金用于购买物料、机械设备、人员雇佣、固定资产的储备,通过企业内部的运行来取得经济效益。对外的投资就是要将资金用于购买企业外部的债券、其他公司的股票和其他的公司进行联合经营以获得更多的经济回报。对内投资中,公司用于添置设备、房、无形资产等非流动资产的对内投资由于回收期较长,又称对内长期投资。企业内部的投资就是要通过企业开展日常的生产来实现自身盈利,通过对生产运营环境的合理规划将最终的产品可以变现,这种投资行为比较稳定,也是企业赖以生存和发展的根基。日常的生产运行就是将投入的原材料、人力、物力、时间成本、建筑场地和水电等开销都进行综合结算之后,产出的产品相应地扣除这些成本之后所得收入,这也是企业的资金可以充分利用,将闲散资金汇总起来扩大生产、降低成本、提高质量等最合理最有利的手段。这种投资的活动并不复杂,也是一种资金回笼比较快的方式,收益高,见效快,其中值得我们注意的是在应收账款、库存管理方面需要我们下功夫。

企业的财务管理人员需要在投资的风险管理方面进行深入的研究。在进行投资的时候一定要进行详细的考察,将投资的风险降到最低,这也是保证企业能够正常运转的基础。

（三）企业利润分配引起的财务活动

我们根据资金的来源将企业的资本分为两种，一种是权益型资本，另一种是债务型资本。[①]企业在划分清楚资本的来源和类型之后，就可以利用这样的资本形式进行投资管理，这种投资管理是可以帮助企业进行盈利和带来利润的。我们可以这样计算，将企业的债务和成本进行扣除之后所得到的盈利收入就是企业的利润来源。我们可以这样理解，将企业所得的收入作为价值增值，将这部分价值增值扣除债务资本的报酬即利息之后若还有盈余，即为企业利润总额。根据我国的法律规定，企业可以将缴纳的所得税之后的利润收入作为企业的净利润，企业税后利润还要按照法律规定按以下的顺序进行分配，第一，要对企业之前的亏损或是债务进行偿还，第二，提取适当的盈余公积，第三，对于公益金方面的提取也要进行安排，这主要用于职工福利和基础设施的支付，第四，对于企业的股东或投资方进行利润的分配。当然这些收益的分配都是在企业保证正常运行和保证企业未来支出的前提下进行的，这些活动即为利润分配所引起的财务活动中的一种。

利润分配活动中尤为重要的是向企业所有者分配利润。在利润分配过程中，企业要平衡好各个部门之间的关系，从多个方面进行统筹规划，既要考虑股东、投资者的权益，又要将企业的发展和未来规划进行合理的安排，这就要处理好近期利润分配和企业长期目标规划两者之间的关系。

企业筹资引起的财务活动，企业投资引起的财务活动和企业利润分配引起的财务活动，三个方面既相互联系又相互影响。在进行合理分配和安排的前提下进行财务管理的基本内容，就是要将筹资管理、投资管理、利润分配管理三个方面进行财务活动基本管理的根本所在。

二、企业财务关系

企业财务关系就是指企业在进行经营活动的过程中和利益相关者进行的经济往来关系。[②]在各种投资活动中，这些利益相关者的投入为企业的生产经营带来了重大影响，这些利益相关者可以是股东、债权人、雇工、消费者等一些和经济往来相关的人员。企业要考虑利益相关者的利益分配，这也是企业能够更好地发展下去的主要影响因素。

---

① 廖丹，张绍峰，罗渝钦. 从公司治理结构看国有企业的最佳资本结构 [J]. 四川会计，2001（04）：4-5.

② 裴宏波. 关于财务管理目标的思考 [J]. 商场现代化，2006.

（一）企业与其所有者之间的财务关系

企业的所有者有时可能不是一个人，企业的所有者可以是单位、集体或者是隶属于某一个团体。企业所有者拥有对企业发展和走向的控制权，同时其也要承担起相应的管理方面的义务。在进行投资合同的签署、财产、资金的流通等方面，企业要将各个规章制度进行统一安排，在实现企业盈利的情况下还要考虑企业的利益分配问题，总之是要履行各种合同和协议相关的责任和义务。企业和其所有者之间的财务关系可以体现出所有权的性质归属问题，也是经营权和所有权的一种责任划分。

（二）企业与其债权人之间的财务关系

企业可以使用投资者提供的资金进行前期的经营活动，但是这种投资是有期限和回报的，就是在企业获得利润之后要对提供资金的人支付用资成本。企业的融资渠道有很多，可以向债权人进行资金的债务借贷，这种债权人我们可以称为商业债权人和贷款债权人。贷款债权人一般是指具有借贷能力的个人，商业债权人一般是指可以提供劳务服务或货物资助的可用于短期融资的单位或个人。

企业利用债权人的资金后，对贷款债权人，要按约定还本付息；对商业债权人，要按约定时间支付本金，若约定有利息的，还应按约定支付利息。企业同其债权人之间体现的是债务与债权的关系。

（三）企业与其受资者之间的财务关系

企业进行投资的方式多种多样，一般常见的就是针对企业自身内部展开的投资，这种投资主要是致力于企业长远的发展所进行的资金的注入，还有另外的投资方式，比如进行股票的购买，或者是对于其他企业进行股权的出让，还有就是直接向其他公司进行的投资行为。一般情况下，企业作为投资方不直接参加被投资企业的经营管理，这种只是为了获得分红和收益而进行的投资行为就是一种所有权和经营权责任划分的问题。

（四）企业与其债务人之间的财务关系

在正常的经营活动中，企业的资金往来并不是可丁可卯，恰如其分，而是会随着经济形势的好转和经营获利使得资金有所结余，这种闲置资金企业可以进行购买股票、债券和向其他公司进行放贷。有些企业在经营过程中由于激烈的市场竞争，会以先出货后结款的方式去提高自身的竞争力，在这个操作的过程中，企业就会形成应收账款，这种应收账款实际上也是企业的资金中重要一部分。暂时闲置资金借贷就形成了债权人和债务人的关系。企业放贷，那么该企业就是债权人，接受债务（接受资金）的一方企业就是债务人。债权人就有权利要求债务人履行借款合同，两者之间就存在了债权和债务关系。

（五）企业与国家之间的财务关系

国家有权利对企业的经营活动进行税费的征收，企业应该积极地向国家缴纳税金。一方面国家作为管理的主体，对于企业来说是提供公平竞争环境的主要支持者和维护者，对于公共基础设施和维护社会秩序方面国家承担着非常关键的作用，也是社会管理的执行者，另一方面国家在进行管理的过程中会产生各种社会上的费用和开销，这种花费也是不可避免的，国家也是为了维护正常的市场秩序所进行的费用上的合理规划和使用，因此企业必须向国家纳税，这样才能保证国家的财政收入的稳定，只有国家有了税收保障才能使国计民生管理得井井有条，国家秉承着"取之于民、用之于民"的原则，将所征收的税金用于社会所需。从企业的角度来说，依法纳税也是企业必须承担的责任和义务。企业和国家税务之间的财务关系就是依法纳税和依法征税的关系。

（六）企业内部各单位之间的财务关系

企业内部也存在着相应的财务关系，企业作为一个正常运行的主体，其可以划分为很多个部门，在部门与部门之间进行的合作和努力就是共同为企业创造价值的体现。在企业的内部就有着经济核算的制度存在，这种制度使得企业可以划分清楚各个部门的职责和任务，在出现问题和解决问题时能够很快进行责任划分和思路整理，为制定合理计划和公司的进一步发展作出明确的方向。各个部门的经营状况、绩效考核、成本控制等都是企业内部管理的关键，也是各个部门相互配合进行内部核算的重要依据。在这些经济活动中所产生的资金流动和收益分配问题实质上就是劳动成果内部分配的关系问题。

（七）企业与员工之间的财务关系

企业和员工存在着雇佣关系，也就是说企业雇佣工人进行劳动，创造价值，工人依靠企业来实现自我价值，获得劳动回报。这中间就存在了相互依存、相互促进的关系。员工为企业的发展壮大提供了源源不断的再生力量，这就犹如高楼大厦中的每一块砖石，没有一个个员工的辛苦付出就没有办法实现整个企业的进步，辉煌业绩更是无从谈起，所以企业发展也需要回馈员工，为员工谋福利，这样才能激发员工的工作潜力，也是对员工工作的肯定和支持，通过员工的不断努力，企业的未来才可以越来越好，企业和员工之间就存在雇佣与被雇佣（体现在工作报酬和各种福利待遇之间）的一种财务关系。

第二节　企业财务管理融入高校财务管理的必要性与可行性

通过对现代企业的财务管理和高校的财务管理进行比较，可以看出两者之间的区别和联系。本节详细叙述了高校财务管理方面的不足和创新的方向，将现代企业的财务管理优势进行阐述，对于企业财务管理可以融入高校财务管理进行必要性和可行性的分析。

一、企业财务管理融入高校财务管理的必要性

（一）现代企业财务管理与高校财务管理的比较

1. 目标比较

一般我们要将财务管理归于一定的理财环境中，然后对财务活动、财务关系进行目标设定，有计划有组织地对财务项目进行管理。财务管理目标的制定是要根据社会的经济模式而进行的符合实际标准的制定。

企业财务管理的目标一般都是为了使企业的价值最大化。在企业成立之后就要进行财富的加工、制造和积累，这也是为投资者能够获得回报所做的努力。企业的价值可以是多个方面的，其中的总价值包括企业资产价值、企业的市场价值、企业潜在价值等多个方面，这种价值的体现也是对企业的资金价值、风险承受能力的综合考虑。

介绍了企业财务管理的目标之后，我们就要对高校的财务管理目标进行描述，针对高校的财务管理和资金流通使用情况进行科学合理化的管理，以保证高校自身能够正常运营，同时也可以促进高校教育事业的发展。随着社会经济的发展和科学管理手段的使用，高校的财务管理目标与企业财务管理的目标越来越接近，在进行财务管理的目的上，一方面要加强资本的运作能力，一方面要进行财务管理上的预测和计划制定。最终都是为了要使财务管理和经营能够正常运转下去。

2. 内容比较

企业财务管理和高校的财务管理在管理内容上存在着不同，其区别之处在于企业进行更为复杂的财务关系的处理上，其中企业和投资者之间、和政府部门之间、与债权人之间以及企业内部各个部门之间存在着经济往来和业务结算的关系都是企业要处理的财务关系。企业财务管理的过程和内容主要就是将这

些复杂的财务关系厘清并且保证财务工作的准确无误。

高校财务管理的内容相对来说比较简单其财务关系没有那么的错综复杂，对高校的资金使用情况和预算要进行统一协调的安排，保证高校财务规章制度的顺利实施，也是高校财务状况良性运作的保障，建立健全的高校经济管理秩序，能够反映出学校财务状况和学校经济运行方面的趋势。

3. 环节比较

在财务环节上，企业财务管理和高校财务管理存在着相同的地方，其中财务预测、决策制定、财务控制、计划实施等方面上财务管理的各个环节相差不大，但是在操作执行上财务管理的技术手段有着不同之处，企业财务管理的技术由于具有先进科学技术的支持，而且财务管理同时也受到管理层的重视，因此管理技术水平相对就很高，而高校的财务管理没有企业那么复杂，因此所需要的技术手段也就没有那么高的要求，这种财务管理技术也就相对没有企业财务管理上那么严格。

4. 管理个性比较

高校财务管理和企业财务管理的不同之处在于管理的使命不同，企业为了生存和发展必须要获得利润，企业是自负盈亏，就是没有收益的情况下长此以往必定会被社会所淘汰，而高校是一种事业组织，强调进行社会责任和义务的履行，为社会培养优秀的高科技人才，在获得教育资源和经济收入的情况下高校的首要任务是办学，所以高校的盈利性就没有企业那么强烈，高校更加强调的是社会公益性和教学效果，这也是高校存在价值的体现。上述所说的这些就是高校的管理个性，高校财务管理要进行创新，与时俱进，这就要求将社会制度和社会人文管理的理念融入高校教学当中，为高校的财务管理提供崭新的途径。

（二）高校财务管理的不足及创新方向

1. 管理意识落后，资金成本意识淡薄

高校的经济来源一部分是学生的学费，一部分是政府对于高校财政的补贴，还有一部分是高校自身进行的投资盈利，这种投资可以有很多渠道，其中高校可以向金融机构进行融资，多种经济来源对于高校来说也提出了新的要求，高校随着办学经验的丰富和资源的可利用性提高，势必会想着扩大办学规模，对办学条件也是一种全新的要求，这其中就会涉及高校财政的支出，高校教育经费的激增催生管理方式的变革，因此，高校在管理方式上要进行转变，高校要进行管理意识的提高，要进行财务资金方面的运作，为了使投入、产出成为一种资金的有效运转方式，那么就必须要对成本进行控制，并且从思想意识形态上进行转变，摒弃落后的管理思想，针对新形势下的教育模式进行财务管理方面的创新。

2. 现代技术手段运用不充分，财务软件功能不完善

高校财务管理不同于企业的财务管理，在管理水平和科学技术的运用方面还有待提高，这也和高校财务管理的模式和高校教育为宗旨的方针政策有关。高校财务的核算方式曾经是以收付记账式的，现在是逐步向复式记账法进行转变。这种转变就标志着高校的会计核算体系得到了发展和提高[1]。会计电算化软件的运行和实施就为高校的财务管理工作带来了很大的便利，也是高校财务管理水平提高的标志。高校财务管理的手段也变为了统一领导，分级管理的模式，这就要求高校的财务管理部门可以向决策层提供财务数据的支持。高校规模的扩张对财务管理提出了更高的要求，对高校的财务管理也是一种冲击。现代社会都是网络信息化的社会，随着时代的进步，财务管理也在逐步向着无纸化办公的方向发展，所以高校的财务管理也要与时俱进，对于高校财务软件也要进行提升，对一级财务和二级财务也要进行监督指导，而且同时要满足高校各个部门对于财政数据的查询和核对工作，这些新的技术要求就是高校财务管理工作的重点规划方向。

高校财务管理的工作要实现信息化、技术化，这也是高校管理部门进行财务信息的整合、优化运用的结果。为了使高校的教学资源能够得到充分的利用，提高高校的教学水平和高校教师的工作效率，高校财务管理工作要进行信息化改革也是必然趋势。财务管理的信息化就是我国高校教育信息化的重要组成部分，对于实现高校"数字化校园"提供财务信息的技术支持，也是对高校教育管理理念、资源利用、管理机制、工作方式等的一种革新。

3. 财务人员的素质有待提高

过去高校的业务往来和资金核算比较简单，财务人员相对的道德素质和政治修养就成了财务人员选拔的关键，随着高校的发展和科学技术水平的进步，高校对于财务人员的要求也有了新的要求，在道德素质提高的前提下还要考查财务人员的业务水平。高校的财务人员要进行综合能力上的培训和提高，其主要包括以下几个方面的内容：

第一，要进行财务技术知识的储备。如今的社会发展迅速，人们越来越注重社会经济形势的走向和变革问题。在新兴产业发展迅速的今天，传统产业也在逐步进行着整改，也是为了能够更好地跟进时代的潮流。各个社会事业蓬勃

---

[1] 宫晓丽. 论述我国高校的财务成本核算控制 [J]. 中小企业管理与科技，2011.

发展，使得财务管理工作能够得到快速的发展和升级。财务管理者要顺应时代发展的步伐，不断进行学习，提高自身的财务会计知识，也是为了能够深化财务变革，为了能够熟练使用财务办公软件，财务管理人员就必须针对高校的财务管理工作进行自我能力的提升，不断地学习使用信息化办公技术，对无纸化办公和智能应用软件的学习和使用进行深入的研究。

第二，要提高财务决策水平和管理能力。在高校的财务管理工作中，要进行日常的账目往来的记录、核算、汇总，为高校的发展和重大的决策提供数据支持，为高校的扩大规模和基础建设提前规划做好铺垫。高校的管理是多方面的，可以从教学质量、科研水平、学生能力、社会实践、人才培养等方面展开工作，这些工作都需要资金的支持，也是学生成长、高校发展的重要组成部分。因此我们要重视高校的财务管理工作，在高校财务管理工作人员当中进行有针对性的培训，使其能够提高自身的财务管理水平，也是为高校能够做出正确的财务决策而进行的有必要的岗上再教育。财务工作者尤其是财务管理岗位的领导者一定要提升自己的认知，对于财务决策一定要保持头脑清醒，决策制定和实施时一定要进行有理有据的论证，为了获得高校财务管理数据的正确掌握，就必须要具有前瞻性的眼光，用发展的视角看问题，也是提高自身决策能力，丰富管理经验最好的证明。

第三，顺应时代发展，讲究科学高效的财务办公管理。网络技术的普及给这个社会的发展提供了信息传输的途径。财务管理也在随着时代的变化而进行着办公方式的变革，过去的算盘、计算器、账本已经逐步退出了历史舞台，更多的是被电脑自动化办公取代。这就要求高校的财务管理工作者一定要不断进行学习，提高自身发展的水平，为财务业务能力的提高而深入的学习计算机技术，可以熟练掌握网络计算机带给我们的便捷，同时也为成为新时代财务管理人员而努力奋斗。

4. 理财环境的变化要求高校财务观念创新

高校财务管理的环境相对来说没有那么复杂，其是高校管理工作当中的一部分，因此高校的财务管理环境对于高校管理工作来说也可以使财务管理的观念得到转变。我们可以从财务管理制度、财务办公人员素质、财务管理工作方法等方面来探讨高校的财务管理环境。通过对高校人力资源的合理利用和价值考虑，加强高校财务管理的整合、利用，这种有效的管理手段可以使高校的财务管理环境变得清晰明了，同样也是高校理财环境的一种提升，从侧面可以对高校的财务管理的观念进行创新。如果高校管理过程中出现管理混乱、收入支出不平衡、支出结构不合理等问题，那么我们就需要对高校财务管理部门进行

第八章 企业财务管理融入高校财务管理的相关问题研究

严格的审查，也是对高校财务的负责，面对管理情况的混乱要对相应的财务人员进行询问，往期账目进行彻查，对收入支出的不平衡就需要进行经费利用、支出情况说明、资金流动方向做出深刻的追查，对每一笔使用了的资金进行合理性评估，为以后的资金使用情况制定明文规定，杜绝高校资金的滥用和挪用情况发生。高校财务人员要树立非常强的责任感和使命感，要树立服务意识，针对高校的资产流通情况和高校的经济体制建设做出很好的责任划分，也是为高校的良性发展和全面提升提供强大的资金保障。

5. 金融形势的改变要求高校财务制度创新

高校的财务制度创新是高校创新管理的重要一部分，随着金融形势的不断变化需要对高校的财务管理工作进行创新性的应用，对于各个高校之间进行的有效沟通和对财务管理制度方面的相互借鉴是非常有必要的。高校要立足在实际生活和教育成效的实践上进行创新，这就要求在高校发展过程中要保证资金的来源和使用。高校利用全新的管理方式，增加创新型技术设备，提高教学水平等各种方式来对高校的管理进行创新，那么在高校的财务管理方面也就需要健全的制度作为保障，也是为了使高校的财务收支和财务活动更加科学，使高校的财务工作能够更好地适应高等教育的需要，从而做到财务管理的创新性改革。

6. 财务环境的变化要求高校资金管理内容创新

在高校的财务管理内容上要重视资金管理的过程，随着经济全球化的到来，教育领域的国际财务方面的业务往来逐年增多，财务管理的环境也变得越来越复杂，会计核算和财务管理中的资金管理变得越来越重要。财务管理人员的金融水平和财务管理意识逐渐提高使得高校的资金管理变得有条不紊，通过对高校教育体制的改革，高校财务也进行了多方面的创新，通过多种渠道进行教育经费的支持，可以提高高校资金的数量，也是高校综合实力的体现。针对高校的固定资产的支配和使用，我们可以制定相应的财产物资管理制度，这也是防止固定资产流失，保证固定资产完整的最好的方法。对高校资金的管理，我们可以进行成本核算、支出结构的优化，投资回报的预算等方式有效避免资金浪费和资金使用的过度行为。总之，我们要从多个角度针对高校的资金进行严格的管理，这也是对高校资金管理内容方面的创新，是对高校财务环境变化所做出的更高的要求。

7. 智力化发展要求高校重视财务人员的服务创新

高校财务管理的实现最终都是要通过人的劳动和人们之间的配合才完成的，在人们工作和机器工作共同的努力下，高校的财务管理才可以正规化、严格化，同样也是先进的管理方式和管理体制的一种合理分配。因此，我们要重视高校财务人员的培养，使其明白在现代社会和高校发展中自己应该承担的责任和义务，同时使得财务人员具有非常强大的自觉意识，能够意识到自身的服务精神，这种创新和服务本身也都是为了高校的发展所进行的改革。通过财务人员的正规操作和资产合理规划，可以使得高校的各项事业得以顺利开展，为高校的科研提供足够的资金支持，为广大师生的教育教学提供保障，可见营造一个良好的财务环境，提高财务人员的服务意识是多么重要！在财务管理中，财务人员还承担着降低高校财务风险的责任，这种减少投资损失，扩大收益的方式可以使自身的财务水平得到很大程度的提高，也是对未来投资决策和资金使用情况进行的科学合理的解释。

（三）高校企业融入现代企业财务管理的优势

高校的财务管理水平要和现代企业的财务管理水平进行协调一致的改革，这种改革是一种提升，是具有非常重要的价值和意义的。

1. 促使高校建立科学的财务预算体系

高校的财务预算可以从经费的使用上进行研究，高校不同于企业，其更多是事业单位管理和体制建设。在进行预算时需要对《高等学校财务制度》进行解读并充分执行，这就不同于企业可以根据自身的需要进行灵活的预算制定。在事业单位的编制范围内，许多的预算不能做到位，也得不到落实，这种困难和阻碍就需要我们进行科学合理的规范，也是高校建立财务预算体系的重要依据。我们可以将现代企业的财务管理中的预算体系引入高校的财务管理当中，这种引入可以是资金方面、资产方面、成本控制、支出统计等各个方面的一种后继年度的整体评估，通过对往年数据的分析和可行性的验证，对不合理的预算编制进行改变，建立完善的财务预算体系，可以起到整体的财务调控的作用，这种方式也可以合理、高效地反映出财务工作的重点发展方向和突出财务问题，针对影响高校收支平衡的因素进行定性、定量的分析，可以客观地反映高校的财务状况，为高校的未来发展提供数据支持。

2. 促使高校自主建立资金业绩考核体制

高校教育体制有着特殊之处，其最终的目的是为社会培养高科技人才，其教育价值和社会价值更多的是体现在教育成果上，因此其不是以盈利为目的的，这是与企业的不同之处，在高校中建立健全的资金业绩考核制度更重要的目的是为了控制高校的资金支出，其高校的教育机制和教育价值可以得到最大程度的利用，在资金使用方面由于有业绩考核体制的存在，可以使高校的财务管理更加有理有据，这也是保证资金充分利用、资金使用科学规范的一种有效的制度。

3. 提高高校决策层加强财务控制的意识

高校的财务支出不同于企业有那么多的审批流程，其更多的是使用上的随意性。这种管理上的偏差就使得高校的管理决策和实际的金融情况相距甚远，校长成了财政使用大权的支配者，没有其他人的监督，很容易使得高校的资金没有使用计划，因此，我们要提高高校决策层的财务控制意识。加强财务管理，提高决策者的财政管理水平对于高校的发展和未来规划都有着非常重要的意义，同时也是高校扩大规模，优化教育经费投入的有效管理途径。

4. 引入资金的时间价值概念

所谓资金的时间价值概念就是要对使用的资金进行一个时间段上的划分，制定一个具有时间效力的资金流通计划，比如对高校的资产投入项目的认真核算，对引资成本较高的BOT固定资产项目，反映资产的真实价值，反映高校真正的运作成本，这种项目计划的制定就是一种很好地反映高校真实资产状况的资金流通的计划。

5. 提高财务分析的质量

目前的高校财务分析还处于最基本的阶段，针对前期的收入、支出，本期的收入、支出，未来预算当中的收入、支出，这些情况制定财务分析计划，基本上仍停留在对各年度数据的罗列层面，对于影响学校收入的主要因素并没有进行深入的财务方面的分析，比如我们应该对高校内部的财务支出情况和高校外部的财政收入情况给予认真的研究，完善财务分析的体系建设和未来财务状况的准确预测，达到财务方面可以对高校管理提高决策参考的重要目的。在高校管理上进行改革，就是要对高校的办学成本进行控制，对高校的资金使用情况进行合理规划，对高校的财务状况进行科学分析，对高校的投资项目和投资主体进行详细的审核……这些手段都是提高高校财务管理水平的最好方式。

6. 建立高校资金风险意识和风险管理机制

高校的财务管理过程中也会存在风险，虽然这种管理上的风险远远不及企业管理当中的风险，但是高校的资金风险意识和风险管理的机制要健全，这也是高校财务管理防范风险的一个手段。高校对于财务方面的风险管理可以参考企业风险管理的方式进行，高校曾经普遍存在对于财务风险认识不足的问题，所以需要我们进行及时的纠正，对于高校长期投资回报率低、收益不科学、不稳定等方面就需要高校进行风险管理。借鉴企业风险管理的制度和财务风险把控的方式，结合高校财务管理的特点，制定出符合高校自身的财务风险管理机制。

7. 提炼精确的财务数据，提高财务数据对决策的参考作用

高校的财政收入主要是靠政府的支持，高校财务支出情况也都是要向上级

主管部门进行汇报。高校提供给上级主管部门的报表就非常简单，信息也很单一。随着高等教育体制的改革，势必要求会计信息的使用更为频繁，这种会计信息的变化也使得政府、高校、投资者等方面要掌握更多的关于高校财政上的信息。在市场竞争日益激烈的今天，高校的财政压力也逐年增加，学校领导和相关的职能部门都需要进行合理的规范和方针政策的制定，这就需要对会计信息进行全方位的掌握，因此需要高校进行财务数据上的精准提炼，也是财务数据可以提供决策依据的重要参考，我们在这个方面也可以使高校的财务管理逐步向企业财务管理看齐，这也是提高高校财务管理水平的重要表现。

8. 现代企业财务管理涉及面广泛

从企业的角度进行分析，企业很多部门都要涉及财务管理人员的参与，其中财务管理的人员需要制定合理的财务资金使用计划，这些部门在进行资金使用方面可以听取财务人员的建议，也是为了资金能够得到合理规划和充分使用。在企业参与市场竞争时，财务行为就非常关键，比如企业要进行投资、理财方面的策略决定时，需要经验丰富的财务管理人员的参与，为正确的决策提供参考，所以我们说，现代企业的财务管理涉及的方面非常多也非常广泛，由此可见现代企业财务管理的重要性，对企业的正常运行和持续创收具有非常重要的意义。将现代企业财务管理的方式融入高校的财务管理当中也是企业管理先进性的体现。

9. 现代企业财务管理综合性强

财务管理作用是一种价值管理，对企业当中的资金筹措、投资收益、效益分配、成本控制等方面都要进行有效的控制，这样也是体现企业财务管理的价值所在。财务管理部门一系列的管理动作，都是为了促进企业的资金收支平衡、资金流动正常运转、财产增值保值等而制定的合理的控制。这种涉及企业各个部门、各个环节的财务管理工作可以保证企业正常的生产经营活动。

10. 现代企业财务管理灵敏度高

企业作为市场竞争的主体，为了实现利益最大化因此会格外重视自身的财务管理。对于企业决策层进行重大决策时要进行的财务数据参考一般都会以财务报表的方式呈现，这样也就是了解企业经营状况最直接的反映。重点抓住企业财务管理就能够掌握企业的发展命脉，其也是对于企业管理进行的重要建树。

二、企业财务管理融入高校财务管理的可行性

我们可以从经济学的观察视角、企业财务管理的目标和实践方面、营利精神的融入方面、高校财务管理和企业管理的融合策略方面来进行企业财务管理

和高校财务管理融合的可行性分析。

（一）经济学视角

人们通过接受教育来实现自身知识水平和个人能力的提升，与此同时，适合身心发展和促进社会实践的教育手段越来越受到人们的推崇。教育的效果可以从是否得到了知识和能力、是否促进了个人的成长、是否提高了人的精神境界等方面来进行评价[①]。教育可以参考市场运行机制，但是教育并不是完全依靠市场机制来进行管理的，教育具有政府主导和参与的性质，教育是可以理解为具有准公共物品的属性，因此不能全部按照市场运行的轨迹进行教育机制的建设。

（二）企业财务管理目标与实践

企业财务管理的现阶段目标就是要进行管理方式上的创新，增加国际之间的贸易往来和不断合作，注重我国企业财务管理水平的提高，我国的财务管理也逐渐向国际方向发展。高校的不断增多，与我国提倡普及化高等教育有关，也是我国的教育体系可以得到完善的最好时机。高校财务管理对于高校的管理水平有着重要的影响，也是高校提高管理水平的重要工作内容。

从财务管理的目标来看，企业的财务管理目标就是要实现企业盈利，使企业的价值得到最大化体现，而高校的财务管理目标就是要配合高校的教学任务，使高校的管理更加规范化、科学化，并且实现高校资金的合理应用。在对于资金管理方向上，企业的财务管理和高校的财务管理具有相似之处，最终都是为了资金的合理分配和实现资金的正常运作。

在实践基础上，企业财务管理的手段有很多的方面，其中我们要重视资金的价值观念，对财务控制和资金筹措方面要考虑资金的成本问题，在项目投资方面要对企业财务进行规章制度的制定和预算控制，从而使财务工作可以顺利进行。高校的财务管理水平可以体现出高校的财务管理状况，在对高校的资金进行管理时一定要考虑资金的时间价值成本、资金流通性、资金的投资风险等方面，这和企业财务管理存在着偏差，这也是高校需要引入企业财务管理模式的主要原因。

（三）营利精神的融入

在教育事业当中谈营利精神也是有一定依据的，首先我们都知道高校是非营利组织，就是其教育活动的性质是为了培养人才，提高我国的教育水平。但是，从高校的运行和经营下去的角度考虑，其营利性主要是针对其教育要持续进行，并且能够支撑得起正常的教育教学工作而言的。在这个经营的过程中，高校是

---

① 焦英杰. 社会实践活动是提高德育实效的有效途径[J]. 天津教育，2006（1）：38-39.

需要财政支持的，这就存在了收入和支出的问题。教育本身是非营利性质的，其非营利性体现在以下三个方面。第一个方面，高校进行组织经营是会受到多方面限制的。在进行经营项目时不能像企业那样进行自由的选择，因为其不是以盈利为主要目的的。第二个方面，高校的盈余和收入都不能作为私有财产，其具有非常强烈的综合服务的主旨。第三个方面，高校经营的利润非常低，这种程度的学费和高校的教育投入完全不成正比，这也就是维持并扩大高校的服务项目所需要特别说明的地方。

对于非营利的组织来说，通常我们是以其要完成的使命和任务来定义的，也就是说其不能以营利为目的组织活动，其利润也就微乎其微，甚至在运作过程中是处于亏损状态的，但是任何组织的存在都需要背后有经济来源，也就是资产的注入，因此，我们需要通过资金上的获得来促进任务和使命的完成，这也是非营利组织不排斥营利行为，或者有必要时进行商业行为和营利精神的体现。以市场为导向的就业促进教育的计划制定也使得高校在进行教育活动时不排斥营利行为。通过高校立足于教育市场来弥补教育成本的亏空，其中除了政府的扶助之外，高校也要积极应对教育市场的需求，通过提高就业、增加科研收入、扩招学生等方式来促进教育营利行为。总之，高校在进行教学活动时要厘清营利和非营利两者之间的关系，从而实现在教育实践过程中获得营利。

（四）高校财务管理与现代企业财务管理的融合

随着高校教育经费来源的变化和教育体制的改革，使得高校的财务管理方式也发生了变化，高校财务管理的模式逐步向企业财务管理的方向过渡。企业财务的管理任务主要是通过科学有效的管理手段使得企业的资本逐步增加，资金合理规划使用，使得财务管理工作正常运行，提高企业的市场竞争力。高校财务的管理也承担着高校运行过程中资金的流通和使用情况的把控，这也是高校财务发展的必然趋势，对于高校的管理决策财务管理也肩负参谋辅助职能。

通过高校财务借鉴企业财务管理的策略，我们可以得出以下结论，第一，高校的财务管理体制在企业财务管理的影响下逐渐趋于完善。第二，市场经济体制的影响使得高校财务管理的水平也得到了相应的提高，尤其是将企业财务管理当中的一些成本分担理论应用于高校财务管理中之后，高校财务管理的效率也得到了很好的提升。第三，高校财务管理当中成本效益的观念得到了增强，这种管理方式的进步也是由于借鉴了企业财务管理而得来的。第四，高校财务管理的意识和理念都加强了，这种风险管控是高校过去财务管理当中不曾有的。风险管理的引入说明高校的财务管理水平确实得到了提高。第五，高校财务管理的信息化程度得到了加强，企业通过网络管理财务活动，这种互联网技术的引进使得高校的教育活动和财务运行都得到了技术保障,也是高校财务工作透明化、高效化的有力体现,能够有效提高高校财务管理水平,提高管理的效果。

近五年的时间里我国制定并实施了一系列关于事业单位财务管理方面的管理政策和制度。这些政策的制定和实施可以帮助高校的财务管理进行深化改革,也为高校财务管理现代化提供了政策依据。高校作为会计核算的主体财务核算都是采用国际通用的借贷记账法,通过新的会计平衡公式的计算,使得高校的财务管理工作更加科学,财务数据也更加准确,这也是高校财务管理取得进步,向企业财务管理进行借鉴的结果。

第三节 企业财务管理融入高校财务管理的挑战

高校的财务管理引入企业财务管理的理念,具体实施过程中还是要综合考虑各方面的因素,在进行高校财务管理变革的过程中会面临多方挑战,这些问题总结为以下几点:第一,高校的财务管理理念一时难以转变;第二,高校财务管理信息化的水平低;第三,财务管理人员综合素质有待提高;第四,高校财务管理创新面临"诺斯悖论";第五,高校财务管理有自身的特殊性。

一、财务管理理念一时难以转变

高校的经济来源有很多的途径,例如政府的补贴、经营事业的收入、科研途径的获得等,在办学条件取得逐步提高的今天,高校的财务管理也逐渐受到学校领导的重视,在管理理念上需要进行改变。大多数高校目前的管理意识还停留在过去的财务环境中,这种管理意识上的落后就使得财务人员缺少了收入和支出之间的平衡意识,在过去以政府给予资金的前提下,高校的财务可以说是不涉及成本问题,所以财务管理的手段也相对简单,管理层对高校的财务控制也缺乏系统的经验总结,对于高校管理上的侧重点也不在财务管理上,这就使得财务管理的理念和意识比较薄弱,而且其记账的方式也很单一,这就削弱了财务管理工作在高校管理当中的作用,财务管理的参谋作用无法有效发挥。而其由于财务管理意识的落后致使财务管理工作的效率低下,使高校的财务管理水平和发展受到了制约。

二、财务管理信息化水平低

财务管理需要进行信息化建设,这项工作也是高校财务管理与企业财务管理接轨的重要途径。高校的办学规模和财务管理的体制对于财务管理信息化建设具有非常强的依赖作用，通过利用现代化的管理技术，可以使得高校的财务管理水平得到提高。现如今高校的财务管理的信息化程度还有待提高，用于各种办公和财务数据处理的软件的应用功能还不够完善，这就需要高校在财务管理的信息化建设方面下功夫。投入一定的资金和人力、物力的支持，对高校的财务软件进行升级改造，通过分校区的管理、一级二级的财务分类、无纸化办公等先进技术的引进，使得高校财务管理的水平得到进一步的提高，也是对高校财务管理人员的能力也是一种提升，针对先进的技术手段要使得高校的财务人员进行在岗培训，通过学习加强自身的业务能力。高校财务信息化管理是提高高校财务综合管理水平的有力手段。这也是高校财务管理和企业财务管理在管理方式上的一种接近和契合。

三、财务管理人员综合素质有待提高

高校财务管理人员的素质和能力普遍需要提升，这种能力水平既体现了一个人的素质也是对高校管理层的一种能力要求。现阶段高校财务人员的能力和水平普遍偏低，这和高校的财务管理工作比较简单有关，企业财务管理相较来说要复杂，因此对财务人员的要求也高，财务人员整体实力都相对较好。高校的财务管理没有企业财务管理那么繁杂，这也使得高校财务管理人员也不需要很高的业务水平，但是随着科学技术的发展，高校的财务引进了企业财务的管理模式，这就使得高校的财务管理水平也必须跟进，这种高标准、严要求需要我们针对高校财务管理人员进行培训，以提高其自身的业务能力，为适应现代化的财务管理技术而进行知识储备，这样在未来的高校财务管理工作当中才可以得心应手，使高校的财务管理工作有条不紊。

四、高校财务管理创新面临"诺斯悖论"

诺斯指出："人们过去做出的选择决定了他们现在可能的选择。"这种理论观点应用于大学教育就是说在高校教育制度的变迁过程中，初始教育制度会影响到现在教育制度的变革，通过政府的强制性制度变迁的政策实施，使政府作为高校教育制度变化的主角，可以使各个利益格局和社会产出最大化。高校的制度变革会面临"诺斯悖论"是由于大学的教育制度在变革时主要是以政府的意愿作为导向，这种出于行政需要的逻辑运用有时候并不能体现大学的自主逻辑关系，许多高等教育的主体（也就是学校）并不能真正拥有自主治理的权力，这就限制了高校的管理体制的变革，也不利于高校的其他利益相关者采取

积极的应对政策，这时的大学就社会适应性和培养人才方面就显得脱离了社会，出现教育和就业脱节的现象，这种状况在高校的财务管理中也会有所体现，因此在高校的教育制度、管理模式、财务工作等重要影响因素下我们要解决高校教育与实践之间的矛盾问题。

五、高校财务管理有自身的特殊性

高校财务管理方面有些高校采取的类似于企业的二级财务核算模式，这种二级财务模式应用的还是事业单位的核算方法。这种核算的方式有些弊端，会出现不规范、不透明、信息不对称的问题，大学的组织机构和现代企业的管理虽然不同，但是有些大学由于扩招和合并的方式使得高校的资产和资金也会出现相对比较多的情况，这就使得高校的财务管理需要贴合企业的财务管理方式，在高校当中也会出现类似于企业的重大资金的流动问题，例如企业可以进行放贷、借贷、投资、融资等的行为，在这样的管理环境下，高校就需要对各个经济活动和项目进行风险评估，也是对高校财务管理模式的一种全新的尝试，正是由于高校的财务管理有着自身的特殊之处，因此才需要我们进行高校财务管理方式的变革以适应高校自身的发展和规模扩大。

第四节　基于企业财务管理的高校财务管理创新

在高校财务管理当中引入企业财务管理的概念就是要对高校财务管理进行创新，通过明确高校财务管理目标的创新，从财务管理的理念、机制、技术方法、内外环境等方面进行高校财务管理上的创新就是本节重点要阐述的问题，同时也是对企业财务管理创新的一种大胆尝试。

一、高校财务管理创新的目标

高校财务创新的目标可以从以下几个方面做起：

第一，高校财务状况要能够反映真实情况，使得高校的资金可以得到最大限度的利用。高校的财务制度就必须要进行严格审查，这种审查是为了使高校的财务状况能够真实地反映高校的运行情况，以便为高校的管理层进行决策分析提供理论依据。高校财务管理引入企业财务管理的理念就是为了使高校的资金像企业的资金一样得到合理化的使用。

第二，对高校的资金要进行合理分配，得到资源的合理化应用。由于财务管理知识、科技、应用技术等方面取得的进步，使得原本复杂的会计工作得到了很好的便捷的操作，既提高了工作效率又节约了人力成本，这就使得高校的财务管理有了科学的依据，可以使高校的资金能够得到更好的分配，在对资金的利用和投资收益方面也使得途径变得多种多样，高校作为一个非营利性的机构，使得其承担着相应的社会责任，在为社会做出贡献的同时，高校的财务状况也可以得到优化，对于各种渠道所获得的收益也是高校强化财务管理进行资源优化配置的结果。

第三，高校的资金和财产具有保值和增值的可能。高校的财务管理可以使得学校的资金和固定资产得到很好的利用，其最基本的功能就是可以为高校的财务做出合理的规划，简单来说，就是可以为高校管理好"钱袋子"。另外通过合理的资产配置和投资，使得高校的闲散资金得到保值，投资获得收益，这就是资产增值的可能。高校的财务管理引入企业财务管理的手段就可以使高校在进行资产的使用和分配上更加具有主动性，为高校的发展建设提供资金上的保障。

第四，建立健全的可持续发展的财务管理目标。高校根据自身特殊的社会地位和本身隶属于国家政府管控的特殊性，在进行高校财务状况的研判时要以社会效益和经济效益作为永恒的发展目标，建立投资效益最大化为持续发展的首选目标，建立健全的高校可持续发展的财务管理目标体系。

第五，筹资管理目标。高校教育资源需要源源不断地供给高校的教育教学工作，在资金的筹措和使用上成了高校财务管理当中的重要一项。高校可以通过多元化的筹资途径来获取教育资源。一方面可以向政府提出申请，为了保证教育教学的正常运行，政府可以提供重要的资金来源。通过向政府反映高校的实际困难，从政府的财政拨款中获得资金上的支持。一方面高校向学生们收取一定的学费、住宿费等，这些费用也真正用在了教学上，这种收费都是通过了严格的审查，不存在乱收费的问题，这种方式不能成为高校资金的主要来源，只能算是高校经济收入的一部分。另外，学校还可以针对校办企业来获得营利收入，这种按照现代化企业进行管理的工厂可以使学校得到一定的利润分红，也是高校教学实践的活动基地，使学生在学习中获得工作的经验，也是为学校进行一种创收。其他的筹资管理方式也有，只是并不是主要的资金来源途径，比如通过社会捐款、向银行贷款等。不论采取哪种手段，都需要高校进行筹资管理，这也是为高校事业发展提供资金保障的有效措施。

第六，投资管理目标。高校投资可以包括：对高校固定资产、仪器设备的投资，对科研活动进行的投资，对高校后勤保障部门进行的投资等，各种投资都是和风险并存的。高校财务人员要对投资带来的风险进行认真的评估，确保投资收益，也正是高校财务人员进行投资方案的制定和资源优化，才使得高校投资的收益得到了更好的发挥，以上这些措施的执行也都是为了实现高校投资管理的目标。

第七，用资管理目标。用资管理就是高校日常财务管理的一部分。用资管理就是要求高校在进行经费的使用上要注重审批手续、成本效益、合理分配、预算制定等的规划。在提高高校资金的使用效率和保障教学的前提下尽量降低教育成本和花费。

第八，财务管理创新的目标。财务管理创新的目标体现在以下四个方面：①以优质服务作为高校财务管理的目标。高校财务是为其他部门服务的，尤其是高校的教育部门，因此在高校财务管理上要灌输服务理念，使高校的财务管理和高校的教育相结合，提供资金、财政方面的支持，这也是保证高校教育任务能够顺利完成的前提。②以制度建设为根本目标。财务管理作为高校管理体系中的重要一部分，需要建立健全的管理制度作为工作依据，也是为了保证高校教育管理工作能够顺利开展，为其他部门做表率的一种很好的带头作用，有了制度的约束，高校的财务管理工作就更加顺利，也有章可循。③以例外管理作为补充目标。在财务管理过程中会涉及例外情况，这种情况下我们的财务管理工作要突出重点、强调主题、服务教育。在非常事件、意义重大事件、风险巨大的事件等诸多例外事件的管理上要进行内部控制和关键影响因素的分析，再进行决策制定。目标是为了保证事件正确处理，最终获得良好的结果。④以财务公开为重要目标。高校的财务状况有些需要对外公开，这也是高校财务运行良好的保证。高校财务公开也是社会监督的要求，也是对政府拨款去向的一种重要说明，对于财务政策和财务方针的制定都有积极的作用。

二、理念与观念的创新

将现代企业的财务管理理念运用到高校的财务管理理念当中就是一种管理理念的创新。对于高校的财务管理来说，这是一件非常好的经验借鉴，也是提高高校财务管理水平的一种保证。

第一，高校的财务管理人员要树立正确的管理理念，加强主人翁意识，对财务管理的认识要进行深入的学习。在进行高校财务问题的处理上，结合资金的流动方向和多样化的资金分配组合，可以有效解决资金紧张的问题。管理人员要积极主动地进行财务理念的转变，由简单、形式单一的财务管理向多元化、开放式的财务管理的方向转变，同时也是高校财务管理人员树立理财观念的最好的途径。

第二，高校财务管理人员要有风险掌控的意识。在进行高校的资金活动的过程中，高校要树立风险意识，任何资金的往来和资金的波动都会使得高校财务管理具有风险，因此有必要对每一笔的投资情况进行预测，也是对风险程度的审查，对高校的管理层提供一种决策上的参考。

第三，高校财务管理人员要增强成本意识。企业在运行过程中会进行成本核算，这种成本最小化、利益最大化的操作方式可以使企业正常运转下去，也是企业盈利的主要手段。高校在进行借鉴的同时也要加强高校财务管理人员的成本意识，使其认识到高校的管理也是存在成本的，有必要对自身的教育成本进行核算，从而使高校的教育管理工作能够更加顺利地实施。

第四，高校财务管理人员要树立筹资多元化的意识。高校在培养人才的同时也要进行多元化的筹资措施实施，这种筹资是为了给教育工作提供更多的资金支持，这种经营方式可以使高校具有独立的财务掌控能力，也是高校法人主体的体现。高校财务状况得到好转，可以增加高校的财政收入，使高校的教育工作可以更多进行科研项目的投入，也是培养人才所必需的一种投资行为。

第五，高校财务管理人员要有办学绩效意识。高校应该进一步加强办学绩效的理念，这种管理意识的创新也是对教学科研能够展开提供一种有效管理措施。为了提高高校的教育教学质量，高校应该提高自身的竞争力，如果高校财务管理人员存在绩效意识，那么就可以更加高效地管理资金，也是为高校的各项收入、支出、筹资、投资行为负责任的体现。

三、体制和机制的创新

第一，通过宏观机构的设置可以建立与社会主义市场经济相适应的财务管理体制。要建立"权、责、利"三者相结合的管理机制，对于各个部门进行绩效考核，落实"统一领导，分级管理"的财务管理体制，对于学校内部要建立独立的监督机构，进行内部审计工作，可以起到"时时监督、定期考核"的作用。

第二，建立高素质的人员配置队伍，实行岗位负责制，加强财务人员的职业道德素质建设。对财务人员的配备要严格控制，提高财务人员的业务能力，建立人才选拔机制，提升岗位绩效，帮助财务人员继续深造学习。

第三，健全资金管理体制，合理安排、统筹规划资金的使用。对于资金往来、应收账款、往期债务等方面进行具体的规定和说明，从而使资金的管理更加的完善，也是对资金管控的一种有力保障。

第四，制定高校财务预算计划。将财务工作和高校教育计划相联系，对高校财务状况进行定期分析，进行季度预算、年度预算、长远规划等方式的实施，还要完善预算监督机制,加大预算的执行力度。

四、技术和方法的创新

第一,高校财务可以推行责任制管理制度。在责任制管理制度上要明确责任主体,避免财务管理当中漏洞的产生,明确各个部门的职责和工作内容,对于工作中的纰漏要进行追查,这样做可以做得有理有据,避免多个部门或者内部之间的相互推诿的问题产生。

第二,高校财务推行全面预算管理。全面预算就是要将高校中的人力、物力、财力进行一个系统、全面的衡量。根据学校现有的资源将高校的财务管理进行业绩考核,这也是对于未来高校的一种合理的规划,为经营者、决策者提供一种可靠的投资依据。随着高校的规模扩大和高校教学水平的提高,高校的财务管理需要推行全面预算管理。这也是科学合理地分配高校资金的一种依据。

第三,高校要建立预算执行考核评价制度。为了保证高校财务预算的准确和主导地位,需要对高校往期的预算进行一种考核和评价,这也是为下一次制定预算计划所进行的必要的工作。进行预算执行考核评价制度,也是为了各个部门能够按照之前制定的预算计划进行合理的资金安排,为了使高校的资金使用更加地有把握和方向性。

第四,高校财务管理中要重视专业人才队伍的建设。高校的专业会计人才是高校财务管理中的重要人才,也是为高校的财务工作提供人力上的输出。通过专业化的管理,高校的财务政策、方针实施得以更为顺畅,也可以使财务分析和财务管理获得更好的保障。因此,高校要重视财务管理人员的教育和培养,提升财务人员的综合业务能力和专业技术水平。

五、内外环境的创新

高校财务管理的内外环境要进行创新,其中包括以下方面的变化:知识经济背景的变化,教育理念、经营理念和市场环境的变化,信息化建设和网络经济为背景的环境的变化,内部控制机制和环境的变化,部门预算和国家财政补贴、行政制度的变化,高校教育实施学分制的变化,社会管理大环境的变化等,这些内外环境的变化可以说是时代发展的必然,也是高校要跟上时代步伐,提高自身的教育实力,创新高校财务管理方式的一种良好的契机。所以,高校要抓住机遇,适应内外环境的变化,并做出相应的改进,从而更好地为社会培养高科技人才服务。

第九章　高校财务管理的新发展

随着时代的发展，我国高校的财务管理理论与实践方式正面临着飞速的进步与提升。全国的高校财务管理工作者不仅要对现有的管理制度进行改革，还要与新时代的新情况、新技术做有机结合，努力探索属于新时代背景的全新理论方向。本章将目光放在未来，重点探讨我国高校财务管理工作的发展方向和建设方法，努力为我国高校的财务管理工作拓宽理论边界。

第一节　高校财务管理创新的必要性

一、高校财务管理创新的根本需求

(一) 财务管理创新是高校自身发展的需求

高校财务管理创新是高校创新中重要的组成部分，从高校的审计监督、财务检查、财务收支状况的检查等方面进行高校的监督和管理总结分析，可以发现和找出高校财务管理上存在的长久未能解决的严重问题。这些问题从不同的方面暴露出高校财务管理上的漏洞，下面就从九个方面具体探讨高校财务管理方面的问题所在。

第一，高校在进行财务管理时会涉及很多重大的经济决策。这些重大的经济决策会影响到高校的运行和管理，所以高校的财务决策非常关键，可是高校在进行财务决策时往往缺乏科学性和规范性，也就是说，高校的财务状况管理不科学，在进行重大资金的使用时，高校并没有进行有效的管控，最好的方式就是高校大额资金使用在科学论证基础上进行集体决策，这样有利于高校各项支出的科学性，也是众人集思广益，为高校的良性发展保驾护航。

第二，高校的财务管理缺乏完善的体制支撑。在高校财务管理和运行的同时，有些高校甚至都没有建立校、院两级的财务管理制度。从科学的角度分析，高校建立校、院两级的财务管理体制有利于进行财务方面的划分，也是财务管理清晰、明了的有效手段。在遇见问题和需要沟通协调时，财务管理的领导层在责任划分和权责归属的问题上不会产生分歧,也是财务活动可以顺利进行的保障。没有一个清晰完善的财务管理制度的支撑,就使得高校财务管理在进行经济规划、经济往来、经济制度制定方面出现互相推诿、互相扯皮的现象,这就使财务活动不能顺利运行,阻碍了财务绩效的持续增长。

第三,高校会有一些违规从事投资、融资的活动,这些活动是有风险的,有时候这些风险责任还很高,高校在使用贷款时没有形成规范、正确的途径和责任划分,这就使得高校在进行风险投资时承担了很多风险,这些风险就是由于没有对风险投资作出科学的管理造成的。如果这些风险是校企共同进行的,那么就会在学校和企业之间存在产权问题、职责划分问题、亏损承担问题等,这些都是由于高校没有进行合理的风险规避所造成的。

第四,高校预算编制不清,预算不完善、不到位,甚至高校部门预算与校内预算相分离的现象时而发生。高校财务预算不全面,而且有一部分的财务收支未纳入财务预算之中,这就导致部分资金游离在预算的控制之外,不受控的财务状况是非常危险的,在预算执行的过程中许多环节需要进行合理的规划,这种计划的制定是不可避免的,也是非常有必要的,但是由于高校的预算编制不清,预算的制度制定不合理导致计划的财务预算的水平和真实的财务预算的水平不同,不能正确地反映高校财务状况,久而久之,导致财务状况恶化,财务预算执行困难。

第五,高校财务管理责任和科研经费的使用违规操作,许多高校在科研经费的管理方面存在很多职权上的问题,这就是说学校、学院、课题组之间缺乏正确的管制职责划分,在责任的归属问题上有待商榷。高校在划拨经费上还存在手续不健全、缺乏监督等问题。一些高校在进行不合理的票据支出和套现方面还没有建立严格的审查制度,对于违纪的科研经费的使用上高校财务管理还存在很大的漏洞,这使得高校科研经费不能规范、合理地使用,也就造成了高校财务资源的浪费。

第六,高校的资产使用存在不规范的问题,这种资金管理不完善会导致资产使用效率较低的问题。在很多高校中都存在资产管理和财务预算管理相互脱离的现象。在学校财务管理中,会造成资产的重复购置,这就是一种资产上的浪费,而且重复购置导致的就是资产闲置,有些学校缺乏科学采购计划的制定,在进行采购时往往不按照政府的相关规则和制度进行,固定资产的购置存在超标准、重复配置现象,这种违规的操作导致高校的资产管理混乱,另一方面,高校在进行非经营性资产转经营性资产方面也存在违规操作,这些情况都是缺乏监督引起的,在进行严格的财务审查时就会暴露出问题。

第七，高校的财务收支情况管理不当，高校在进行各项收费时没有进行科学合理的制度制定，就会导致高校在收费方面常常超标准收费和超范围收费，这些不应该发生的现象屡禁不止，也是财务收支管理上较严重的管理漏洞，一些高校在公款的收支上做手脚，导致高校公款私存，甚至恶意地套取预算资金，造成支出虚增。

第八，高校在建设项目立项上缺乏系统性、科学性论证，如果这样的项目实施必然造成财力的浪费，无法实现预期的效果。项目建设的不切实际，脱离现实就会导致建设项目管理和财务管理上的脱节，这种管理情况和现实情况"两张皮"的现象就是高校财务管理中很严重的问题。

第九，高校在对自身偿还能力没有正确认识情况下大额举债，这种筹资活动风险巨大，最终的结果也是高校本身来承担沉重的经济压力，在进行外债偿还时就会将其中的隐患暴露出来，这种不考虑自身经济实力也不考虑自身的财务能力进行的盲目借贷就是导致高校财务运行困难的主要原因。

以上九种问题都是经常遇到的财务问题，对高校的财务管理也造成了很严重的影响，对高校的健康发展和财务秩序的顺利进行都是一种阻碍，对高校的财务资金流动和财务资金的合理运用造成不必要的负担。这就要求我国的高校在进行财务管理方面进行创新管理，对财务管理的体制和运行机制进行改革，通过一系列行之有效的方式来促进高校财务水平的整体提高，为财务行为和财务运作提供制度保障。

（二）高校财务管理创新是高等教育发展的需求

我国的高等教育在和国际进行接轨，逐步推进高等教育的国际化进程，这也是经济全球化的使命，对于我国改革开放之后带来的新的机遇，国际大环境作用下，我国的高等教育需要进行改革，在诸多的问题当中高校财务问题是制约高校发展的一个重要方面，这就要求高校要加强财务方面的管理力度，开展科学、有效的财务管理活动。高校人才的培养、科学研究水平的提高、社会服务质量的提高，确保这些工作的有效开展是高校财务管理的重点工作。在市场经济发展的过程中高校财务管理越来越突显其重要性，也是高等教育管理中的核心问题。1999年我国高校开始实行扩招政策，旨在提高人们的教育水平和为社会提供更多的人才，高等教育的入学率也由那一年开始有了很大的提升。随着高等教育的不断发展，高校的教育已经从精英教育转向大众化教育，这也是社会进步，为了满足时代要求的做法，高等教育的扩大化成了向社会输出人才的重要手段，也正是高校的扩招使得社会有了更多的竞争和发展的空间，同时也是人才的重要提升途径，在满足社会对人才的需求时，高校满足了广大的人民群众接受高等教育的需求，对于我国的经济、军事、科技等方面的发展提供高学历人才的通道。在人才培养和人才强国的政策支持下，政府和社会也都加大了对高等教育的各方面的投入，尤其是在经济补贴和财政支出上，政府为了高校可以正常运行下去，给予了很多帮助，在缓解高校扩招造成的巨大的财政负担方面，政府帮助高校进行资金周转、投入财政支持和补贴，在政府和社会的帮助下，高校的办学规模不断扩大。期间也会存在一些问题，目前我国的财政投入不能完全覆盖所有的高校，也就是说高校要想发展和持续增长，就必须要寻求其他的经济来源，高校在办学经费方面不能完全依靠政府的投入，这些问题一直存在于高校的发展过程中，造成高校财务负担的主要原因有三个方面：第一，政府和社会的投资力度不够；第二，高校没有充分利用各种办学资源，包括人力资源、土地资源、社会资源、师生资源等等；第三，经费收支结构不合理，存在资金浪费和低效投资。这些问题需要进行多方面的改革，从不同的角度入手解决这些普遍存在的问题。采取的解决问题的手段也是多种多样的，例如，高校可以从拓宽办学经费的渠道，优化办学资源的配置，调整财政支出和科学划分财政资源的使用，节约财政的支出等，这些通过办学资源的合理运用和高校办学手段的科学化管理能使高校资金紧张的困难有所缓解。

二、高校财务管理创新的理论方向

（一）加强高校财务管理意识培养

高等教育在逐步发展，高校的办学规模也随着扩张，办学条件有所提高，学校教职工的工资水平也得到了提升，高校的经费运作和使用上也会存在一些困难，这就需要高校向金融机构进行融资以确保自身的资金需求得到满足。高校的融资方式有很多，这些融资的手段、水平和途径都需要进行各个方面的审核。高校的发展伴随着新的问题的出现，这种发展中的必然现象其中就包括高校的财务管理问题的出现。在传统高校的财务管理方面，经费的产生和使用方式的变革都没有如今这么多的问题，为此，高校应该从多种途径上进行财务管理的革新，加强高校的资金管理意识，在这里就需要我们关注资金成本的管理方式，使高校的财务管理水平能够更上一个台阶。

（二）加强高校财务管理观念创新

对于高校的财务管理状况我们要从改革财务管理的观念入手，对于传统的财务管理的理念和思想要进行更新，通过对创新型的财务管理的环境和管理的模式进行与时俱进的改革就可以有助于我们开展切实可行的财务管理的活动。高等教育的最终目的是向社会输送所需要的人才，为社会主义的现代化建设服务，所以高校要通过对资金的管理、人员的管理、制度的管理等方面进行资本观念的转换，要从根本上认识到人才的重要意义，加强对人力资源方面的管理，这也是一种对于人才的合理利用，是在人力资源方面进行的科学核算和资源整合。目前高校的财务管理存在不少问题，比如在经费的长期投资和循环使用方面投入力度不足，投资收益和效果不明显，这些都是高校财务实践过程当中普遍存在的问题。对于高校的收支结构和资源的利用情况也是财务管理中常见的一个问题。高校支出结构要进行合理的规划和设计，使得财务资源要科学地利用，不造成浪费。高校可以通过加强成本核算的力度来对财务管理的部门进行管理，使财务管理部门的工作人员可以树立起良好的经济效益的观念，对高校各项经费的支出要有合理的规划，以免造成财务资金上的浪费。在高校的财务管理中要充分发挥人的主观能动性，学校的教职工是为学生提供各项服务的，财务人员要树立正确的服务观念，才可以更好地帮助学生，才可以提高服务质量，这也有利于高校财务管理建立起良好的财务管理环境。高校也是一个健全、完整的经济责任体制，在高校财务管理的各个环节上都要落实经济责任的制度，通过这种途径可以更好地提高高校的财务管理水平，也是高校财务管理能够跟上高校的发展速度，与时俱进的表现。

（三）加强高校财务管理技术创新

我国高校曾经的记账方式是收付记账式，现在已经升级更新为了复式记账法。这种记账方式的转变就是体现了高校的核算体系的变化。高校的会计业务也从简单的反应式的财务业务转变为了多功能发展的财务业务，这种转变主要体现在财务预算、财务控制、财务分析等方面上。这种财务管理方式和财务管理技术水平的升级就是要求现代财务人员要具备财务数据的提炼和相应的财务软件的使用能力。对于财务方面的软件如今使用最多也是最普遍的电子财务系统，例如会计电算化的应用，对于财务管理人员来说，这是最基本也是最重要的财务软件，因此现代的高校财务管理技术要求必须进行全面学习，跟上时代发展，学会熟练使用现代化的财务管理软件。

如今是信息大爆炸的时代，在这种到处充满信息技术的今天，高校的财务管理工作也随着信息技术的提高而获得了提升，发展高校财务管理的信息化已经成了这个时代进步的要求。高校的财务管理信息化就是要求高校的管理部门通过各种信息技术手段在财务管理工作当中的各个环节进行资源整合、汇总和优化，利用信息技术从而实现学校内部的资源共享，通过技术创新和先进的技术管理理念对高校财务管理进行合理化建设，可以实现财务管理工作的优化，是提高工作效率的最好方式。由于信息技术的发展，数字化的校园建设已经成为了如今热门的讨论话题，高校的财务管理也要提升数字化运营实力，这也是高校进行科学先进的数字化建设的重要组成部分，可以有效提高高校的管理水平，同样也是高校进行全面、综合、协调、可持续发展的主要体现。网络时代的飞速发展为现代高校的发展带来了巨大的发展机遇，同时也使其面临前所未有的挑战。从高校财务管理的角度谈其中的发展机遇和挑战，就是要厘清网络信息化建设对于财务管理的重要影响，在校园网络全覆盖的基础上建立高校财务管理的网上办公和网上进度查询等具体的财务举措，是对实现高校财务管理高效化、财务技术更新的重要体现，也是对高校进行管理机制、管理观念、管理方式等工作的革新。

（四）加强高校财务制度创新

高校财务管理中要注重财务制度的制定，制度的创新是财务管理创新中重要的组成部分，在现代的社会发展过程中，金融形势发生了非常大的变化，财务制度对高校的财务管理可以说是起着提纲挈领的作用。金融时代中的未来世界需要进行财务信息化、网络化、全球化的管理。在建立全球化的财务管理理念过程中要结合高校自身发展的实际情况，例如在全球范围内进行筹资、融资，对财务进行有效投资和合理分配。我国的高校要积极主动地和世界接轨，在参与国际竞争的同时要改革内部财务制度，使高校内部的财务运行得到合理的规划和运用，这种创新型的高校财务制度的建立有助于高校参与国际激烈的竞争，是高校自身优势的体现。高校通过对财务制度上的创新，可以保证高校财务工作有法可依，是高校财务工作中重要的变革措施，高校财务的创新还可以保证高校健全财务制度，对高校的财务管理进行查漏补缺，是适应高等教育发展水平的需要，这种制度上的创新可以保证财务管理的有效性、原则性和灵活性。

（五）加强高校财务人员素质培养

过去我国人才储备不足，在高校财务管理方面更是缺乏高素质的优秀人才，财务人员的选拔和录用也是只关注政治素质修养和职业道德修养，这种良莠不齐的财务人员使得财务管理的水平受限。但是随着高校规模的扩大和财务业务范围的增加，在新的社会形势下财务人员的要求也有所提升，过去的人才选拔观念也要跟进时代的发展，对于加强高校财务人员的素质管理也是一种新的要求。下面就是对新时代高校财务人员的素质进行的详细阐述。

第一，增强财务工作者的技术能力。网络技术的飞速发展使得财务工作也成了电子办公化，对于过去的算盘、计算器、账本等传统模式进行改革创新，电子化和网络化普及使得财务办公由手动记账转为电脑记账，也从有纸化办公转变为了无纸化办公，这种财务办公软件的使用使得财务管理工作效率得到了很大的提高，财务日常的工作也更加便利，同时财务管理更加透明化，这也是财务一体化办公的最佳工作方案。技术的进步带来的是工作中的便利，对于财务工作者也是一种更高的要求，财务人员需要加强自身的全面发展，在不断学习和充实自我中得到提高，才能适应和满足当代财务管理工作的需求。财务工作者要不断进行业务知识的学习，更新自身的知识储备，适应现代化的办公方式，熟练掌握和运用计算机技术和网络技术，只有不断努力，提升自身的知识文化水平才能提升自身的工作能力，也是高校财务人员素质培养当中重要的一个方面，高校的财务人员通过全面发展才可以适应时代的要求，才不会被时代淘汰。

第二，增强财务工作者的决策和管理能力。高校财务管理重点工作发生了非常大的变化，这是时代进步的体现，在以往进行的财务管理中的账目记载、现金款项等的收支情况等基础性的工作外还要进行高校管理的一些工作，这些工作都是和资金流动、业务往来有很大关系的，与财务有着密切关联的高校核心管理工作。财务管理的重要性和地位随着管理工作的全面开展而越来越受到重视。在一些重大的财务决策的制定和财务管理制度的建立过程当中，财务管理对于高校的发展和运作起着决定性的作用。财务管理影响高校的管理和发展的表现主要体现在高校的科研水平、教育质量、科技成果、师资储备等方面。这些方面都可以说是制约和影响高校发展的重要因素。因此在高校管理当中如何正确运用高校的财务管理，如何提高财务管理者的决策能力，如何加强高校自身的财务管理的水平都是影响高校发展的关键点。在科学技术水平日益提高的今天，要进行高校财务管理上的改革，就是要高校的财务工作者转变管理思想，站在高校领导者的角度进行规划和决策，摆脱陈旧落后的财务管理思想，用发展的眼光看待财务管理当中存在的迫在眉睫的问题，树立长远的理想，具备广阔的视野，可以高屋建瓴般地总结和解决困难。对于加强财务人员的能力培养和业务素质方面要不断进行改革创新，通过各种有效的渠道来提高财务工作者的水平。

第三，增强财务工作者的知识储备。社会在不断进步和发展中，新的行业和新的产业也不断涌现，这都是由于社会的经济结构发生了变化而带来的影响。传统的行业要想取得发展就需要进行自身的调整，跟随时代的步伐进行创新和改革。社会在这样的时代背景下也会使财务管理变得更加具体和便捷，能够为现代财务管理工作提供改革和发展的契机，通过自身的努力和科学技术的利用，如今的财务管理已经摆脱了传统老旧的记账方式，对于财务管理和财务工作等方面也要进行持续的创新，财务管理的工作者就要求具备相应的知识和技能。

财务管理工作者要认清当今社会的发展形势，通过不断的学习和努力，掌握新知识、新技能，开阔自身的视野，提高自身知识储备，为了不被社会淘汰，坚定高校财务管理水平的提高也是自身能力水平提高的重要体现。具体来说，高校财务管理当中的财务核算管理就是一种更新和变革，针对过去的财务核算的规则和方法要进行科学系统的学习，并且将这种学习应用于实际的财务核算当中去，可以通过电子化的运算方式，即节约了办公时间而且还不容易出错，对于如今的繁重的核算工作来说是一种科学有效的管理方式，值得推崇，也值得财务工作者进行深度学习。财务管理者要充分发挥自身的财务管理能动性，针对工作中好方法和创新之处要积极把握，并且大力引入，这也是普及财务知识，增加财务工作者知识储备最佳的方式。

第二节　高校财务的供给侧改革

《国家中长期教育改革和发展规划纲要（2010—2020）》指出，我国教育还不完全适应国家经济社会发展和人民群众接受良好教育的要求。由于我国的现代化高等教育起步较晚，在高等教育的质量和等级上还是与发达国家存在差距，因此有些家庭条件优越的家长就会选择送孩子出国接受高等教育，甚至在国外的大学攻读硕士、博士，这就表示我国的高等教育的水平和质量有待提高，因此我们有必要对高等教育开展供给方面的侧面改革（以下简称侧改革），以期能够提高我国高等教育的水平，满足人们日益增长的对高等科学知识的渴求。

一、供给侧改革概述

（一）中央提出"供给侧结构性改革"问题

2015年11月10日，在中央财经领导小组会议上习近平同志正式提出了关于供给侧结构的改革问题。同年11月18日，在APEC会议上习近平同志又重申了供给侧结构性的改革，其主要中心思想就是要进行世界经济方面的深层次探讨，针对经济结构性的改革要采取一系列的措施，例如进行货币刺激政策的实施，使得供给体系可以适应供需结构的改变。2015年12月22日，中央经济工作会议上重点讨论了供给侧结构性改革的问题。《中央经济工作会议（2016）》重点指出，要形成新的改革发展的理念，与时俱进，将供给侧结构性的改革作为主题，制定相应的政策支持，引导经济朝着高质量、高效率、公平、可持续发展的方向进行，这也是引导我国进行经济建设持续良好、健康发展的有效途径。2015年11月18日，中央财经领导小组办公室的副主任杨伟民同志在财经年会上曾提出了中央"十三五"规划建议的本质就是要进行供给侧结构的改革性问题。

（二）供给侧改革的内涵

1. 为什么要提出供给侧改革

中新网的记者曾经报道我国关于供给侧改革的相关政策，在中央财经领导小组进行的会议上习近平同志就加强供给侧结构的改革问题进行了深入分析，为了促进经济的稳定、高速增长，对中国的经济实行供给侧结构的改革是现如今工作中的重点。美国也曾关注中国的经济政策和经济发展动向，供给侧结构的改革也被美国的报纸所报道。中国经济供给侧改革这一命题的提出就是要求改革要面向现代化的经济走势，解放生产力，鼓励和促进经济上的良性竞争，要从供给和生产方面入手，对于那些落后的产能要进行淘汰，对企业当中的"蛀虫"进行清理。将发展的方向和动力依附在新兴企业、创新领域方面。就拿苹果手机在中国的热销这一典型例子来说，中国对于高科技产品和对新鲜事物的追求促成了美国苹果手机的热销，这就给了我们很好的发展契机，中国的国产手机也纷纷跟进生产，并且不断创新，在价格、性能、使用寿命、便捷程度方面我国的国产手机也迎头并进，比、拼、赶、超的政策制定使得中国的国产手机可以转变市场行情，令中国的消费者有了更多选择的同时也使得手机行业更加合理、科学、智能、新潮，国产手机的性价比和受欢迎程度也逐渐地受到了消费者的青睐，甚至远销世界各地。中国国产品牌的崛起和人们对于日常生活用品的需求紧密相关，在同样质量的商品上，人们购买国货的热情已经不像从前那样受到国外品牌的干扰，人们更喜欢性价比高、物美价廉的国产品牌。这些成绩的取得、人们思想观念的转变都要归功于我们对于供给侧结构性改革的进行。正是我国制定了符合国计民生的实打实落地的方针政策，才使得人们不再愿意花费高昂的费用购买进口商品，人们更倾向于使用国产的商品，这也是支持国货、爱国的表现。

2. 供给侧结构性改革的根本目的

供给侧结构性改革的目的是为了满足人们日益增长的物质需求，为了加深供给侧结构的改革成效，一定要从根本上采取措施，针对市场的变化情况和当地的实际消费能力、消费水平进行供给质量上的提高。在改革的过程中我们要深入地研究、分析市场行情和经济活动的走向，理解人们的真正生活需求和物质文化方面的需要。对于供给的策略要进行合理的规范，保障供给的有效性，针对无效的供给和浪费行为给予制止，改革供给过程和步骤，对供给节奏的把

第九章　高校财务管理的新发展

握也要考察当地的实际情况进行针对性的方针的制定。在深化供给侧结构性的改革之后，要对市场进行合理的资源配置，建立健全的经济制度的体制和机制，打破传统的思想壁垒，反对经济垄断，健全市场的运行机制，正确引导资源的优化配置。

3. 供给侧结构性改革的本质

搞好供给侧结构性的改革就是要先弄清楚供给侧结构性改革的本质，对于这样一场经济层面上的革命，就是要我们端正态度，想方设法地进行经济结构的调整，提高供给的质量和水平，营造内生动力，创建适合改革的内外部经济环境。将供给侧结构进行全面、深入的改革，就是要坚定改革的信心，树立正确的变革的观念，从提高我国的整体经济实力出发，为经济侧结构的改革进行准确的方针制定，充分发挥经济制度带来的优势。

供给侧结构的改革和需求侧结构的改革是相辅相成、相互依存的关系。供给侧结构的改革更倾向于对多年积累的问题的一种综合的矫正，也是对生产要素的更深层次的挖掘，可以使生产要素得到充分利用，供给侧结构的改革和需求的侧结构改革都是要在发展中达到更高的层次和水平，这两者之间也是要在发展中获得平衡和相互促进。

4. 中国特色的供给侧改革理论的基本点

第一，从马克思主义唯物论的观念出发，对中国特色的供给侧改革提供经济理论性的指导[1]，借鉴国外发达国家的经济建设理论，依据供给和需求两者之间的关系，进行依据国情制定的经验教训总结，并且制定符合我国发展的经济体制。在中国特色社会主义建设的前提下进行经济理论与实践上的创新，科技引领生活，带动经济发展，通过对社会各个层面进行制度、科学、文化等的创新，鼓励针对中国当前国情进行经济供给侧改革提出合理化建议，不断完善中国特色的供给侧改革的理论。

第二，从经济学理论基础上看待供给和需求的关系。供给和需求不是绝对的一成不变。供不应求或者是供过于求都是在一定的经济环境下发生的。在供求关系中我们要认识到其是一种动态的平衡的过程。在供给和需求两者之间一定要建立起一种平衡，就是我们的杠杆原理，从辩证统一的思维方式上看待供求关系。供给侧改革就是在供不应求或供过于求的一种不平衡状态下进行的合理改革，目的是建立一种正常的经济秩序，使供给和需求能够平衡和谐，对于

---

[1] 李常. 基于马克思供需平衡理论的供给侧结构性改革研究 [D]. 漳州：闽南师范大学出版社，2018.

供求关系中的无效、低端的供给要进行避免和减少，对有效、高端的供给给予支持和扩大，要增加供给关系当中的灵活性和适应性，使得供给和需求向着健康、合理、平衡的方向发展。

第三，供给侧结构的改革就是要达到提高供给质量的目的。供给质量提高了才可以满足生产的需要，满足人民对于日益增长的物质的需求。在进行思想观念、管理方式、政策制定、效率提高等方面改革上要考虑供给结构和需求结构的适应性关系，全面谋划，合理分配，稳定布局，达到最终提高供给质量的目的。

第四，供给侧结构的改革就是要达到可持续发展的目的，在进行制度制定和政策支持上一定要面对实际，具体问题具体分析，合理把控，人性化地管理，对于改革中遇到的问题和决定问题的方式一定要灵活，创新改革手段，对改革中的问题要一一认真对待，认清改革的目标，明晰最终要达到的目的，进行可持续发展性的规划。

第五，供给侧改革要关注大众的需求。其需求可以从三个方面进行分析。其一，供给侧改革是建立在需求的基础上进行的，就是要适当地扩大需求，通过需求带动改革，对于新的需求要进行积极面对，鼓励人们大众对需求的认可。其二，供给侧改革就是要供给和需求进行同时改革，对于需求和供给两手都要抓，并且能够通过改革达到供给和需求的一种动态平衡。其三，供给和需求是需要提倡创新精神的融入，也是对人们日益提高的生活水平的一种反映，创造新的供给和需求关系，健全供给和需求的改革方案。

第六，在供给侧结构改革的过程中要结合中国的国情和实际生产情况。中国地大物博，在众多的地区有着不平衡的经济发展情况，因此在进行改革时一定注重当地的经济分配，根据当地人们的生活状态，对不同的时间节点不同的产业分配等实际情况进行经济主要矛盾的分析，抓住重点，在供给侧改革和需求侧改革的过程中分清主次，确定两者之间的关系，要以动态、发展的眼光看待改革中的问题，要结合中国的经济特色，建设具有理论与实践相结合的改革活动，制定符合中国国情的供给侧改革的理论制度。

第七，正确处理政府和市场之间的管理关系，使政府的制度建立和市场的协调配合相一致，经济体制的改革要全面进行，其核心问题就是要处理好政府和市场这两只把握经济方向的手的配合。在政府的职责范围内要进行宏观的经济调控，加强社会公共服务，保证经济秩序正常运行，还要维护好市场的良性运作，保证公平正义，市场机制就是比较被动，在政府的参与管理下市场能够更好地发挥自身的经济管理作用，充分发挥市场的经济运行模式，健全市场经济的资源配置方式，弥补市场管理当中的漏洞。

二、高等教育供给侧改革的主要内容

2015年中央经济工作会议指出："结构性改革主要是抓好去产能、去库存、去杠杆、降成本、补短板五大任务。"高等教育当中存在的经济活动会出现"三去一降一补"的现象[①]，由于高等教育不同于经济部门，其"三去两降一补"就可以解释为去行政化、去编制、去产能、降失业率、降成本、补短板。

（一）去行政化

1. 去行政化的内涵

我国在全面深化改革方面做出了明确的方针政策。在事业单位的改革方向上，要加大政府的公共服务的力度，推动公办事业和主管部门的去行政化，逐步取消学校、科研院校、医院等事业单位的行政级别，进行事业单位法人代理管理制度。这种政策上的支持就是要明确改革的方向，针对"去行政化"就是要将事业单位进行内部管理结构上的变革，将"去行政化"作为一种事业单位改革的有效措施，首先就是要求我们对于事业单位进行分类，具体的划分可以有利于事业单位内部的管理，也是对于编制这个一直困扰的问题的一种解决方式。

"去行政化"就是要逐渐取消事业单位的行政级别。高校的行政化主要可以从两个方面进行讨论。第一，高校的管理是在政府的督导下进行的，这也就是政府对学校有着行政化的管理的权力。第二，学校内部也有着自己的行政化的管理方式。在20世纪90年代时政府就曾经做出过相应的解释，在政府和学校的关系层面上，要建立政事分开的管理制度，明确高校的权力和义务，促进和鼓励高校自主办学，使高校成为面向社会的法人实体。政府在针对高校的管理上要简政放权，转变职能，通过对学校的宏观把握进行调控管理，将管理的具体实施交由学校独立完成。

2010年之后，政府就针对高校的管理进行改革，主要体现在"去行政化"方面，这也是政府在高校管理方面简政放权的最好体现。对高校的行政审批过程和权力都进行了下放，积极推动《高等学校章程》的制定。

正确对待高校和政府之间的关系，明确高校和政府各自的职责，立法能够分清高校和政府之间的管理权力边界，规范政府的行政管理权限，对学校要进行宏观管理，学校要履行《高等学校章程》，积极主动地开展高校内部的各项管理工作。

[①] 贾康. 三去一降一补侧重供给管理[J]. 经济，2016（22）：9.

高校的去行政化就是为了完善高校的治理水平，划分清楚政府和高校的管理范围，高校去行政化要厘清问题的程度，政府不是完全放手，高校也不能取消全部的行政管理，而是要通过去行政化的方式针对高校进行科学、高效、良好的行政管理，是为了科研、创新服务提供一个更宽松的发展空间。

2. 去行政化与供给侧改革的关系

学校要积极主动地发挥自身的主观能动性，这就需要学校首先要有非常强烈的责任心，以学校为主体进行的经济建设就需要学校进行自我检查、自我监督、自我约束。我国的高等教育法中明确了高校拥有的办学自主权力，《高等学校章程》也明文规定了办学自主。行政化的缺点就在于影响了高等教育适应社会、适应市场的需求，也限制了高校适应高等教育发展的积极主动性，对于高等教育来说行政化是一种政策管理上的束缚，因此我们要对高校的管理进行去行政化的处理，同时也是经济供给侧改革的需要。去行政化就是要将政府、高校当中无关紧要的、低端、落后、无效的行政供给关系进行一场深刻的变革，对于具有巨大科研潜能的项目给予重点关注和支持，释放高校教学管理的职能，加强高校的自主管理水平，随着市场、社会、人们需求的变化而采取相应灵活的变化，保证科研的创新精神和勇于探索的实践行动，对于人们日益增长的对于人才的渴求就是高等教育发展的方向，满足社会对于高端人才的需求。

（二）去编制

去编制的主要工作有以下五个方面：

第一，高校仍然属于事业单位，分类为"公益二类事业单位"。

第二，实施机构编制备案。高校要根据自身的发展情况进行自主招聘，只需要向上级主管部门进行报送备案就可以了。这样就可以减少审批流程，将审批和备案进行了结合。

第三，以2012年作为时间节点，针对之前的编内人员进行统计，随着时间的推移编制的名额会随着人员的退休和减少而变动，新招聘的工作人员不再发放编制名额，这种行为可以持续一段时间，就会逐步取消事业单位的编制管理，最终达到全体人员的合同制。

第四，允许高校设置流动岗位，这样可以有效地吸引社会上的高等科技人才进行兼职授课，吸引具有实践经验的企业家和科学家前来学校传授经验。

第五，高校的预算管理来代替编制管理。这种改革的优势在于资金可以充分利用，并且能够改变现有的资金管理模式，建立绩效为标准的经济导向，为了满足社会服务的需求和科学成果的转换，将绩效考核和收入结合，这样可以使高校的资金得到最大限度地使用，也是学校自主管理的体现。

(三) 去产能

面对我国高等教育资源不足，高校优质学生的生源不足的情况需要对高校进行教育供给侧改革，这也为了提高高等教育的教学质量，使我国的高等教育并不单单停留在劳务输出的程度上。积极面对高校发展中存在的问题就是要从高等教育的质量抓起，针对学生进行个性培养和多元化的发展，高等学校要积极改进，主动改革，争取办一所有特色的高等学府。高等学校的供给侧改革就是要针对市场需求、人才供需等方面进行深入的探索，提高高等教育的整体实力，解决人才供需方面的无效供给和低端输出，解决人才供需结构方面的产能过剩问题，实现人们满意的教育目标。

(四) 降失业率

大学毕业生就业率低的原因可以从三个方面进行考虑：第一，就是经济原因导致的经济结构不平衡，就业岗位不足；第二，教育原因，教育结构不合理，与社会需求脱节，高校毕业生成了低端供给和无效供给；第三，学生本身的问题，针对自身认识和社会发展水平存在不切实际的幻想，择业观出现严重的偏差，最终导致就业难，就业率低。

党和政府十分重视大学生的就业，国务院提出"就业质量"的要求。2014年5月9日，《国务院办公厅关于做好2014年全国普通高等学校毕业生就业创业工作的通知》（国办发〔2014〕122号）规定："各高校自2014年起要发布高校毕业生就业质量年度报告。"我们呼吁精准就业，提高就业质量。

(五) 降成本

随着高等教育的普及，就需要我们特别关注高等教育的质量和水平问题。不能在追求数量的同时牺牲质量，也就是说要做到培养优质人才，满足社会的所需，对于高校的课程设置和学生管理方面，高校要特别注意，加强管理，严格要求，对于那些不良的行为要及时制止，如记者报道，高校替人上课明码标价，学生称课程无聊浪费时间替课可谓明码标价[1]：普通课20元，如果有实验课、体育课，价格可能比普通文化课要高一些。因为，体育课的难度大，实验课的时间长，有人一天能赚100元左右。高校要供给优质教育资源，必须在提高高等教育质量上狠下功夫。提高高等教育质量就是减少低端和无效的教育产能。低端和无效的教育产能不仅浪费了当年教育投入（财政拨款和学费等）的教育资源，而且浪费了高校教职员工的人力资源和校舍、设备等物力资源，还损坏了学校

---

[1] 王立娜，桑晓，王颖. 当代大关于学生替课现象的现状及原因分析 [J]. 财讯，2016，000（023）：86.

声誉等无形资产，因此，提高高等教育质量就是宏观上降低学校的培养成本。

(六) 补短板

高等教育中存在数量和质量方面的矛盾问题，在数量和质量上，我们的高等教育质量就是短板，要进行质量上的提高，在公办和民办之间，民办高校是短板，需要加强管理和监督。

一方面是相当一批专业人才因非国民经济和社会发展的需要而待业，另一方面却有一批专业人才因国民经济和社会发展的急需而短缺。这反映了我国高等教育的产能是结构性过剩，学校要进行供给侧改革就是要在适应经济建设和社会发展的基础上进行人民满意的教育，将关乎国计民生的教育问题摆在改革的重要位置，为了满足社会对于优质教育资源的需求，要进行积极主动的变革，这种变革就是要改变高校的供给侧结构性改革为出发点，准确研究经济型社会发展的需要和市场对人才的要求，提高教育质量。社会需要什么样的人才那么高校就培养什么样的人才，对口招生，对口就业，主动进行专业设置和学生质量的提高，办人民满意的学校。这也是高等教育进行供给侧改革，促进教育实力的提升，长期发展的重要任务和使命。

三、高校财务供给侧改革的主要内容

(一) 高校财务供给侧改革需要有效的制度保障

习近平总书记指出："以改革创新精神补齐制度短板。"《中央经济工作会议（2016）》指出："既补发展短板也补制度短板。"乔春华教授认为，高校财务供给侧改革需要的有效制度有：《教育投入法》的制定；《事业单位会计准则——基本准则》和《事业单位会计准则——具体准则》的制定；将权责发生制综合财务报告制度引入《事业单位会计准则》和《高等学校会计制度》，实现高校财务会计与高校预算会计适度分离；将建立跨年度预算平衡机制引入《事业单位财务规则》和《高等学校财务制度》；将"预算执行效率"指标引入《事业单位财务规则》"事业单位财务分析指标"；改革并完善高校收费制度；修订科研经费制度；建立与高校治理现代化相适应的财务管理体制等。

(二) 公办高校财政拨款的供给侧改革

乔春华教授对公办高校财政拨款的供给侧改革进行了探索，他认为：鉴于公平性，不管是双一流大学还是高职院校，属于"基本支出"的财政生均拨款标准应相同；鉴于效率性，属于"项目支出"的财政拨款应体现差别；如"双一流"大学和学科专项经费拨款应多一些，"国家示范"和"国家骨干"高职院专项经费拨款也应有所体现。

（三）公办高校学费的供给侧改革

乔春华教授对公办高校学费的供给侧改革进行了探索，他认为：鉴于公平性，同一专业的本科生学费标准在全国应该统一，即学费标准确定应以全国作为区域单位，以省、自治区、直辖市作为区域单位确定学费标准的做法是有失公平的，因为经济发达的省份有贫困县乡，经济不发达的省份也有富裕县乡；经济发达的省份考生去经济不发达省份求学按照入学地学费标准交费，而经济不发达省份考生去经济发达省份求学按照入学地学费标准交费，这种制度本身就存在不公平；鉴于效率性，高校学费标准应考虑高校与学科的排名、受高等教育的层次等差别性因素。乔春华教授建议高校学费在实行全国统一收费标准的基础上，同时实行高收费高资助的政策，提高家庭经济困难学生的资助比例和奖助学金的资助范围与额度，对脱贫后家庭经济困难学生的资助体系也进行了探索。

第三节 高校财务的信息化管理

随着信息技术的不断普及与应用，高校财务管理工作也面临着改革与创新。一方面高校财务管理工作系统要实现全面信息化，将先进的信息网络技术应用到其中，另一方面财务管理工作人员要转变思维模式，适应信息时代财务运作的新模式与新方法，以不断提升高校财务管理工作效率，在一定程度上缓解高校面临的财务困境问题。

一、高校财务信息化管理概况

21世纪以来，信息技术取得了飞速发展，成为推动社会经济发展的强劲推动力。为了适应当前社会经济信息化的发展，高校财务管理人员要全面准确地认识信息化给校内及校外形势所带来的变化，以此来不断提升财务工作的效率。

高校财务管理工作得以更加高效地展开，催生了网络财务的诞生，实现了财务与业务的协同，在一定程度上实现了节约资源的目的。所以，高校财务管理人员应该紧跟当下网络环境最新形势，创新财务管理理念，实现财务工作信息的网络化，加强信息与信息之间的交流机制，实现部门与部门之间的信息共享，最终为高校提供全面的战略信息和财务报告。

（一）当前财务运作模式存在的问题

当下实现高校财务管理工作的创新与改革，最重要的一点是要实现信息技术的创新与发展。也就是说，高校要不断改革与创新财务信息的搜集、整理、加工、传递、存储、检索相关的技术与方法，创新与改革计算机技术、网络技术、通信技术等。目前我国大部分高校忽视了对软件运行过程的维护与升级，不注重软件与时俱进的更新速度，以致在一定程度上阻碍了高校财务工作的高效运行。除此之外，网络化程度较低等现实问题，都给当前高校的财务管理工作造成了一定程度的不便，因此应该不断推进高校财务管理工作的技术创新，以保障财务管理工作顺利高效地展开与运行。

1. 会计管理信息传递滞后

高校财务管理工作的传统运行模式是静态财务管理模式，管理者开展工作所参考的是上一会计期间的相关信息及资料。管理者不能及时地掌握高校中正在进行的财务业务与活动，会计信息的录入与完善具有延迟性，由此造成财务管理人员无法实时查看与确定高校各个部门的财务状况，当高校领导做出相关决策需要一定的财务信息作为参考时，传统的高校财务管理状况无法提供准确数据，因此当前高校资金的运作有所迟滞。并且下属二级院校因为会计信息的延迟，而无法顺利及时地开展校务工作，对高校管理、预算编制、执行、分析和宏观调控造成了一定的影响。

2. 会计信息结果反映失真

在高校传统财务运作模式中，算盘、纸张、计算器是较为常见的运算工具，工作人员需要通过手工操作逐步完成财务计量与核算工作。高校在开展招投标项目工作时，传统的财务操作模式因为时间、空间等的限制，不能准确、快速地为项目预算做出审核。除此之外，因为财务工作人员自身技术与水平的差异，在开展财务工作时可能导致财务工作流程不规范、财务科目设置不合理、财务信息有失准确等问题。

3. 会计信息掌握不全

高校的会计管理不够健全，首先，高校收费系统不完善，高校每年招收学生，收费成为非常普遍的问题，其收费项目较多，收费金额相对较大。其中有些高校出于筹集资金的目的而增加收费项目或提前收取学杂费。这种乱收费现象在社会中引起了强烈的反响，给高校形象造成了一定的负面影响。其次，高校票据管理不太完善。高校财务工作人员在处理票据时，票据的申购、入库、出库到收款开票存在一定的时间差，因此有时会出现票款不符的情况。再次，学生欠费查询系统、学生个人信用信息系统构建不完善。高校不能准确及时地了解学生欠费的动态情况，以及其毕业之后的去向等，因此给欠费的追缴工作带来一定困难。由此还造成的另外一个问题是，欠费学生人数逐年增多，学生欠费总额越来越高，甚至在一定程度上影响了高校的财务运行工作。

4. 会计监督流于形式

在传统财务运作模式下，各高校的财务监督基本上是事后监督，会计的工作全靠手工方式完成，这样的工作繁重且容易出错，实物检查、账目核算、报表制作等各个阶段都需要耗费大量的人力、物力、时间成本。加上财务管理不规范，只要不是严重的违纪行为一般都不再加以追究，其问题和漏洞百出。

（二）高校财务管理信息化的意义

1. 增进高校管理效益

经济与教育之间存在着密切的联系。首先，经济在一定程度上制约着教育的发展；其次，教育在发展的同时推动着经济不断向前发展。我们可以建立一个完善的指标体系作为衡量高校整体状况的标准。高校管理的好坏可以通过财务提供一些数据来作为理论支撑，高校进行各项教学活动都可以通过详细、准确的财务信息进行展示，这就是高校财务管理的重要作用。提高高校财务管理人员的水平可以一定程度上提高高校的管理效益。

2. 支撑高校投资需求和资金量

与基础教育有所区别的一点是，高等教育中所要求的教学仪器更加精密，所花费的资金也更多，因此要筹办一所高校需要花费较多的资金，同时也要耗费较长的时间。为了使得教育资源实现优化配置，促进高校财务工作科学高效地运转，需要政府给予一定的行政拨款的同时，而对学校本身的事业基金和专用基金等自有资金结余，都继续将余额滚存结转至下年留用。

二、高校财务管理信息化技术与方法创新

从构建财务综合信息系统、财务信息查询系统、动态报告系统、信息风险控制系统和绩效评价与决策系统、云计算支持的财务管理系统六个方面，阐述高校财务管理信息化创新。

（一）构建财务综合信息系统

第一，构建财务管理和工作的现代化信息技术平台。伴随着网络的普及与发展，信息基础取得了突飞猛进的发展，这为高校财务管理工作的创新与改革提供了契机与条件。通过现代化信息技术高校财务人员进行科学化的技术管理，可以建立满足财务管理需求的信息平台，通过这种平台来推动高校的财务管理工作，也可以为高校的高效运行和决策提供参考依据。高校财务信息平台可以从对信息的处理为开始，我们要对会计、财务方面的信息进行分类、分级管理，对数据信息进行核对和筛查，保证信息的准确无误，然后再对财务信息进行加

工、处理、分析、汇总、整合，形成报告、报表等直观的方式，为领导层做决策提供参考依据。具体做法如下：①分类。对数据信息按照一定的标准进行分类。例如，根据数据的来源区域将信息分为校外与校内；根据数据的核算范围，将信息分为全局还是局部；根据数据的录入频率，将信息分为日常还是突发；根据数据的重要程度，将信息分为重要还是一般；等等。②分级。财务管理人员在核对、确定财务信息的涉及部门、重要性及实效性之后，及时将相关信息送达相应的层级与部门，保证信息传达的合理性、准确性和及时性。③核对筛选。财务管理人员需要对初始数据进行检查与核对，将不准确、不正确、不全面的信息挑选出来做进一步的修正补充与完善，以保证最终财务信息的准确、正确与完整。④数据处理。数据只是"对特定的目的尚未做出评价的事实"，财务工作需要对其做进一步整合与加工，最终才能产生对实际工作有用的信息。⑤分析。初始数据往往是庞杂而大量的，财务工作人员要根据数据使用的目的对其进行分析、总结。并且要使其得到正确的判别，为合理化建议的提出提供理论参考。

第二，要组建财务综合信息系统模块。会计核算系统是财务信息系统中的核心过程。我国财政体制改革持续加深，高校对资金的管理水平也需要不断地提升。随着信息技术的不断发展与创新，高校将信息技术引入财务管理的过程中，保证财务人员输出信息的准确性与实用性。除此之外，财务管理工作也不能放松对资产管理、工资管理的重视，财务工作人员可以选择将师生关心的财务信心发布到相关的财务信息平台上，以便财务信息需求者更加方便与准确地了解财务信息。

第三，要进行前瞻性、全面化的财务信息管理平台的构建。当前，高校在推进会计网络化的过程中还存在许多问题，例如财务软件运行卡顿，还无法与多种软件兼容，不能抵抗病毒的攻击等，这些问题使得高校财务人员在使用软件的过程中引发了许多问题。所以，我们要构建一个前瞻性、全面化的财务信息管理平台，加快会计信息流通和传递的途径。

（1）建立集中式财务管理体系。要实现财务信息核算的及时性，能够将某项经济活动开展期间的财务状况动态地反映在财务报表之中，能够实现财务人员网上办理收支事项等。

（2）协同处理财务与管理业务。财务管理人员要使高校财务工作实现物流、资金流、信息流与票据流的整合统一，能够实现财务信息在相关部门之间自由流畅地流通与分享。

（3）构建会计信息交流的有效空间。进行会计网络服务和网站的建设，在进行会计网络软件的开发上要实现国际交流，促进会计信息的自由流通，为各个国家进行会计方面的协调发展提供网络空间。

第四，通过现代电子信息技术实现高校财务管理的一体化建设。将高校的各个部门和不同的业务进行联系，最终提升财务信息在各级各部门之间的传递速度，高校内部的财务信息共享程度，使信息在部门与业务之间达到流畅交换。为了实现这一目标，高校需要做好以下几项工作：全面实施资金动态监控；实时采集财务数据信息；建立"一站式"单位报账平台；实现财务业务一体化；全面强化预算管理；及时更新财务会计报表，进行汇总分析，为领导层提供决策依据；支持远程办公，利用网络平台的便利优势，将各项资金流动的趋势进行网络化管理，形成流程、趋势图；支持各种网络支付方式，对财政拨款和网上银行业务网络实现自动对账、业务查询、业务办理等进行协同管理。

（二）构建财务信息查询系统

财务信息中有些部分是需要对外公开的，这种公开就可以通过网络平台来实现。财务信息查询系统要涵盖充足的财务信息与资源，保证查询人员能够在其中查询到所需的财务数据及信息，因此财务工作人员要保证财务信息体系的连通性，保证其能够自由顺畅地实现数据交换与传输。高校财务信息查询系统包括高校教育活动中所涉及的方方面面，例如，教职工工资、学生收费管理、各个部门的预算等。

（三）构建动态报告系统

高校财务管理当中引入动态财务信息管理系统有助于财务工作更加科学、准确地开展。高校在开展教育活动的过程中，伴随着经济活动的不断发生，各项财务核算管理工作也在持续进行。财务管理当中会不断出现新的财务信息资源，不过原始的财务数据仅仅可以用于初级的会计信息查询，高校领导者做出相关决策时，需要参考的财务数据是经过财务工作人员整合、计算之后所得出的相应财务指标，决策者需要将本期指标与往年指标或者参考指标进行对比，以衡量当前高校财务实际状况，最终做出合理的经费使用策略。所以，完善动态的财务信息系统是十分必要的，这样才能为高校决策者提供即时动态的财务参考数据。我们要推动高校财务系统的持续升级，以更好地为高校教育教学及科学研究服务，就要不断地利用更加先进与完善的会计软件深化与整合初始财务数据，以此来为相关人员提供更加翔实与综合的会计信息。

要对信息进行公开管理，这样也是体现民主管理和信息共享的需要。电子信息技术可以使财务信息的管理更加便捷和透明。相比于传统的财务信息公开模式，提升了财务信息的透明度，能够在一定程度上推动高校的民主管理，使得高校内部各部门、各群体之间实现财务信息的共享。随着高校财务管理信息化的发展，推动公开财务信息的审批程序流程化将是下一步财务管理工作的重点内容，在审批过程中要保证财务信息的科学性、准确性、有效性及真实性，同时还要做好财务涉密信息的保密工作。财务信息公开要保留公开信息的关键要素，对于审批过程和审批的结果都要进行留痕，这样是为日后查询和民主管理提供参考依据。

（四）构建信息风险控制系统

第一，建立完善的高校财务信息管理制度。确定关键的会计岗位责任，对各个岗位进行监督和约束，在网络化运行的财务管理工作当中进行责任分工，实行责任相互制约、相互监督的工作机制，在用户权限的管理上要分级进行。在财务管理操作上要保证计算机系统能够安全顺畅地工作，避免因为操作失误造成计算结果的差错。建立预防病毒的安全措施与应对黑客的防护措施，防止高校财务数据信息遭遇恶性攻击及篡改。

第二，建立健全的高校财务网络安全管理制度。通过静态数据安全和动态安全两个方面对财务网络安全进行管理。我们可以通过建立安全的数据通信协议，采用安全性能高的加密算法进行财务安全管理，还可以建立计算机安全应急管理机制，使财务软件的信息平台得到安全保障，使财务信息和资金得到运行上的安全。

（五）构建绩效评价与决策系统

绩效评价就是要对财务管理方面的决策进行结构化评价，可以通过影响工作中的特性、行为、结果来进行对财务未来的预测，也是为财务管理的领导层进行决策提供数据支持。随着高校财务工作中全面引入电子信息技术，高校能够提供更加全面、共享、准确的财务信息，同时多种管理模型与决策方法的使用提高了高校财务工作的预测准确性，这样一方面能够准确掌握校内相关的会计核算实时信息，另一方面也能够为高校领导决策提供更加准确与实时的财务核算信息，还可以满足高校领导的监管需求，以及社会公众对高校的监督与认识需求。当前各高校不断加快自身发展速度，高校之间的竞争愈来愈激烈，因此高校应不断优化教育资源配置、提高经济效益、提高财务服务保障功能和财务管理水平。要实现这一目标，高校需要建立起完善科学的绩效评价体系，为管理决策提供准确、全面的财务核算信息，充分利用最先进的电子信息技术来支持财务系统的顺畅高效运作。采用现代决策体制、原则与方法，以提高财务决策的准确性。使用电子政务系统可以避免传统的信息传输方式中的错误，首先，我们要建立健全的信息管理系统，将财务管理变得简单、高效、操作性强，也是为准确提供信息资源,及时、正确地处理财务信息提供平台支持。其次,要建立财务、经济专家的信息管理体系。这种高级人才库的建立为财务管理提供人才保障,为财务管理提供科学合理的财务管理方案,同时也是财务决策制定当中的智慧团体,帮助做出正确的决策制定。再次,建立规范的监督反馈机制。在信息量大、信息复杂化的今天,财务管理工作已不再是传统简单的手工记账,因此在监督反馈方面也要相应地健全管理制度,按照预先制定的方针政策进行监督管理,为了最终实现财务管理的全面化。

(六) 构建云计算支持的财务管理系统

云技术就是现在常说的大数据技术的核心,在大数据的支持下,云计算可以为其提供架构的运作平台,使用云计算就是网络计算机服务器将数据资源进行整合,加工处理后得到用户需要的反馈。高校是重要的教学和科研机构,在基础设施的建设方面需要投入大量的人力、物力、财力,在高校正常运作的同时也需要财务管理的参与,这就要求高校财务进行软件、硬件等设备的购买。云计算技术的运用可以使会计信息资源得到优化,提高高校财务管理的工作效率。高校可以根据自身的经济实力和综合水平,结合相应管理层的实际需求,进行引入大数据和云计算技术的探讨。在综合考察之后对云计算服务和风险服务进行综合测评,最终决定是否引入这种先进的财务管理技术。大数据和云计算的应用可以为高校的管理带来便捷,同时也是对高校管理人员提出了新的挑战,在激发财务管理人员工作积极性的同时还可以使财务管理人员的工作能力和水平得到提升,从长远的角度出发,引入大数据和云计算技术可以有效地降低财务管理的工作成本,为实现高校治理现代化提供支撑。

后 记

《高校财务管理与发展新探》这本研究小著作是 2020 年江苏省教育厅高校哲学社会科学研究项目《政府会计制度下的高校教育成本研究》研究成果，也是作者多年来在高校财务管理、内部审计领域研究成果的总结和提炼。

在本著作撰写过程中我得到了很多学界前辈、领导、朋友和单位的大力支持和帮助。首先，要感谢江苏省教育厅、江苏省教育会计学会、江苏工程职业技术学院在调查研究和经费保障方面的大力支持！感谢乔春华先生为课题研究、专著撰写提供了系统化的理论指导，并欣然为本书作序。乔春华先生系南京审计大学教授，享受国务院特殊津贴专家。曾任南京审计大学副校长，江苏省教育会计学会会长、江苏省哲学社会科学研究"十五"规划专家库成员等职。公司财务治理、教育财会是先生的重要研究方向之一，先生不仅在理论上有重大建树，而且对公司财务治理、教育财会方面的政策改革有过重大影响，特向乔春华先生表示衷心的感谢和深深的敬意！感谢江苏工程职业技术学院和兄弟院校财务、审计同行对本专著内容研究提出的宝贵建议！感谢电子科大出版社的大力支持，从而使我多年的研究成果能够以专著的形式得以出版！

本书在撰写过程中，我参考并引用了学者们大量的文献资料，还要感谢许多素未谋面的专家学者通过他们的著述文献给予研究的理论支撑，尽管已经尽力表明学者们的相关研究文献，但难免有个别观点或片段的论述系作者平时工作和阅读学习时随手记录或启发而成，其出处已无法有效追溯查证，在此仅向有关专家学者表示深深的谢意，并恳请原谅。

实践永无止境，理论创新也就无止境。只有根据发展着的实践进行理论创新，并应用理论创新的成果指导新的实践，才能不断推进改革向纵深发展。随着我国现代高等教育体系建设步伐的不断加快，我国高等教育体制机制创新的实践在不断深化。本书关于高校财务管理与发展新探的论述，还存在诸多不足，甚至错误，敬请学术界前辈和同仁不吝赐教和指正！

李强
2020 年 11 月 11 日

参考文献

[1] 张曾莲. 高校财务管理创新研究［M］. 北京：经济管理出版社，2016.

[2] 徐峰. 现代高校财务管理的实施与监督［M］. 长春：东北师范大学出版社，2018.

[3] 李长山. 现阶段我国高校财务管理的若干问题研究［M］. 北京：北京理工大学出版社，2017.

[4] 刘芬芳，梁婷. 新时代高校财务管理问题研究［M］. 太原：陕西经济出版社，2019.

[5] 孙杰. 高校财务管理创新理念与关键问题探索［M］. 长春：吉林大学出版社，2017.

[6] 高新亮. 新时期高校财务管理创新探索与发展［M］. 北京：中国水利水电出版社，2018.

[7] 陈健美. 加强监督，提高效益：我国高校财务管理的改革与创新研究［M］. 沈阳：沈阳出版社，2018.

[8] 洪涛，戴永秀，王希. 高校财务内部控制建设与风险防控体系研究［M］. 北京：中国财富出版社，2019.

[9] 乔春华. 院校理财学［M］. 北京：中国财政经济出版，1998.

[10] 乔春华. 院校会计学［M］. 北京：中国财政经济出版，1998.

[11] 乔春华. 大学经营的财务视角［M］. 南京：南京大学出版社，2008.

[12] 乔春华. 高等教育供给侧改革的财务视角［M］. 南京：东南大学出版社，2017.

[13] 乔春华. 高等教育投入体制研究［M］. 南京：南京大学出版社，2006.

[14] 乔春华. 高校财务管理体制研究［M］. 南京：南京大学出版社，2011.

[15] 乔春华. 高校管理会计研究［M］. 南京：东南大学出版社，2015.

[16] 乔春华. 高校管理审计研究［M］. 南京：东南大学出版社，2016.

[17] 乔春华. 高校内部控制研究［M］. 苏州：苏州大学出版社，2014.

[18] 乔春华. 高校预算管理研究［M］. 苏州：苏州大学出版社，2013.

[19] 乔春华. 新中国高校财务 70 年［M］. 南京：东南大学出版社，2019.

[20] 乔春华. 新时代高校财务理论研究［M］. 南京：东南大学出版社，2020.

[21] 乔春华. 中国高等教育财务会计 30 年回顾与展望[J]. 教育财会研究.2009, 20（1）：5-9.

[22] 乔春华. 教育财务会计 30 年十大创新[J]. 教育财会研究，2009，20（2）：57-63.

[23] 乔春华. 新中国 60 年事业单位会计发展轨迹和经验教训[J]. 教育财会研究，2010，21（2）：3-10.

[24] 乔春华. 高校学费的供给侧改革——高校财务领域供给侧改革之二[J]. 会计之友，2018（7）：120-125.

[25] 乔春华. 高校财政拨款的供给侧改革——高校财务领域供给侧改革之一[J]. 会计之友，2018（5）：111-116.

[26] 乔春华. "十三五"规划期间高校财务基本思路的建议[J]. 会计之友，2016（1）：104-110.

[27] 乔春华. 人才成本的理论与实践[J]. 教育与经济，1987（2）：6-8.

[28] 王进山. 供给侧改革、高等教育与高校财务——评《高等教育供给侧改革的财务视角》[J]. 会计之友，2017（24）：101-102.

[29] 王善迈. 论高等教育的学费[J]. 北京师范大学学报（人文社会科学版），2000（6）：24-28.

[30] 王红. 影响高等教育成本不确定性因素分析[J]. 大连大学学报，2003（3）：117-118.

[31] 邓敏. 高等学校财务治理模式研究——以权力配置为研究视角[J]. 南京理工大学学报（社会科学版），2010（6）：37-41.

[32] 李峻，刘优良. 中美高等教育政策的比较分析[J]. 高教探索，2010（1）：63-67.

[33] 罗新祜，陈亚艳. 高等教育绩效拨款政策的历史嬗变：以美国两个州为例[J]. 复旦教育论坛，2016（2）：99-106.

[34] 任文隆，李国俊. 美国高等教育财政绩效拨款政策研究——基于PBF2.0的视角[J]. 清华大学教育研究，2015（4）：24-29.

[35] 张晓岚，吴勋. 国外高校预算绩效评价研究的背景、现状与启示[J]. 西安交通大学学报（社会科学版），2007（1）：87-92.

[36] 李强.高职院校多渠道筹资及其必须注意的问题[J]无锡商业职业技术学院学报，2009（5）：71-77.

[37] 郭甲男.高校专项债券发行探究及对策建议[J]财务学习，2019（12）：221-222.

[38] 李强.高校财务风险预警体系构建[J]财会通讯，2016（26）：123-125.

[39] 李强.高校中层干部离任经济责任审计综合评价体系构建[J].中国内部审计，2014（7）：58-61.

[40] 李强.高职教育财政拨款制度变迁的若干思考[J].南通纺织职业技术学院学报，2010（2）：78-80.

[41] 李强.高职院校经济责任审计风险与防范[J].边疆经济与文化，2014（11）：140-143.

[42] 李强.高职院校经济责任审计工作的难点及对策探讨[J].边疆经济与文化，2015（10）：127-129.

[43] 李强.高职院校实训基地建设资金筹措的方式及路径研究[J].泰州职业技术学院学报，2010（8）：57-59.

[44] 李强.高职院校实训基地建设资金的风险分析与控制对策[J].纺织教育，2011(6)：434-436.

[45] 李强.信息一体化背景下的高校财务管理模式[J].江苏建筑职业技术学院学报，2016（4）：54-56.

[46] 李强.基于财务控制理论的村集体经济组织财务控制体系构建研究[J].农业经济，2014（11）：71-72.

[47] 李强.高职院校校外实训基地健康发展的探讨[J].西北成人教育学报，2011（6）：16-18.

[48] 李强.高职院校科研经费管理存在的问题及其对策探讨[J].江苏建筑职业技术学院学报，2013（6）：87-89.

[49] 李强.高职院校收费管理工作探讨[J].商丘职业技术学院学报，2013（6）：97-98，101.

[50] 李强.创新财务管理手段，提高财务管理水平——无现金报账系统在南通纺织职业技术学院的实践与探索[J].职业时空，2013（3）：30-32.

[51] 李强.高校基建工程、零星修缮项目内部审计的增值研究[J].商丘职业技术学院学报，2015（6）：55-57.

[52] 李强.论高职院校财务人员岗位轮换[J].边疆经济与文化，2012（7）：95-96.

[53] 李强.O2O模式在家居行业的应用研究[J].开封教育学院学报，2017（7）：259-260.

[54] 李强.高职院校资助育人与思想政治教育研究[J].产业与科技论坛，2018（18）：194-196.

[55] 陈军.政府会计制度衔接问题的探析[J].甘肃科技，2020，36（12）：87-88，83.

[56] 姜婧婧.高校《政府会计制度》实施探讨[J].经济与社会发展研究，2020（12）：25，56.

[57] 韦雅.新政府会计制度的创新及意义探讨[J].财经界，2020（26）：195-196.

[58] 李茁.高校财务管理的方法探讨[J].经济技术协作信息，2018（35）：71.

[59] 白雪蕊.高校财务管理问题及对策[J].经贸实践，2018（9）：134.

[60] 崔月芝.高校财务管理创新研究[J].经济，2018（2）：67.

[61] 毛馨.高校财务管理目标的转变及实现路径[J].财会学习，2020（20）：50-51.

[62] 李静.高校财务管理：创新与发展[J].山西财经大学学报，2019（A1）：40-41.

[63] 刘瑗.新时代下大数据、云计算对内部控制审计的影响[J].福建质量管理，2019（23）：44.

[64] 金玲.云计算发展对企业内部控制的影响分析[J].经营管理者，2017（28）：280.

[65] 冯彩霞.浅谈政府会计制度改革的创新[J].中国乡镇企业会计，2020（5）：103-104.

[66] 康乔.云计算对内部控制及审计的影响与应对策略[J].数码世界，2019（9）：88.

[67] 朱睿.政府会计制度浅析[J].新会计，2018（11）：34-35.

[68] 潘楚云.新旧《政府会计制度》比对[J].赣商，2019（9）：71-73.

[69] 陈茹.高校财务内部控制制度的构建分析[J].经济技术协作信息，2020（2）：60.

[70] 杨琦.浅析高校财务内部控制[J].纳税，2019（33）：68-69.

[71] 陈健美.新财务和会计制度背景下高校成本管理探究[J].财会通讯，2019（17）：79-82.

[72] 高卫东. 浅谈高校管理会计应用及财务成本控制的措施[J]. 速读（中旬），2018（4）：253.

[73] 林芳婷. 高校财务内部控制[J]. 环球市场信息导报.2017，（17）：31.

[74] 丁克岗. 基于"互联网+"的高校财务内部控制研究[J]. 当代会计，2017（12）：48-49.

[75] 万乐. 浅谈高校财务内部控制问题及改进措施[J]. 现代经济信息，2019（4）：266.

[76] 陈健美. 基于高校财务成本管理问题研究[J]. 现代经济信息，2018（19）：196，198.

[77] 姚雪源. 高校财务成本管理问题研究[J]. 财会学习，2017（6）：49，51.

[78] 张秋. 高校财务成本管理存在的问题及对策[J]. 安顺学院学报，2011（3）：110-111，114.

[79] 安颖. 高校财务管理问题的思考[J]. 农村经济与科技.2017，28（18）：93.

[80] 张晓凌. 新政府会计制度下高校财务管理的优化策略——评《高校财务管理创新研究》[J]. 科技管理研究.2020（20）：264.

[81] 于秀明. 加强高校财务管理研究[J]. 商业2.0（经济管理），2020（1）：52.

[82] 陈巧玲. 浅析权变理论在高校管理中的运用[J]. 齐齐哈尔大学学报（哲学社会科学版），2004（4）.127-130.

[83] 林叶. 高校预算管理会计应用研究[D]. 成都：西南财经大学，2009.

[84] 赵传仁. 我国公立高校预算管理研究[D]. 西安：西北大学，2010.

[85] 吴海燕. 现阶段提高高校财务管理水平的几点思考[J]. 经济研究导刊，2020（2）：173-174.

[86] 赵传仁. 高校预算管理制度问题探析[J]. 西部财会，2013（6）：4-8.

[87] 戴锋. 关于多校区高校的预算管理[J]. 重庆教育学院学报，2010（6）：87-89.

[88] 蒋妹，罗文奇. 多校区预算管理研究[J]. 财会研究，2009（13）：51-52.

[89] 陈改茶. 浅论高等学校预算管理[J]. 新乡学院学报（社会科学版），2012（1）：57-59.

[90] 杜育红. 关于高等学校预算管理的几点思考[J]. 会计之友，2008（4）：6-8.

[91] 杜育红. 关于高等学校预算管理的几点思考[J]. 教育财会研究，2009（2）：20-23，40.

[92] 李鑫.高校财务管理服务于教育教学的思考——评《新时期高校财务管理创新探索与发展》[J].中国教育学刊,2020(11):126.

[93] 于丽荣.高校不可识别无形资产管理研究[D].保定:河北大学,2009.

[94] 陈琦.高校资产资源配置绩效的评价指标体系研究——基于学科建设的视角[D].广州:华南理工大学,2014.

[95] 王攀娜.非经营性国有资产管理的产权分析[J].中国市场,2008(14):88-89.

[96] 李娜.高校固定资产管理绩效评价指标体系研究[D].哈尔滨:哈尔滨师范大学,2016.

[97] 于燕燕.高校无形资产管理绩效评价研究[D].西安:西安建筑科技大学,2015.

[98] 谢鲁晨.新政府会计制度下X高校固定资产管理研究[D].西安:西安理工大学,2020.

[99] 潘明明,李光明.基于模糊评价法的乌鲁木齐市安全社区治理效率评价与分析[J].现代城市,2012(4):27-30.

[100] 吕静.基于模糊综合评价的高校后勤固定资产管理绩效评价研究[J].数码世界,2017(8):73-74.

[101] 高澜.新形势下高等教育成本考量及管理体系构建[J].预算管理与会计,2010(8):42-44.

[102] 李茹.作业成本法在高校教育成本核算中应用[D].太原:山西大学,2019.

[103] 王欣.基于作业成本法的高职院校教育成本问题研究[D].天津:天津大学,2013.

[104] 牛子慧.作业成本法在民办高职院校教育成本核算中的应用[D].石家庄:河北地质大学,2018.

[105] 闫燕.作业成本法在高职院校教育成本核算中的应用[D].西安:西安建筑科技大学,2008.

[106] 林超然.A事业单位预算的内部控制管理研究[D].广州:广东工业大学,2020.

[107] 周旋.基于平衡计分卡的S省环保项目财政支出绩效评价研究[D].天津:河北工业大学,2017.

[108] 汤坤.政府预算绩效管理改革研究[D].蚌埠:安徽财经大学,2013.

[109] 杨玥.财政补贴绩效评价研究——以C城市公交财政补贴专项资金为例[D].上海:华东理工大学,2019.

[110] 李瑞青.河南高校财务绩效评价研究[D].开封:河南大学,2014.

参考文献

[111]张楠. 企业内部控制的研究 [D]. 大连：东北财经大学，2003.

[112]朱翠兰. 企业内部控制的现状及对策研究 [D]. 长沙：湖南农业大学，2005.

[113]吴寿元. 企业内部控制审计研究 [D]. 北京：财政部财政科学研究所，2012.

[114]贾晨彬. 基于 ERM 的煤炭企业内部控制研究 [J]. 煤炭经济研究，2010（12）：48-51.

[115]刘茹. 独立董事制度与内部控制关系探讨 [J]. 中国管理信息化，2011（1）：7-8.

[116]齐微. 试论信息不对称对会计报表分析的影响 [J]. 财会通讯，2011（2）：120-122.

[117]江海燕. 浅谈财会信息失真的原因及对策 [J]. 中国新技术新产品，2011（3）：344.

[118]于慧峰. 完善我国公司治理结构的论述 [J]. 企业导报，2012（14）：72-73.

[119]方婷. 我国高校财务内部控制问题研究 [D]. 江汉大学，2017.

[120]陈艳莉. 提升财务工作价值的思考和建议 [J]. 财会学习，2021（4）：18-19.

[121]龚茂全. 基于杠杆理论的公司财务风险控制研究 [D]. 长沙：湖南大学，2007.

[122]廖云. 企业财务风险度量与控制问题研究 [D]. 长沙：湖南大学，2005.

[123]周宇飞. 税务筹划风险与风险税务筹划 [D]. 天津：天津财经大学，2006.

[124]刘晓南. 我国上市公司年度报告风险信息披露研究 [D]. 沈阳：沈阳工业大学，2007.

[125]储飞飞. 基于现金流量的企业财务风险评价研究 [D]. 南京：南京航空航天大学，2010.

[126]罗玫卉，王宁. 风险界定与度量研究评析 [J]. 财会通讯，2009（20）：146-147.

[127]徐春立. 论财务管理学中若干概念的曲解与纠正 [J]. 当代财经，2007（5）：102-107.

[128]王蕊. 高校财务风险预警研究及实证分析 [D]. 西安：西安建筑科技大学，2013.

[129]李慧. 新时代下财务管理在企业内控建设中的思考与探索 [J]. 经济管理文摘，2021（6）：112-113.

[130]邓纯熙. 浅谈将企业财务管理技术手段引入高校财务管理的必要性 [J]. 宜宾学院学报，2009（5）：85-87.

[131]赵晖. 论高校财务管理的创新 [J]. 沈阳师范大学学报（社会科学版），2009（1）：87-90.

[132]彭宏辉.高校财务管理中的若干问题及改进措施[J].会计师,2012(8):14-15.

[133]陈剑.国库集中收付模式下高校财务管理思考[J].财会通讯,2011(6):137-139.

[134]吕毅.节约型高校的财务研究[D].镇江:江苏科技大学,2012.

[135]乔春华.供给侧改革与高等教育发展[J].淮北师范大学学报(哲学社会科学版),2016(2):113-117.

[136]陈剑.电子政务下高校财务管理方式创新[J].财会通讯,2009(23):67-68.

[137]杜古军.高校财务管理存在的问题及对策[J].财会通讯,2008(3):68-69.

[138]张兵,历留清.研究型大学财务运行机制的创新研究——基于财务管理要素分析的视角[J].教育财会研究,2009(4):11-14,18.